联合国大会与全球治理

迟永 ◎ 著

时事出版社
北京

第一章 导论 // 001

第一节 研究问题与意义 // 001
一、问题的提出 // 001
二、理论意义 // 003
三、现实意义 // 005

第二节 文献综述 // 008
一、有关联大地位与作用的研究 // 008
二、有关联大决策机制的研究 // 015
三、有关联大治理成效的研究 // 024
四、有关中国参与联大的研究 // 031

第三节 研究思路 // 041

第四节 理论基础与研究方法 // 046
一、理论基础 // 046
二、研究方法 // 051

第五节 创新与不足 // 053
一、可能的创新点 // 053
二、难点与不足 // 054

第二章 联大参与全球治理的背景 // 056

第一节 联大参与全球治理的历史渊源 // 056
一、近代多边主义的实践 // 057

二、国联失败的历史教训 // 058
三、联合国建立的国际法体系 // 060
第二节 冷战时期联大参与全球治理能力的发展 // 063
一、联大建立之初的尝试 // 064
二、冷战中期联大参与全球治理能力的表现 // 065
三、冷战后期联大参与全球治理能力的变化 // 068
第三节 冷战后联大参与全球治理的背景 // 072
一、全球化进程的不断深化 // 072
二、全球治理理念的产生 // 075
三、联大自身职能的完善 // 079

第三章 联大全球治理功能的构成 // 084
第一节 加强治理主体之间的协作 // 084
一、整合联合国的主要机构 // 085
二、推动联合国内外的合作 // 089
第二节 设立专业化的治理机制 // 092
一、拓展治理范围的特设委员会 // 093
二、涵盖多元治理主体的特设工作组 // 105
第三节 倡导新的全球性议程 // 112
一、推动国际体系的去殖民化 // 112
二、提出国际减贫发展战略 // 117
三、全面推进全球环境治理 // 119
四、组建联合国紧急维和部队 // 122
第四节 制定全球治理标准 // 125
一、推出新的《和平纲领》与《发展纲领》 // 125
二、规划联合国千年发展目标 // 131
三、达成 2030 年可持续发展议程 // 136

第四章 联大发挥全球治理功能的制度设计 // 141
第一节 维持基本职能的核心机构 // 141
一、联大主席团与秘书处 // 141
二、管理委员会 // 145

三、其他管理机构　// 150
　第二节　参与治理关键议题的常设制度　// 151
　　一、主要委员会　// 152
　　二、理事会　// 155
　　三、专门委员会　// 159
　第三节　保障治理成效的议事制度　// 163
　　一、联大议事制度的构成　// 163
　　二、联大议事制度的作用　// 170

第五章　联大全球治理功能的局限及其改进　// 175
　第一节　治理成效不佳　// 175
　　一、决议难以有效落实　// 175
　　二、与安理会权责不清　// 179
　第二节　治理效率低下　// 184
　　一、会议议程繁琐　// 184
　　二、运行机制复杂　// 186
　　三、缺乏监督机制　// 189
　第三节　部分决议存在争议　// 192
　　一、制定巴以分治协议　// 192
　　二、推动"保护的责任"　// 196
　　三、决定调查并起诉叙利亚境内的"罪行"　// 198
　第四节　联大全球治理功能的改进　// 200
　　一、联大的尝试改进举措　// 200
　　二、当前的改进路径　// 202
　　三、其他的努力方向　// 207

第六章　以联大参与治理国际恐怖主义为案例的分析　// 210
　第一节　联大对国际恐怖主义治理议程的推动　// 210
　　一、倡导国际恐怖主义治理议程　// 211
　　二、设立国际恐怖主义治理机制　// 212
　第二节　联大治理国际恐怖主义的标准　// 219
　　一、反恐行动计划　// 219

二、国际反恐公约　// 225

　第三节　联大同其他国际恐怖主义治理主体的协作　// 230

　　一、同联合国系统内部其他机构的协作　// 230

　　二、与联合国以外治理主体的合作　// 235

结语　// 239

　一、联大全球治理功能的发展趋势　// 239

　二、中国在联大全球治理中的合理定位　// 242

　三、从联大全球治理功能看全球治理中的国际组织　// 245

附录　// 247

参考文献　// 254

第一章 导 论

第一节 研究问题与意义

一、问题的提出

本书研究的核心问题是联合国大会如何实现其全球治理功能。围绕这一核心问题。本书可以分成以下几个具体问题：联大参与全球治理的背景是什么？联大具有哪些全球治理功能？联大为发挥全球治理功能进行了哪些制度设计？联大全球治理功能存在何种局限？联大全球治理功能是如何在国际恐怖主义治理领域体现的？中国在联大全球治理实践中发挥了何种作用？

近年来，中国领导人与重要的政府文件都在反复提及"全球治理"这一重要概念，表达中国愿意深度参与全球治理，期望推动全球治理体系变革，以应对日益严峻的全球性问题。在这一过程中，国家外交决策部门与学术界讨论了全球治理体系的方方面面。这其中，联合国与全球治理是一项备受关注的研究领域，有关联合国参与全球治理的研究成果大量涌现。事实上，二战结束后建立起来的联合国是当前一系列国际关系准则的先行者，是全球治理体系中的重要主体，也是最具可能实现更为高效且全面全球治理的国际组织，正在全球治理体系中发挥着重要作用。中国政府支持联合国在全球治理体系中的地位，愿意参与联合国涉及的全球治理议题，也经常借助这一国际合作平台提出自己的全球治理建设主张。随着与联合国关系的日益紧密，中国不仅更加推崇联合国在全球治理体系中的地位，也在同世界多数国家一道，努力发掘联合国更多的全球治理功能。

然而，联合国包含众多的机构，仅主要机构就包括联合国大会、安全理事会、经济及社会理事会、托管理事会、国际法院及秘书处。联合国六大主要机构也各自衍生出大量附属机构，使得联合国已经成为一个组织机构极为复杂的机制系统。联合国这一发展现状必然要求有关联合国参与全球治理体系的研究应区分其不同机构的不同作用。在这一方面，学界已经将大量注意力放到有关安理会的研究中，但相对忽视了其他机构在全球治理中的作用。虽然安理会是联合国的核心，拥有最为重要的地位和作用，中国也确实需要更多地了解安理会的方方面面，但安理会毕竟只是联合国的一个方面，不能完全代表联合国众多机构，因此考察联合国其他机构的全球治理功能，并讨论中国可以在其中发挥的作用就显得十分必要。基于此，本书选择联合国大会作为切入点，考察其在全球治理体系中的功能，并分析中国在联大全球治理中实际参与的政策与作用。

联合国大会（以下简称联大）是当前世界最具代表性的国际机制，是联合国重要的议事和决策机构，联大依照《联合国宪章》（以下简称《宪章》）于1945年与联合国同步设立。根据《宪章》规定，联大囊括联合国全体成员国，至今成员国数量已经达到193名。联大通常会在每年的9—12月依照议事规则集中举行常会，讨论各项问题，并在之后视需要再度组织会议。联大同联合国秘书处联系紧密，并拥有隶属于自身的不同类别的附属机构，前者负责组织历届联大的召开，后者则分担联大的工作，并在各自的领域处理联大涉及的各项问题议程，形成决议或决议草案，提交联大全体会议，供所有参会会员国审议。本书关注联合国大会主要基于以下三个原因：

其一，联大在联合国体系中的地位。联大是联合国的主要机构之一，具有非常丰富的职能。依据《宪章》的规定，联大拥有足够的权限，可以讨论《宪章》涵盖范围内的所有国际事务。这使得联大几乎可以涉及所有国际热点问题，并发挥自身作用。比如，当前诸多国际机制、国际条约都由联大决议推动而产生，使其成为当前世界重要的国际合法性来源。在联合国内部，联大也具有高度权威，如联合国经费的审查核准、新会员国的加入等重要问题都需要联大的准许。正如2000年的《联合国千年宣言》所强调的，联大是当前联合国主要的议事、决策和代表机构，是联合国的核心机构。[1]

---

[1] 联合国大会：《联合国千年宣言》，A/RES/55/2，2000年9月8日，第8页。

其二，联大是当前世界最具代表性的国际合作平台。联大在建立之初就确立了囊括联合国全体会员国参与的机制。《宪章》规定，每一个会员国都应在联大召开之际，派出本国代表参加。联大不区分国家大小与强弱，实行一国一票的表决制度，不存在安理会中的大国否决权。虽然《宪章》赋予联大广泛的议题讨论权力，但其在通常情况下只具备建议权，不具有如安理会决议的强制力度。值得注意的是，联大也并不是无关紧要的机构，仍具有自身独特的影响力，正是由于其代表的广泛性，通过的决议一般带有世界"舆论"的特征，在国际道义上的影响力度更加显著。冷战终结后国际格局的一个重要特征就是中小国家的国际地位和影响力不断上升，这种全球政治格局的发展，必然要求有一个更为广泛、更具兼容性的全球治理机制作为全球合作的平台，联合国大会的机制构成和具有的国际合法性使其天然就可以满足上述要求。

其三，联大还没有得到国内学界的足够重视。作为当代世界的重要一员和安理会常任理事国之一，中国应该也必须全面认识、理解联合国。虽然国内学界已产生大量有关联合国的研究成果，但对联大的系统论述仍是空白。这一现状明显无法与中国在联合国中的地位和作用相匹配。在推动全球治理体系的建设中，中国需要更加全面地认识联合国大会，也要更多关注联大涉及的全球治理议题。联大作为全球治理的重要合作平台，其涉及的全球治理议题应更加符合当前国际社会的需要，达成的决议和相关国际公约应符合国际道义，具备充分的代表性。

基于上述原因，本书将联大作为主要研究对象，分析其全球治理功能的产生、构成、局限等多个方面，以深化联合国与全球治理两个领域的研究。由于联合国大会涉及过多历史与议题，本书囿于篇幅，只重点讨论联大在一些重要问题领域中的全球治理功能。

二、理论意义

虽然本书的研究并不过多涉及理论方面的内容，但由于研究对象——联合国大会并没有得到学界的过多关注，对其系统梳理还是具有一定的理论意义。具体说来，本研究的理论意义有以下几个方面：

1. 拓展联合国大会的相关研究。自联合国成立以来，相关的研究与讨论一直是国际关系研究的热点，相关的学术书籍与文章也层出不穷。然而，过去几十年来，这些研究更多关注联合国整体或安理会等关键部分，缺少对联合国大会直接系统的研究和讨论。出现这一现象的原因，一方面是冷战的历史背景决定地缘政治冲突是国际政治的主体，这使得更具执行力与强制力的安理会的作用更为突出；另一方面也是因为联合国大会一直饱受批判，其职能也没有得到决策层和研究人员的关注。正如英国政治学教授罗德里克·奥格利（Roderick C. Ogley）所强调的："作为政治制度的联合国大会经常遭到蔑视，偶尔获得褒扬，但极少得到研究。"[1] 冷战的结束特别是当前全球化时代的不断深化发展，使得大国决定世界事务的模式不断受到质疑，合法性不断降低。在国际关系民主化日益深入人心以及中小国家地位日渐加强的时代，联合国大会的作用必然会得到增强，特别是在全球治理诸问题领域，联大的规范建构作用日益重要，但现有的理论和实践研究还不能满足需要，国内外现有的学术成果还不能有效填补该领域的空白。这一点在国内学术界表现得更为明显，"这种研究状况与中国作为联合国安理会常任理事国的地位是不相称的"[2]。本书试图系统阐述联合国大会，并发掘其全球治理功能的重要内容，为此领域的研究"添砖加瓦"。

2. 为加深理解全球治理提供新视角。全球治理是当前国际关系研究的热门话题，不论是国外学界还是国内学界都产生了大量研究成果。目前国内外多数有关全球治理的研究大多侧重全球治理理论与单个行为体或行为体集合的全球治理功能。冷战结束后的全球治理理论研究一直处于多元竞争的状态，尚未形成被一致认可的系统学说。然而，大多数关于全球治理的学说都大体认可这一观点，即虽然非国家治理主体的作用日益提升，但国家作为全球治理的主体作用还依然存在，如金融危机、环境气候、跨国犯罪等问题仍需要国家之间携手合作共同解决。本书则以国家之间重要的合作治理平台——联合国大会为切入点，发掘其全球治理功能与影响，有助于更为深刻地理解全球治理理论，为这一研究领域提供一种新的分析视角。

3. 进一步丰富国际制度理论。国际制度理论是传统国际关系理论三大范式之一——新自由主义的代表性理论。制度理论产生后，一系列国际关

---

[1] Roderick C. Ogley, "Voting and Politics in the General Assembly," *International Relations*, Vol. 2, No. 3, 1961, p. 156.

[2] 朱立群：《联合国投票变化与国家间关系（1990—2004）》，《世界经济与政治》2006年第4期，第49页。

系中有关国际合作的现象得到较为完善的解释,其理论地位也一直保持到今天。作为国际关系研究的重要理论分支,其所涉及的研究对象也异常丰富。联合国大会也是一种类型的国际制度,也在促进更大范围与更高质量的国际合作,而且其在实际运作中,在有些领域确实提高了国际共识,并为这些领域的全球性治理提供了政治基础,但在某些领域所能做出的贡献并不突出,相关的国际合作仍难以达成。这种现实上的差异性正是联大研究所拥有的理论意义之一。可以说,对联大全球治理不同领域绩效的研究,也能丰富当前国际制度理论的研究,特别是有利于验证或证伪相关的衍生理论。

4. 丰富中国外交政策理论的研究。当前国内外关于外交政策的研究方兴未艾,伴随着研究成果的日益增多,美国国际研究协会(The International Studies Association, ISA)于2005年推出专门收录有关外交政策领域研究成果的学术期刊《外交政策分析》(*Foreign Policy Analysis*)。这说明外交政策分析已经成为当前国内外学界一个重要的研究领域。外交政策的相关理论研究不仅要讨论国家对外行为的理论问题,同样会涉及一些微观具体的研究问题。这类研究不仅能够不断加深我们对国际关系的理解,更可以有效填补学术界同现实决策层的鸿沟,为决策者提供急需的外交政策理论建议。本书从分析中国在联合国大会的全球治理功能出发,阐述中国在这一问题领域的外交政策,虽然只是从中国外交的一个较小切入点展开,但同样能展示这一问题领域的重要特征,产生的研究成果也能丰富中国外交、甚至是整个外交政策分析的研究领域。

三、现实意义

本书试图解答的问题与当前中国外交的侧重点息息相关。当前中国外交工作开展得如火如荼,随着"一带一路"倡议的推进、建设亚洲基础设施投资银行等重要国际举措的逐步实施,中国外交必然会面临更大的机遇,但同时也不得不面对更多挑战。虽然应对挑战的过程与方法是复杂多样的,但加强自身的国际影响力和塑造道义形象将有利于问题的解决。积极参与联合国大会就是中国加强自身国际影响力和塑造道义形象的一种有效方式。近年来,中国频频以高规格参与多届联合国大会,并在大会上积极发声,全面树立负责任大国的形象,赢得国际社会的广泛赞誉。正是基

于这一方面,本书对联合国大会的研究具有现实意义。具体而言,本书的研究将有助于增强我们对以下现实问题的理解:

1. 有利于评估中国参与联大的外交政策。虽然安理会是联合国最具权威和执行力的机构,但联合国大会同样具有重要作用,其在树立国际规范、引导国际舆论方面拥有重要的地位,是当前诸多国际机制、国际条约的最大合法性来源。同时,这一制度也被《宪章》赋予了足够的权限,可以使得所有会员国讨论任何《宪章》允许范围的国际事务。这使得联合国大会也是当前最具国际代表性的合作平台,广大中小国家同大国平等,都在联大拥有自己的投票权利,有机会参与到各项联合国涉及的全球性事务。中国作为联合国最为重要的国家之一,自恢复联合国代表权以来就最为拥护联合国的世界地位,也在积极参与包括联大在内的所有联合国的重要机构。这一现状必然要求中国加大对联合国大会的研究力度,从而填补联合国研究中的空白。本书从系统梳理联合国大会发展的历史着手,分析联合国大会在全球治理中的作用与中国的实际参与,并评估中国在其中的成效与影响力。这些都使本研究拥有了最为直接的现实意义,其不仅有利于后续研究可以更为全面地梳理联合国大会制度,更有利于当前中国在全球治理中的实践,特别是进一步参与联大主导的全球治理议题。

2. 有助于考察中国的国际影响力。近年来,中国加强自身软实力(Soft Power)建设,利用各种有效资源争取最大程度的国际影响力,以实现自身和平复兴的目标。软实力与硬实力(Hard Power)是美国哈佛大学教授约瑟夫·奈(Joseph Nye)对国家实力进行的基本分类。硬实力包括国家可以掌握使用的基本资源、武装军事力量、经济力量和科技力量等,其发挥作用的方式是"通过惩罚的威胁或回报的承诺迫使他者去做本来不想做的事情的能力,典型方式就是军事大棒加经济胡萝卜"。[1] 与此相反,软实力则是"通过吸引而非强迫或收买的手段来达己所愿的能力。它源于一个国家的文化、政治观念和政策的吸引力"。[2] 相对于硬实力,软实力更多是以看不到、摸不着,以非物化的形式在发挥作用。当前的联合国大会是最为有效、直接考察中国国际影响力即软实力的国际平台。这是因为联

---

[1] [美]罗伯特·基欧汉、约瑟夫·奈著,门洪华译:《权力与相互依赖》,北京大学出版社2002年版,第263页。
[2] [美]约瑟夫·奈著,吴晓辉等译:《软力量——世界政坛成功之道》,东方出版社2005年版,前言第2页。

大的表决机制较少受到国家硬实力的影响，国家可以在相对较为公平的场合上就国际问题进行投票，而中国的投票选择是否可以得到其他国家的认可，并做出同样的投票选择，就是考察中国软实力大小的最为有效的衡量工具。

3. 有助于理解全球治理体系的现实运作过程。全球治理通常以理论形式出现在科研成果中，但学术界时至今日也没有就全球治理的内涵达成一致意见。这一点基本决定了当前国内外学术界不可能完全归纳出全球治理体系的运作过程。虽然本书无意深入解读全球治理的概念，但可以借助联合国大会的视角，从实践的角度考察联大对一些全球性问题的治理行为。可以说，本书就是以联大为工具，考察二战结束以来联合国及其成员国是如何参与治理一些全球性问题，并以此阐述一部分全球治理体系的运作过程的。基于这个目标，本书先从时间纵向的角度详细梳理联大参与全球治理的历史；继而再从横向的角度考察联大具有的机构与机制，在此基础上再评估联大治理的得失与未来可能的改进方向。通过考察联大参与全球治理的方方面面，本书将尝试架设全球治理理论与全球治理实践的桥梁。当然，由于研究对象所限，本书也不可能全面展示全球治理的整体运作过程，只是为后续研究提供一些案例材料，这也是本书所具有的一项现实意义。

4. 有助于揭示联合国在全球治理中的示范作用。"全球治理"这一概念出现以来，有关其同联合国的关系就一直是学界与政界关注的焦点。大多数有关全球治理的论断都或多或少地认可这样一种观点，即联合国是当前全球治理体系中的重要主体，也是实现高效全球治理最为可能的国际组织。同样，联合国也不负众望，在一系列地区与全球性的问题中都采取了治理行动。虽然本书的关注点只限定在大会的全球治理功能中，但大会却是联合国的核心机构之一，也同安理会、经社理事会、秘书处等其他联合国主要机构存在紧密联系。明晰联大在全球治理体系中的参与，有益于深刻理解联合国在全球治理中的作用。同样，联大在全球治理中取得的成效也就是联合国在全球治理中取得的成绩，可以证实联合国在全球治理中具有明显的示范作用。然而，联大也在一些问题上存在治理不足的现象，这也可以看作是联合国在某些全球治理议题上的缺失，需要国际社会的进一步努力。

5. 有助于明晰中国参与全球治理的机遇和挑战。21世纪以来，中国逐步调整自身的外交政策，不断推动全球化进程，深化全球治理的参与，并不断强化自身在全球治理体系中的作用，积极提出自己的顶层设计方案。同时，中国也十分注重利用自身在联合国中的影响力，反复表达自身的全球治理主张。在当前时代，中国已经拥有一定的实力基础，可以为世界稳定与和平发展承担力所能及的责任，而当前世界中仍存在的跨国性与全球性问题，也使得大部分国家和民众需要中国的积极参与。

第二节　文献综述

当前国内外学界有关联合国的研究已经非常成熟，特别是针对安理会的讨论成果更是车载斗量，但直接针对联合国大会的研究却比较少。针对这种情况，本书这一节除梳理既有研究中直接、系统论述联大的成果外，更多的是阐述现有有关联合国、全球治理、中国外交等领域中直接或间接涉及联大的研究成果。如前文所述，联大自联合国成立以来就一直发挥着不可替代的作用，特别是在当前的国际社会中，联大已经成为全球治理体系中重要的国际合作平台。联大所拥有的国际地位必然会影响诸多全球性问题的出现与治理成效，也必然使得有关这些问题的研究会或多或少地涉及有关联大内容的论述。基于此，本书这一节分为四个部分，全面梳理既有直接和间接有关联大的研究成果，从而为后续的阐述奠定基础。

一、有关联大地位与作用的研究

关于联大的研究不可忽视的要点之一就是其地位与作用。既有有关联合国与联大的研究都或多或少涉及了这一问题。这一问题也对后文阐述联大参与全球治理至关重要。国内外学界对这一议题的研究偏好存在一定差异，因此本书这一部分将根据国内和国外学界两条线索进行梳理。为了和后续综述部分有所区分，这一部分将不讨论有关国家参与联合国大会等问题的研究成果。

（一）国内学界的研究

首先要回顾的研究成果是中国学界既有的系统研究联合国的著作。这些成果具有的共同特征是对联合国的历史与体系进行了详细的阐述，并或多或少地有谈及联合国大会的内容。虽然这些成果对联大的论述较为薄弱，但也具有重要启发意义，特别是其对联合国体系的系统梳理使得后续研究可以非常容易地明晰联大具有的地位和作用。

在这一类文献中，北京语言大学的李铁城及其科研团队出版的成果最具代表性。其一系列有关联合国的专著与编著已经是国内学界此研究领域的重要文献，特别是近年来出版的《走进联合国》《联合国简明教程》等书籍，介绍了大量联合国的相关知识，涵盖联合国体系构成、发展历史、成效与不足等内容，是当代联合国研究的入门书籍，同样其部分内容也针对联大进行了专门的阐述，但这些成果涵盖的内容过于宏观，很难就具体问题进行详细分析，很多涉及联大的阐述只是简单谈及，需要后续研究的进一步发掘。[1] 除了教材外，这一团队出版的学术著作也是联合国研究必须参考的重要材料。郑启荣和李铁城编纂的《联合国大事编年（1945—1996）》就是利用历史材料对联合国大事进行了编年整理，不仅记录了1945—1996年间联合国发生的大事，也按机构，如联合国大会对历届会议的主要内容进行了简要记录。[2] 虽然这一著作记载了大量有关联合国的参考材料，但其记录的内容过于简略，缺少更为详细的介绍，更为重要的是，其成书时间较早，无法记录21世纪以来的联合国事件，这在当前不可避免地削弱了其所具有的学术意义。与此书情况类似的是这一研究团队编纂的《联合国的历程》与《联合国五十年》，这两本专著详细记录了联合国成立后经历的大量历史事件，内容贯穿至冷战结束后，一部分更是涉及了大会在其中的作用与影响等内容，是研究联合国的重要参考文献。[3] 同样，由于成书时间较早，其内容只能作为联合国历史研究的书目，对于分析当前联大的作用较为有限。

李铁城主编的《世纪之交的联合国》一书则在内容上弥补了上述书目不具有的内容，增加了冷战后至21世纪初联合国的发展，其中更是涉及了

---

[1] 李铁城、邓秀杰编著：《联合国简明教程》，北京大学出版社2015年版；李铁城主编：《走进联合国》，人民出版社2009年版。

[2] 郑启荣、李铁城：《联合国大事编年（1945—1996）》，北京语言文化大学出版社1998年版。

[3] 李铁城：《联合国五十年》，中国书籍出版社1995年版；李铁城主编：《联合国的历程》，北京语言学院出版社1993年版。

部分有关联合国大会的作用与发展的内容。① 虽然李铁城领导的科研团队为联合国研究提供了大量素材,研究成果也是国内这一领域研究的重要参考文献,但如前文所述,其更多关注对联合国基础知识的梳理与普及,注重对联合国的整理分析,并没有将联合国大会作为独立的研究对象进行系统研究。同时,这一团队大多数成果产生的时间较早,不得不更多关注冷战期间的联合国,对于冷战后特别是 21 世纪的联合国缺少更为详细的阐释。

除了李铁城科研团队的相关研究外,国内也出版了其他学者类似的科研文献。中国社会科学院编纂的《列国志》丛书中专门撰写了《联合国》一书,此书在全面阐述联合国系统时,部分内容也涉及到大会的机制及其在相关问题领域中的作用。② 张学森与刘光本主编的《联合国》、郭隆隆等学者撰写的《联合国新论》两本书也系统梳理了联合国的方方面面,由于一些议题是由联合国大会所主导,因此二者也在阐述中涉及大会的内容。③ 虽然这些文献材料提供了更多角度、更多内容的梳理,但其同李铁城团队的成果具有相同的特点,即也缺乏对联合国大会更为系统、详细地梳理,使其对本书仅具有一定的参考意义。

此外,国内学者也曾出版了一些从别的角度阐述联合国的研究成果,这些成果也在自身的论述中谈及了联大。比如,许光建主编的《联合国宪章诠释》就从联合国最重要的文件——《联合国宪章》出发,逐条解释了有关大会的各项法律规定,有助于后续研究更为深刻地理解大会在联合国中的地位与作用。④ 陈世才则在自己的著作中系统讨论了联合国内部的机构体系,并利用一章内容讨论了大会的组织、原则与重要性等。⑤ 王杏芳主编的《联合国重大决策》一书则专注记录联大的决议,系统梳理联合国自成立以来的一系列重大决策,并提供了诸多历史细节描述,有利于全面认识联合国大会决策的历史背景。⑥ 余元洲在其《论联合国的新角色》一书中曾

---

① 李铁城主编:《世纪之交的联合国》,人民出版社 2002 年版。
② 李东燕主编:《联合国》,社会科学文献出版社 2005 年版。
③ 张学森、刘光本主编:《联合国》,上海财经大学出版社 2005 年版;郭隆隆等:《联合国新论》,上海教育出版社 1995 年版。
④ 许光建主编:《联合国宪章诠释》,山西教育出版社 1999 年版。
⑤ 陈世材:《国际组织——联合国体系的研究》,中国友谊出版公司 1986 年版,第 73—85 页。
⑥ 王杏芳主编:《联合国重大决策》,当代世界出版社 2001 年版。

阐述了联合国大会，认为其是多边外交的最佳形式，为保持世界稳定与和平做出突出贡献。[①] 仪名海则直接利用联合国的官方材料，分两篇详细阐述了联大议事制度中特有的"大会特别会议"与"大会紧急特别会议"，二者都是联大为应对国际政治中的重要事件而建立的会议机制，对提高联大的国际政治影响力至关重要，因此对其研究也就更有利于深化认识联合国大会，但这一成果更多是基于文献的梳理，对于"大会特别会议"与"大会紧急特别会议"的后续发展与决议的实施情况讨论不多。[②] 虽然这些文献材料从更多新颖的角度对联大进行了梳理，但其更多是对联合国系统的全面概述，缺少更为深入且详细的讨论，需要后续研究展开更深入的发掘。

有关联合国改革的研究成果，则讨论了未来加强联大地位与作用的改革方向。如余元洲认为，联合国改革应将重点放在加强联合国大会的权力和效能两个方面，特别是要加强其有效监督安理会的能力。[③] 杨泽伟主编的《联合国改革的国际法问题研究》，则列出一章专门讨论联大的改革问题，其认为联大现阶段存在权力分配不平衡和决策效率过低这两个主要问题，改革方案可以概括为：明确大会定位、改进工作方法、加强大会权威、建立民间互动机制、改革表决权等，改革难点是联大的表决程序和提高决议的效力。[④] 陈东晓则从联合国集体安全制度、全球经济社会发展、全球环境保护三个方面讨论了联大的作用与可能的改进方向，但这本书的主要篇幅更多是阐述安理会等其他主要机构，有关联大的篇幅较少。[⑤] 饶戈平撰写的《有关联合国大会改革的几种建议》一文则在梳理西方学者相关联大改革的设想后，提出联大改革应从效力和效率两方面着手，重点是加强决议执行的监督、调整主要委员会、改良工作程序等内容，在保证平稳发展的情况下完成联大诸多方面的改革与改进。[⑥]

中国一部分国际法研究者也曾发表了一些有关联合国大会的研究成果，但囿于学科和研究问题的限制，这些研究更多从国际法视角讨论联合国大会的地位与作用。比如，赵理海曾关注《联合国宪章》的审议和修改

---

① 余元洲：《论联合国的新角色》，世界知识出版社2005年版，第6—11页。
② 仪名海主编：《联合国大会特别会议》，世界知识出版社2009年版。
③ 余元洲：《论联合国的新角色》，世界知识出版社2005年版，第17页。
④ 杨泽伟主编：《联合国改革的国际法问题研究》，武汉大学出版社2009年版，第125—143页。
⑤ 陈东晓等编：《联合国：新议程和新挑战》，时事出版社2004年版。
⑥ 饶戈平：《有关联合国大会改革的几种建议》，载于袁士槟、钱文荣主编：《联合国机制与改革》，北京语言学院出版社1995年版，第271页。

问题，联大在这一领域拥有较高的权限与执行力，因此讨论这一问题自然要重点关注联大可以发挥的作用。[1] 黄瑶则从《联合国宪章》解释权的视角，阐述了有关联大在此方面的权限，并认为1946年以来，联合国大会通过的众多决议丰富了《联合国宪章》的法理性解释，有助于其进一步的发展。[2] 司平平则利用《联合国宪章》的相关条款诠释联合国大会维护国际和平与安全职能的扩展。[3] 金慧华则以联合国大会在环境保护方面的职能为主要研究对象，考察了联大有关这一领域达成的重要决议与发挥的作用。[4] 虽然这些研究涉及联大在国际法问题上的治理行为，但其过于宏观系统，缺少更为细致的阐述。作为当代国际法的重要来源之一，联大在这一问题上的作用仍有待进一步发掘。

此外，由于联大存在6种工作语言，有些时候还会处理更多其他类别的语言，多语言之间的翻译工作非常复杂繁琐，加之会议涉及诸多政治性问题，重要文件必然更具严肃性与敏感性，这就要求联大的翻译工作不允许发生任何差错。联大的这种机制特性使其很自然地发展成为国内翻译学经常讨论的对象。这些研究普遍利用多种翻译理论，以具体的联大会议和一般性讨论中的讲话为观察对象，深入探讨翻译技巧与准确程度。[5] 虽然这种类型的研究可以或多或少地帮助我们理解联大的运行机制，但其也普遍不具备国际关系研究的特性，参考意义较为有限。

（二）国外学界的研究

相较于国内学界，国外学界则更为关注联合国大会的研究，但其更多是针对联大投票的研究，对联合国大会地位与作用的系统论述也比较少。当前比较成熟系统的研究成果是美国国际关系学者皮特森（M. J. Peterson）2006年出版的有关联合国大会的著作。在这本书中，皮特森从联合国大会

---

[1] 赵理海：《联合国宪章的修改问题》，北京大学出版社1982年版。
[2] 黄瑶：《联合国宪章的解释权问题》，《法学研究》2003年第2期，第135—146页。
[3] 司平平：《联合国大会维护和平职能的扩展——对〈联合国宪章〉第12条逐步扩大的解释》，《法学评论》2007年第2期，第52—57页。
[4] 金慧华：《论联合国大会在环境保护中的作用》，《法制与社会》2009年第14期，第328—329页。
[5] 相关代表性的研究成果，参见段文颇、舒琴：《生态翻译学视角下口译译员的多维适应与选择研究——以第68届联合国大会一般性辩论中国外长的现场同传为例》，《英语广场旬刊》2015年第5期，第94—95页。

的发展历程、决策过程、功能作用、外界批判、未来展望等方面展开阐述,全面讨论了联大涉及的方方面面的问题,为这一领域的后续研究提供了坚实的基础。[1] 然而,这一著作的篇幅有限,对于联大各个方面的讨论更多是提纲挈领,使得诸多细节并没有在书中呈现。除了这一著作外,皮特森也曾出版发表过其他有关联大的研究成果,特别是其曾在有关国际反恐的研究中,指出可以利用联大先后通过的有关决议,推动形成行至有效的国际合作反恐局面。[2]

虽然国外学界系统论述联大的成果也比较少,但其有关联合国的学术成果中也包含了大量有关联合国大会的讨论。如历史学家保罗·肯尼迪(Paul Kennedy)就曾在其阐述联合国的著作中谈及其对联合国大会的看法与建议,他认为联合国大会一直在决策效率上存在严重不足,致使其作用与地位不断遭人诟病,解决的办法可以是削弱经社理事会,将其部分职能转移到联大;调整联大同安理会的合作关系;利用大会决定联合国财政预算的权力提高大会的作用。[3] 美国政治学学者托马斯·韦斯(Thomas G. Weiss)和萨姆·道斯(Sam Daws)合编的联合国的指南书籍也在全面介绍联合国体系的过程中,对联大给予了一定的关注,简明地阐述了联大的机制特征。[4] 一部分历史研究和当事人的回忆录也在阐述联合国经历的历史事件时,或多或少提及联合国大会在其中的作用。比如,联合国前秘书长科菲·安南(Kofi Atta Annan)的首席新闻发言人弗雷德里克·埃克哈德(Frederic Eckhard)曾著书阐述其经历的一系列重要的历史事件,如联合国改革、海湾战争、马岛战争等等,在论述诸多历史细节时,其也提及了联大曾通过的关键性决议及其发挥的作用。[5] 必须提及的是,上述成

---

[1] M. J. Peterson, *The UN General Assembly*, London:Routledge, 2006.

[2] M. J. Peterson, "Using the General Assembly," in Jane Boulden and Thomas G. Weiss, eds., *Terrorism and the UN:Before and After September* 11, Bloomington, IN:Indiana University Press, 2004, Chapter 8; M. J. Peterson, "The General Assembly," in Thomas G. Weiss and Sam Daws, eds., *The Oxford Handbook On the United Nations*, Oxford:Oxford University Press, 2007, Chapter 5; M. J. Peterson, *The General Assembly in World Politics*, Boston:Allen & Unwin, 1986.

[3] [美]保罗·肯尼迪,卿劼译:《联合国:过去与未来》,海南出版社2008年版,第235—238页。

[4] Thomas G. Weiss and Sam Daws, eds., *The Oxford Handbook On the United Nations*, Oxford:Oxford University Press, 2007.

[5] [美]弗雷德里克·埃克哈德, J. Z. 爱门森译:《冷战后的联合国》,浙江大学出版社2010年版。

—013—

果并没有固定的研究主题,对联大的阐述缺乏系统性与全面性。

联合国大会具备一定的立法功能,这使得一部分国外学者将研究重心放到这一功能的研究上,即将联合国大会产生决议的法律有效性作为研究对象,并产生了大量研究成果。

国际法学家布莱恩·斯隆(F. Blaine Sloan)在研究联大决议是否具有法律强制力这一问题时,认为联大决议不具备法律强制力,其只有建议作用,是一种国际规范,这种国际道德作用也可以产生一定的约束力度,但在研究中难以说明其影响的具体力度。[1] 美国法学家约翰逊(D. H. N. Johnson)在一定程度上反对了这一观点,其通过具体影响联大议事规则的案例,撰文研究了联合国大会通过决议的政治、法律及道德作用,研究结果表明,联大决议并没有多少道德层面的作用,其也经常被错误地应用;在政治影响层面,联大决议具有影响作用,特别是针对少数国家的决议影响更甚,因为其迫使这些国家不得不面临国际孤立的风险;最后,联大决议具备充足的法律影响,其会产生大多数成员国必须遵守的国际法规范。[2] 在对联合国大会决议的法律效应的研究中,美国法学家塞缪尔·布莱谢尔(Samuel A. Bleicher)则将视线放到鲜有人关注的角度,即联大决议的引用情况,新决议对以往决议的引用是检验这些决议法律影响的有效指标,其发现以往决议的平均引用次数是 2.68,但只有很少的决议在平均数之上,仅在此意义上说,联合国大会的立场作用和决议的法律效应还有待加强。[3] 美国法学家克里斯多夫·乔伊纳(Chritopher C. Joyner)则评估了联合国大会的立法竞争力、法律地位及正式声明对国际法的影响,发现联合国大会的决议并不是国际法的来源,而是规范了立法透明度等。[4] 美国著名律师格雷戈里·克尔温(Gregory J. Kerwin)则将联大决议的法律效力放到了美国国内的法律体系中加以考察,其认为美国的法院系统不应将联大决议作

---

[1] F. Blaine Sloan, "Binding Force of a Recommendation of the General Assembly of the United Nations," *British Year Book of International Law*, Vol. 25, 1948, pp. 1 – 33.

[2] D. H. N. Johnson, "Effect of Resolutions of the General Assembly of the United Nations," *British Year Book of International Law*, Vol. 32, 1955 – 1956, pp. 97 – 122.

[3] Samuel A. Bleicher, "The Legal Significance of Re-Citation of General Assembly Resolutions," *The American Journal of International Law*, Vol. 63, No. 3, 1969, pp. 444 – 478.

[4] Christopher C. Joyner, "U. N. General Assembly Resolutions and International Law: Rethinking the Contemporary Dynamics of Norm-Creation," *California Western International Law Journal*, Vol. 11, No. 3, 1981, pp. 445 – 478.

为国际法的来源，这主要是因为联大决议并不是非常可靠的，虽然联合国大会已经是一个成熟的咨询商讨的机构，但还不适合作为成熟的立法机构，其决议尚没有办法对成员国形成较强约束力。[1]

由于国际法领域涉及联大问题的研究成果众多，以上仅是代表性的文献。可以说，这一方向的研究深度考察了联大的国际立法功能，但其尚没有得到国际关系学界的充分关注，少有国际关系学文献利用联大立法职能研究国际规范与国际道德的变迁与影响。然而，这两个因素对于全球治理的发展至关重要，也是联大全球治理功能实现的基石之一，因此，本书后续将从国际关系的学科角度阐述联大的规范与道德功能。

综合国内外在这一领域的研究可以发现，有关联大地位与作用的系统性学术成果并不多。相比较而言，国内这方面的研究多被涵盖在有关联合国历史和概论的研究成果中，虽都有涉及但程度不深；而国外学界的研究更注重联大机制某一方面的功能，发掘程度较深但广度不够。出现这些现象的原因，很可能是联大的机制较为复杂，拥有的职能种类与数量都比较多。虽然《宪章》已经明确规定联大的定位与功能，但仔细且全面梳理联大的这些机制和功能，并在广度和深度两个维度上阐述这一问题，仍显得十分必要。基于此，本书会在后续的阐述中对联大拥有的机制进行全面阐述，并在此基础上分别讨论联大涉及的重要全球治理功能。

二、有关联大决策机制的研究

联合国大会可以有效凝聚国际共识的核心机制就是其具有的决策制度，而有关这一部分的讨论也是当前联大研究中最为系统且成熟的领域。对其进行系统梳理也有利于把握前沿研究，进而丰富对联大全球治理功能的认识。有关联合国大会表决机制的研究旨趣源于美国学术界，科学方法的大量使用与丰富投票数据的累积使其在这一研究领域处于绝对领先地位。这一部分的文献回顾会将这些既有研究成果分为三个部分阐述，首先关注的是联大投票呈现的特征，即集团式（bloc）投票的研究；继而阐述

---

[1] Gregory J. Kerwin, "The Role of United Nations General Assembly Resolutions in Determining Principles of International Law in United States Courts," *Duke Law Journal*, Vol. 1983, No. 4, 1983, pp. 876-899.

相关国家集团或国家在联大投票行为的研究；最后则是梳理有关利用投票衡量国家外交政策偏好的研究。

(一) 联大集团式投票的研究

联大集团式投票一直是联大表决机制最为鲜明的特点。早在20世纪50年代，美国学者就发现联合国大会的投票呈现出多个不同的投票集团。比如，美国学者玛格丽特·鲍尔（M. Margaret Ball）就利用最初联大5届投票表决的情况，分析早期联大投票呈现出的国家集团性具备怎样的特征、每个投票集团是否具有主导国、对联大发展会产生怎样的影响等一系列问题。[1] 但由于时代所限，玛格丽特·鲍尔的研究只能处于初步阶段，未能考察更多届的联大会议，但这一研究成果却开启了有关这一现象的研究。在其之后，不断有学者从各个角度发掘联大集团式投票这一现象。

在集团投票的具体内涵上，一些学者开始基于不同标准重新划分并定义联大的投票集团。比如，美国学者杰弗里·古德温（Geoffrey Goodwin）认为联大投票集团可以分为5个，每个集团包含如下的国家数量：苏东集团的9个国家；英联邦的10个国家；西欧18国；拉美20国；最后是29个亚非国家，包括9个非洲国家和10个阿拉伯国家。古德温还认为，虽然这些投票集团的客观存在使得联大表决机制日趋走向复杂，但其塑造的政治局势也必将进一步刺激联大功能的发展，加大联大的议事权力，避免使其沦为"空谈馆"（talking shop）。[2] 美国学者罗德里克·奥格利（Roderick C. Ogley）则认为"集团"这一概念是国家群体基于其投票行为的某些客观分类，国家对于群体的选择与其群体成员的数量是持续发生变化的，根据地理临近程度、血缘关系、相互与相近的法律权利与义务、相似的政府形式4个因素可将联大分为8个投票集团，即社会主义集团、美洲集团、英联邦白人集团、除英国外的欧洲殖民大国集团、欧洲独立国家集团、不包括南非的非洲集团、亚洲的反苏国家集团及中立的亚洲国家集团。[3] 美国学者杰克·文森特（Jack E. Vincent）通过搜集1967—1968年间联合国

---

[1] M. Margaret Ball, "Bloc Voting in the General Assembly," *International Organization*, Vol. 5, No. 1, 1951, pp. 3 – 31.

[2] Geoffrey Goodwin, "The Expanding United Nations: I-Voting Patterns," *International Affairs*, Vol. 36, No. 2, 1960, pp. 174 – 187.

[3] Roderick C. Ogley, "Voting and Politics in the General Assembly," *International Relations*, Vol. 2, No. 3, 1961, pp. 156 – 167.

各国代表的调查问卷，考察各个集团的国家成员、组织情况及成员对集团的认识等等问题，并考察何种因素会影响这些问题，研究结果发现国际经济发展是影响各个成员国在其归属集团中政策立场与行为的首要因素。[①]

虽然联大集团式投票得到一部分学者的认可，但也有学者对此持反对意见。比如，加拿大学者索厄德（F. H. Soward）认为集团式投票这一概念更适合描述苏东国家集团在联大的投票特征，这是因为这一集团的大部分政策决定由苏联一国主导，其他国家基本处于绝对跟随的状态，表现在联大表决中就是基本同苏联保持共同立场，选择和苏联投票一致，而其他国家集团并没有体现出这一特征，因此除苏东集团外的国家集团并不适合称为"集团"，更应该被称作"群组"（group）。[②] 索厄德提出的群组概念很快被接受，后续研究在提及联大集团式投票时，通常也利用这一概念指代投票经常出现一致情况的国家集团。

有关联大集团投票最为系统的理论性成果是美国学者托马斯·霍维特（Thomas Hovet）在1960年出版的有关著作。在这一成果中，霍维特利用联合国的官方记录、投票表决结果及对联合国各国代表的访谈，翔实地分析了联合国大会存在的投票集团与群组、各个集团与群组的成员及其在大会中的实际表现等，并认为联大投票机制的特点决定集团式投票的趋势难以避免，因此在书的最后部分也针对这一情况给予联合国部分政策启示。[③]

除了关注集团式投票的具体内涵外，也有学者认为原有集团式投票的研究技术与工具存在缺陷，不能完全且准确地解释集团式投票的内容。比如，一国经历多少次相似的联大投票选择才可以归类于一个国家集团，原有集团式投票的定义和研究方法都不能做出具体解释，因此，他们寻求从理论和方法上重新定义集团的概念和操作方法。[④]

[①] Jack E. Vincent, "An Analysis of Caucusing Group Activity at the United Nations," *Journal of Peace Research*, Vol. 7, No. 2, 1970, pp. 133–150.

[②] F. H. Soward, "The Changing Balance of Power in the United Nations," *The Political Quarterly*, Vol. 28, No. 4, 1957, pp. 316–327.

[③] Thomas Hovet, *Bloc Politics in the United Nations*, Cambridge: Harvard University Press, 1960.

[④] Hayward R. Alker, "Dimensions of Conflict in the General Assembly," *American Political Science Review*, Vol. 58, No. 3, 1964, pp. 642–657; Arend Lijphart, "The Analysis of Bloc Voting in the General Assembly: A Critique and a Proposal," *American Political Science Review*, Vol. 57, No. 4, 1963, pp. 902–917; Leroy N. Rieselbach, "Quantitative Techniques for Studying Voting Behavior in the UN General Assembly," *International Organization*, Vol. 14, No. 2, 1960, pp. 291–306.

以上是关于联大集团式投票最为主要的理论研究成果。值得注意的是，这些成果基本都出在20世纪50—60年代，与联大的发展步骤基本一致。随着联大成员国的增多，投票集团化的趋势只会越发明显。虽然这类只是针对联大的初步研究，但问题的具体性与方法的科学性为这一领域的发展打开了局面。后续的研究在上述理论发掘的基础上开始考察各个集团具体的联大投票行为。

（二）具体国家集团或国家的联大投票行为研究

基于对联大国家集团的宏观理论研究，一些学者开始在微观层次上梳理具体的国家集团甚至国家在联大的投票行为。可以说，这些研究是上一步研究的逻辑延伸，学界在了解联大投票的集团性特征后，开始发掘各个集团自身的投票倾向，以深入理解联合国大会的表决机制。

20世纪60—70年代是发展中国家在联合国崛起的年代，其作用在渐渐赶超西方国家。在西方学者的认知中，第三世界的发展中国家组成的投票集团，即亚非投票集团也是联大舞台重要的参与者。20世纪50年代以来，发展中国家开始大量独立并陆续加入联合国，导致联合国成员的构成发生巨大变化，西方发达国家的比例不断下降。这种趋势反映在联合国大会上就是发展中国家可以借助一国一票的方式赞成或反对相关提案，使得大会成为展示自身影响力的平台。当时的学者就已经注意到这一现象，联大亚非投票集团已经成为继美苏两大集团外的第三大集团，并专门撰文讨论的产生与在去殖民运动中的鲜明立场。[①] 然而，也有学者认为当时的亚非国家并没有组成一个完整的投票集团，其成员有投票自主性，在很多议题上并没有完全针对西方国家。[②] 美国学者萨米尔·安纳布塔维（Samir N. Anabtawi）通过考察联合国第二届紧急特别联大审议1956年匈牙利危机的过程，也发现亚非国家只在有限的去殖民议题上会表现出集团式投票的特征，在其他问题上更多是基于自身国家利益而在联大投票进行选择。[③]

---

① F. Triska and Howard E. Koch, "Asian-African Coalition and International Organization: Third Force or Collective Impotence?" *The Review of Politics*, Vol. 21, No. 2, 1959, pp. 417–455.

② Rayford W. Logan, "Is There an Afro-Asian Bloc?" *Current History*, Vol. 40, No. 234, 1961, pp. 65–69; Andrew Cohen, "The New Africa and the United Nations," *International Affairs*, Vol. 36, No. 4, 1960, pp. 476–488.

③ Samir N. Anabtawi, "The Afro-Asian States and the Hungarian Question," *International Organization*, Vol. 17, No. 4, 2009, pp. 872–900.

中国学者毛瑞鹏分析了发展中国家组成的77国集团在联大投票上的一致性，借以观察这些国家是否在国际事务上存在相同立场，其采用了"投票背离率"这一概念，指涉一个或若干国家背离群体总体立场的程度，借用这一概念，其分析77国集团在联合国大会的投票情况，发现其成员国的投票背离率呈现持续下降的趋势，表明其内部的团结正在不断加强，没有出现明显分化的局面。然而，这一效应在不同投票议题上存在明显差异，具体而言，在裁军和国际安全、去殖民化、中东局势等议题上77国集团成员没有出现显有显差异，但在人权等议题上分化则较为明显。[1]

在对34个非洲国家的联大投票研究中，美国学者理查德·温格洛夫（Richard Vengroff）证伪了美国学者詹姆斯·罗西瑙（James Rosenau）有关国家外交政策的理论，通过对这些国家在联大投票表决情况的观察，他发现虽然非洲国家国内局势并不稳定，但并没有出现罗西瑙预期的外交政策频繁变化的情况，因此解释这时期非洲国家的外交政策要更多关注系统因素，而非国家个体的因素。[2] 在对发展中国家联大投票行为的研究中，阿拉伯国家集团也得到学界的关注。早期学者如哈利·霍华德（Harry N. Howard）和玛丽·纳奇布尔·凯恩斯（Mary Knatchbull Keynes）详细阐述了阿拉伯—亚洲国家集团的产生与发展及其集团利益所在，1950年后这一集团已经得到世人重视，并在反对法国殖民统治这一议题上采取了较为一致的立场，也为该集团赢得较大国际影响力。[3]

欧洲学术届也具有这方面的研究成果。奥地利学者保罗·卢伊夫（Paul Luif）非常翔实地研究了欧盟成员国在联大的投票行为，发现在较长时间内，欧盟成员国投票一致的状况因议题而有所区别：在议题分布上，有关中东和人权议题欧盟成员国投票较为一致，但在裁军和核不扩散议题上的分歧则比较大；在国家分布上，英国和法国同欧盟大多数成员国的投

---

[1] 毛瑞鹏：《发展中国家在国际事务上立场一致性的考察——基于对七十七国集团成员在联合国大会投票的分析》，《国际论坛》2013年第3期，第13—18页。

[2] Richard Vengroff, "Black Africa in the U. N. The Continuing Impact of the Former Colonial Power," *Politics & Policy*, Vol. 7, No. 2, 1979, pp. 175–188; Richard Vengroff, "Instability and Foreign Policy Behavior: Black Africa in the U. N. ," *American Journal of Political Science*, Vol. 20, No. 3, 1976, pp. 425–438.

[3] Harry N. Howard, "The Arab-Asian States in the United Nations," *Middle East Journal*, Vol. 7, No. 3, 1953, pp. 279–292; Mary Knatchbull Keynes, "The Arab-Asian Bloc," *International Relations*, Vol. 1, No. 6, 1956, pp. 238–250.

票行为存在较大差异,一些即将入盟的欧洲国家与土耳其同欧盟成员的投票存在不同程度的差异;在域外国家的比较上,欧盟和俄罗斯的投票差异变化不大,但同美国日渐产生较大差异,特别是在巴勒斯坦问题上。①

由于欧盟包含众多国家,其中英国及英联邦集团在联大投票中也具有鲜明特色。欧洲学者格温德伦·卡特(Gwendolen M. Carter)认为,联合国成立初期英联邦国家并没有体现出集团式投票的特征,比如印度就曾直接谴责南非的殖民政策,各成员在联大投票中经常出现彼此针对的情况。② 早期研究还关注北欧三国在联大的投票行为,并称其为"斯堪的纳维亚国家集团",这一国家集团原本同其他中小国家一样,热衷于构建并加入公平且公正的国际组织,但二战中德国的肆意武装入侵,使得这些国家改变了立场,开始积极构建集体安全体系,并认同大国在其中的作用,比如斯堪的纳维亚国家集团并没有像其他中小国家一样批评五大国在安理会的否决权。③

国外学界也有一部分研究关注具体国家与集团投票的关系。美国学者爱德华·格里克(Edward B. Glick)在研究外交劝服这一现象时,就曾列举了以色列建国前后时期对于拉美国家集团的成功劝服,使其在大会中采取更为支持犹太复国主义者的立场。④ 印度学者拉伊(K. B. Rai)认为印度既是英联邦国家集团的国家,也是亚非集团的成员,在这种身份定位下,他以1963年第18届联大为研究对象,详细考察了印度的投票情况。⑤ 代泽华则利用1946—1963年美苏印三国在联大的投票数据,考察尼赫鲁执政时期印度的联大外交政策并发现,朝鲜战争前,印度在联大投票基本奉行中立的不结盟政策,但在政治与安全问题上,印美投票一致的程度远高于印苏;朝鲜战争之后的时期,印度继续奉行不结盟政治,但印苏两国投票的一致程度超过了印美,这些都表明虽然尼赫鲁执政时期的印度在政治上采取了不结盟政策,但仍带有一定的倾向性,印度也会因国家利益的变

---

① Paul Luif, "EU cohesion in the UN General Assembly," European Union, Institute for Security Studies, 2003.

② Gwendolen M. Carter, "The Commonwealth in the United Nations," *International Organization*, Vol. 4, No. 2, 2009, pp. 247 – 260.

③ Tormod Petter Svennevig, "The Scandinavian Bloc in the United Nations," *Social Research*, Vol. 22, No. 1, 1955, pp. 39 – 56.

④ Edward B. Glick, "Zionist and Israeli Efforts to Influence Latin America: A Case Study in Diplomatic Persuasion," *The Western Political Quarterly*, Vol. 9, No. 2, 1956, pp. 329 – 343.

⑤ K. B. Rai, "India and Bloc Voting in the General Assembly," *The Indian Journal of Political Science*, Vol. 25, No. 3/4, 1964, pp. 117 – 123.

化调整自身立场。①

本书上述两个部分基本梳理了有关大会集团式投票的特征与主要集团或国家投票行为的研究。这些成果反映出联大早期研究的重要方向，也为理解联大投票提供了丰富的知识支撑。需要注意的是，由于中国的联合国大会研究，特别是联大投票行为研究起步较晚，此领域的相关研究成果数量非常少。进入20世纪70—80年代后，这一领域在国外学界也渐渐式微，相关研究成果数量急剧下降。虽然集团式投票不再是学界关注的焦点，但有关联大投票仍在另一个研究方向上顺利展开，即利用联大投票数据衡量国家外交政策的政治影响力。

（三）利用投票衡量国家外交政策偏好的研究

当前美国国际关系学界在联大表决机制的研究领域中正在兴起一种新的研究趋势，即在利用联大投票数据的基础上，通过各个国家不同的投票情况衡量其外交政策偏好。具体来说，外交政策偏好是一国基于本国国际和国内等因素形成的外交政策选择，由于其影响因素众多，如何科学衡量操作这一变量一直是国际关系领域有待深化研究的重要问题。联合国大会的表决机制为解决这一难题指明了方向。联大作为全球性的合作平台，其投票者通常可以囊括全球大部分国家和地区，可以在一致议题的前提下非常直观地观察到国家投票反映出的外交政策偏好。由于联大的投票数据具有较易获取、基本囊括全世界所有国家等特点，其在这一研究方向上已经得到大量应用。据学者统计，1998—2012年发表的有关国际外交政策偏好的75篇论文，都采用这一衡量操作方式。② 当然，这些研究成果大多是考察何种因素在何种条件下可以在多大程度上影响国家的外交政策偏好，即在联大的投票选择。这些文章的基本逻辑是，如果一国某项政策手段可以针对相关国家产生影响力，那么在控制某些变量的基础上就可以发现这项政策影响了这些国家在联大的投票选择。

在这些政策手段中，得到学者大量检验的就是国家的对外经济因素，即国家间某些经济相互依赖的状态是否会影响对象国在联大的投票行为。

---

① 代泽华：《尼赫鲁执政时期印度联合国不结盟外交研究——基于唱名表决数据的分析》，《南亚研究》2015年第1期，第45—61页。

② Michael A. Bailey, Anton Strezhnev, and Erik Voeten, "Estimating Dynamic State Preferences from United Nations Voting Data," *Journal of Conflict Resolution*, Vol. 61, No. 2, 2015, p. 3.

美国学者尼尔·理查森（Neil R. Richardson）则利用联大投票数据考察20世纪50—70年代中期各国同美国投票的一致程度，以发现美国的贸易因素是否会对别的国家产生外交政策的服从效应，研究认为，当时与美国贸易量越大的国家在联大投票上越表现出与美国较高的一致程度，作者也对其可能的因果机制做出了一定的解释。[1] 美国学者艾德里安娜·阿姆斯特朗（Adrienne Armstrong）利用当时美苏两国同24个其他国家之间的经贸往来的数据，考察在4个时段共16年的时间里，两国经贸水平是否为其带来政治服从度。作者利用联大投票数据衡量了政治服从度并进行了数据检验，发现经济相互依赖与政治服从度二者之间的因果关系较为复杂，政治服从度很大程度上依赖服从的代价，在不同的问题上经济相互依赖带来的政治服从度存在一定的差别。[2] 美国学者库尔·拉伊（Kul B. Rai）也做了类似的研究，其利用1967—1976年联大的投票情况，考察美国和苏联两个国家的对外援助是否会影响受援国在联大的投票选择，其验证了两个假设，分别是：两国对外援助可以诱导受援国在联大投票选择上倾向于援助国；两国对外援助可以奖励在联大投票与援助国时期一致的国家，或惩罚投票不一致的国家，结果表明，在进行研究的这一期间内，美国对外援助的结果大多数时间更符合第一个假设，而苏联的外援在多数时间内更倾向达成第二个假设的效果。[3]

虽然联大的投票数据可以较为容易地获得，但对其整理却要花费相关研究人员大量的时间和精力。为了改善这一状况，美国学者艾利克·沃伊特恩（Erik Voeten）及其科研团队、合作共同完成的联合国大会投票数据集（United Nations General Assembly Voting Data）解决了这一难题。这一数据集全面涵盖了联大成立以来各个国家的投票情况，并提供免费下载使用，使得后续该领域的研究大大减少了数据编辑整理的工作。除了包含基本的国家投票数据外，该数据集还包含了三位开发者基于投票数据计算出

---

[1] Neil R. Richardson and Charles W. Kegley, "Trade Dependence and Foreign Policy Compliance," *International Studies Quarterly*, Vol. 24, No. 2, 1980, pp. 191 – 222; Neil R. Richardson, "Political Compliance and U. S. Trade Dominance," *The American Political Science Review*, Vol. 70, No. 4, 1976, pp. 1098 – 1109.

[2] Adrienne Armstrong, "The Political Consequences of Economic Dependence," *Journal of Conflict Resolution*, Vol. 25, No. 3, 1981, pp. 401 – 428.

[3] Kul B. Rai, "Foreign Aid and Voting in the UN General Assembly, 1967 – 976," *Journal of Peace Research*, Vol. 17, No. 3, 1980, pp. 269 – 277.

的国家吸引力值（affinity of nations scores）与理想点估计值（ideal point estimates），更为直观地展示了通过联大投票衡量国家间外交政策相似度的方法。[1] 简而言之，沃伊特恩等人的联大投票数据包含信息丰富，有利于相关研究可以更为简单、直接的方式展开。

沃伊特恩本人也在开发数据的过程中，利用联大投票数据发表了相关科研成果。比如，沃伊特恩曾发现当代美国在越来越多的多边组织中处于愈发孤立的状态，已经成为一个"孤独的超级大国"，这表现在其具有无可匹敌的实力，但世界范围内的多个多边组织却在讨论不利于美国影响力拓展的议题。沃伊特恩利用1991—2001年联大唱名表决数据中有关美国重要议题的投票情况研究这一现象，他发现自冷战结束后，美国和世界其他国家之间的分歧日益加大，这种分歧随着美国更多采取单边主义外交而不断增长，但单个国家同美国发生外交分歧的增长速度却存在一定差异。[2] 国际关系学界拥有多个解释后冷战时期国际政治中冲突与和平的理论范式，但这些范式普遍缺乏经验研究的验证，沃伊特恩则尝试利用冷战时期（1946—1988年）和后冷战时期（1991—1996年）联合国大会的唱名表决数据解决这一问题，研究结果表明，国际冲突在后冷战时期与冷战时期并不存在巨大差异，冷战时代就存在的联大投票中的东西方差异仍延续到了后冷战时代；中国、印度等国家仍在大会投票中延续冷战期间就坚持的反霸权立场；传统上支持美国的西方国家仍在联大投票中选择与美国保持一致。[3]

联合国大会投票数据集不仅限于开发者使用，其很快也得到了其他学者的认可，并开始大量将其应用到相关研究领域中。比如德国学者阿克塞尔·德雷赫尔（Axel Dreher）等人曾利用1970—2005年历次联大针对安理会非常任理事国的表决数据，研究有哪些国家更容易被选为安理会非常任理事国。[4] 美国三位学者米凯拉·马特斯（Michaela Mattes）、布雷特·阿

---

[1] Michael A. Bailey, Anton Strezhnev, and Erik Voeten, "Estimating Dynamic State Preferences from United Nations Voting Data," *Journal of Conflict Resolution*, Vol. 61, No. 2, 2015, pp. 430–456.

[2] Erik Voeten, "Resisting the Lonely Superpower: Responses of States in the United Nations to U. S. Dominance," *The Journal of Politics*, Vol. 66, No. 3, 2004, pp. 729–754.

[3] Erik Voeten, "Clashes in the Assembly," *International Organization*, Vol. 54, No. 2, 2000, pp. 185–215.

[4] Axel Dreher, Matthew Gould, Matthew D. Rablen and James Raymond Vreeland, "The Determinants of Election to the United Nations Security Council," *Public Choice*, Vol. 158, No. 1, 2014, pp. 51–83.

什利·利兹（Brett Ashley Leeds）及罗伊斯·卡罗尔（Royce Carroll）三位学者则将视线关注到国内政治变革对联合国大会投票的影响上，利用这一数据衡量国家外交政策的偏好，数据研究结果发现，国家领导人社会支持基础的变化将导致该国在联大投票的变化，即外交政策发生变化，并且这一效应更多体现在威权国家中。① 学界可以采用其他方法重新对联大投票数据进行衡量。美国学者凯文·梅肯（Kevin T. Macon）等学者就采用网络分析法，重新检验了沃伊特恩的联大投票数据，用以发现投票呈现的规律性。②

在联大投票数据得到普遍应用的同时，一部分学者也在反思联大投票数据的缺陷和应用中存在的问题。比如，英国学者布瑞恩·汤姆林（Brian W. Tomlin）曾撰文讨论说，大多数学者更多是直接采用联大投票数据衡量相关变量，却没有对其效度进行更深入的研究，这对联大投票这一研究领域的发展来说是非常不利的，因此其撰文以经验验证的方式讨论应用联大唱名投票数据衡量相关变量的效度，在利用非洲的联大投票数据后，其结论认为，有关联大数据衡量的变量存在效度不足问题，需要谨慎使用。③

总的来说，虽然上述研究成果成功利用了联大投票数据在各个研究范围内进行了较为可靠的经验验证，但其并没有仔细区分联大投票针对的不同议题。事实上，不同国家在面对不同议题时往往选择不同的立场，而其并不适合解释为国家之间外交政策偏好的差异。这方面的缺陷也必然导致上述成果的结论缺乏一些说服力。

三、有关联大治理成效的研究

联大具备的一个特性是其可以关注《联合国宪章》范围内的任何问

---

① Michaela Mattes, Brett Ashley Leeds and Royce Carroll, "Leadership Turnover and Foreign Policy Change: Societal Interests, Domestic Institutions, and Voting in the United Nations," *International Studies Quarterly*, Vol. 59, No. 2, 2015, pp. 280 – 290.

② Kevin T. Macon, Peter J. Mucha and Mason A. Porter, "Community Structure in the United Nations General Assembly," *Physica A: Statistical Mechanics and its Applications*, Vol. 391, No. 1 – 2, 2012, pp. 343 – 361.

③ Brian W. Tomlin, "Measurement Validation: Lessons From the Use and Misuse of UN General Assembly Roll-Call Votes," *International Organization*, Vol. 39, No. 1, 1985, pp. 189 – 206.

题，这使其可以在多个全球性问题上发挥自身作用。学术界在考察这些问题的治理进程时，也必然会谈及联大在其中的作用。本书这一部分回顾关注联大在这些全球性问题中所获治理成效的成果。这一部分也是最接近本书研究范围的研究成果。通过仔细梳理可以发现当前的既有成果分为两类：一类认为联大关注的全球性问题数量过于惊人，无法用有限的篇幅进行全面论述，进而只关注某一个或某些具体的全球性问题，并在阐述的过程中论及联大治理成效。这一类研究成果数量众多，是本书重点阐述的对象。本书将按照具体宏观治理议题的分类，分别阐述有关联大在发展问题与安全问题上治理成效的研究。另一类是尽可能全面地阐述这些问题，系统地阐述包括联大在内的整个联合国在这些问题中的作用。这一类文献数量比较少，且研究深度不及上一类文献。

（一）针对发展问题的研究

全球发展治理一直是联大重视的一项全球问题领域。不同于安全领域的问题，联大在发展议题上具有更高的权力与合法性。有关发展议题的研究几乎都要讨论联大在其中的作用。比如，孙洁琬曾详细阐述了联合国大会的历史上制定的5个十年国际发展战略，通过描述这些战略的内容来反映联大发展观念的演变。在笔者看来，20世纪90年代联合国大会制定的第五个十年国际发展战略即《发展纲领》，是联合国发展观念演进的重要节点，其标志是这一发展战略强调以人为本、对可持续发展、综合性发展三个方面的问题，为21世纪联合国发展观念的完善提供了行动指南。[①] 徐奇渊和孙靓莹也在回顾联大主导的联合国发展观念演变过程的基础上，考察了发展议程的执行与效果，并认为联大制定的千年发展目标效果喜忧参半，发展中国家在发展过程中彼此之间的差距不断加大。[②]

20世纪70年代后，发展中国家在联合国的崛起吸引了国外学界，使得一部分学者开始关注这期间发展中国家在联大发展议题上的作用和影响。比如，美国知名国际关系学者罗伯特·基欧汉（Robert O. Keohane）则将视角放到分析联合国大会成员国的政治影响力上，他认为学界对联大

---

① 孙洁琬：《论联合国发展观念的更新与丰富》，《政法论坛》2001年第4期，第149—155页。
② 徐奇渊、孙靓莹：《联合国发展议程演进与中国的参与》，《世界经济与政治》2015年第4期，第43—66页。

的研究过于重视对国家集团投票行为的分析,而忽略了对有关政治进程等因素的分析,但这些因素却更加有利于学界深入理解联大运行机制。在基欧汉的研究中,政治进程指联大内成员国的代表和秘书处在有关决议达成过程中的互动,这种互动就是影响政治结果的竞争,也是政治影响力的竞争。在操作衡量了这种影响力后,基欧汉则采用塞浦路斯在联大中的互动行为作为案例,更为详细地讨论了小国在联大系统中的政治影响力。[①] 孙伊然利用历届联大通过的有关发展议题的决议,考察发展中国家如何看待国际经济秩序。他发现在联大发展问题决议的措辞中,虽然发展中国家并不是国际经济秩序的绝对受益者,但其仍赞同内嵌自由主义的思想,乐于见到开放自由的国际经济秩序,但它们也希望这种国际经济秩序不会阻碍其国内社会经济稳定与良性的发展。[②]

联合国前官员布拉尼斯拉夫·戈索维奇(Branislav Gosovic)和美国学者约翰·杰拉德·鲁杰(John Gerard Ruggie)专门讨论了1975年联合国大会第七届特别会议,这次会议达成了有关发展议题的重要成果,提出了建设"国际政治经济新秩序"的重要目标,是以77国集团为代表的发展中国家针对超级大国的一次胜利,联合国大会可以看作是南北方交流的重要平台。[③] 在后续的研究中,鲁杰又从全球化、全球治理等角度关注发展中国家的发展问题和联合国的框架改革问题。[④] 美国学者西德尼·温特劳布(Sidney Weintraub)则反对上述二人的观点,认为联合国大会的诸多成员国观点不一,特别是和美国存在很多不同,很难达成一致意见,美国要做的就是尽力了解不发达国家的诉求,寻求更为有效的发展观念。[⑤] 日本学者饭田启介(Keisuke Iida)则利用统计的方法,考察这一时期联大背景下的77国集团是否如其自身所宣称的那样团结一致,在采用了不同的分析模

[①] 更多详细内容,参见 Robert O. Keohane, "The Study of Political Influence in the General Assembly," *International Organization*, Vol. 21, No. 2, 1967, pp. 221 – 237。

[②] 孙伊然:《发展中国家对抗内嵌的自由主义?——以联合国发展议程为例》,《外交评论》2012 年第 5 期,第 102—124 页。

[③] Branislav Gosovic and John Gerard Ruggie, "On the Creation of a New International Economic Order: Issue Linkage and the Seventh Special Session of the UN General Assembly," *International Organization*, Vol. 30, No. 2, 1976, pp. 309 – 345.

[④] John Gerard Ruggie, "The United Nations and Globalization: Patterns and Limits of Institutional Adaptation," *Global Governance*, Vol. 9, No. 3, 2003, pp. 301 – 321.

[⑤] Sidney Weintraub, "What Do we Want from the United Nations?" *International Organization*, Vol. 30, No. 4, 1976, pp. 687 – 695.

型后，作者发现不同的解释模型在77国集团的团结问题上显示出了不同的效应。[①] 虽然这期间有关联大的研究凭借发展中国家研究成为热点议题，但随着20世纪80年代发展中国家影响力的下降，这一方向的议题失去了活力，当前已经极少出现有关这一议题的研究成果。

当前联大制定了新的"2030年可持续发展议程"，为整个联合国提出全新的可持续发展目标，其也成为当前学界关注的热点问题，相继出版了一系列相关成果。比如，孙新章认为联合国是基于完成千年发展目标与汇聚国际力量应对全球挑战的目的而制定的"2030年可持续发展议程"，虽然其可以重塑可持续发展治理体系，为发展中国家的深入参与提供机遇，但该议程也存在不足，主要体现为一些发展目标相互重复和难以量化；没有对不同国家给出不同类型的建议等，中国则应在实现议程中创造新的经济增长点和就业机会，并积极开展国际发展合作和发展援助，为实现该议程规划的目标做出自己的贡献。[②]

全球环境问题同全球发展问题息息相关，联大有关全球环境问题的文件多数也会涉及到全球发展问题。目前国内有关联合国与全球环境治理领域的成果多集中在讨论联合国环境规划署，但环境规划署的很多工作需要联大领导，规划署的理事会也是联大直属的分支机构，因此讨论全球环境治理也必须谈及联大在其中发挥的作用。比如，李东燕认为联合国系统是全球环境治理领域中的主要组成部分，但其在考察联大相关决议的过程中，发现这一概念并没有在联合国大会的正式文件中得以详细定义，出现这一现象的原因是主权国家不希望联合国领导全球环境治理，而是期望其只主导较为松散的全球环境治理体制。[③] 蔺雪春则以21世纪之前的联合国全球环境治理议程为线索，利用大量有关联大的文本材料，分析联合国全球环境治理的环境机制在治理密度、原则深度、框架设置、模式选择四个方面的内容，并认为虽然联合国全球环境治理议程出现了文本话语层面上的演进，但在后续实际实施层面上呈现的效果并不乐观。[④]

---

① Keisuke Iida, "Third World Solidarity: The Group of 77 in the UN General Assembly," *International Organization*, Vol. 42, No. 2, 1988, pp. 375–395.
② 孙新章：《中国参与2030年可持续发展议程的战略思考》，《中国人口·资源与环境》2016年第1期，第1—7页。
③ 李东燕：《联合国与国际环境治理》，《复旦国际关系评论》2007年第1期，第6—24页。
④ 蔺雪春：《变迁中的国际环境机制：以联合国环境议程为线索》，《国际论坛》2007年第3期，第14—19页。

（二）针对安全问题的研究

虽然联合国体系中最关注安全问题的机构是安理会，但联大也拥有职权，可以审议一部分安全问题，特别是不涉及地缘政治冲突的安全问题。一部分研究是讨论有关这类问题的联大治理成效。

其一，联大参与维持国际和平与安全。在这一治理成效上，国内外学术界曾关注联大曾经提出并践行的"预防性外交"这一概念。联大在20世纪90年代参与的全球安全治理，特别是传统安全领域治理的重要举措，就是提出"预防性外交"与"预防性行动"的概念。预防性外交是德奎利亚尔与加利秘书长在联大提出的，特别是加利秘书长制定的《和平纲领》，成为联大通过的有关预防性外交的重要文件，而之后的安南秘书长则将这一概念改动为"预防性行动"。[1] 除有关预防性外交的相关研究外，当前国内外学界普遍在讨论有关"保护的责任"问题，这是联大与安理会共同推动的一种新的国际规范。虽然有关"保护的责任"的地位与作用等一系列问题仍处在激烈争论中，但无疑也是联大涉及的一项重要的全球性问题。比如，花勇曾运用政策科学中的倡议联盟框架，解释"保护的责任"从政治概念成长为国际规范的变迁过程，其认为是外部事件、政策子系统内部政策执行失败、政策学习共同作用这些因素共同导致"保护的责任"快速转变为新的国际规范。[2] 陈小鼎和王亚琪在讨论"保护的责任"中的话语权问题时，回顾了联大有关这一问题的话语构建、话语内容、话语平台与话语认同等各个方面的因素，认为"保护的责任"本质上是利益驱动下的话语建构，其不仅偏离了维护人权的根本目标，更造成越发严重的人道危机，结论还建议中国要有效利用联合国这一权威话语平台，提高自身在这一问题上的话语权。[3]

其二，针对国际恐怖主义治理问题。联大参与治理恐怖主义的机制与实践也是其主要功能之一，这一领域也得到了较为充分的讨论。马勇和王新东在阐述联合国反对恐怖主义机制的发展历程时，认为冷战时期联大基

---

[1] 刘文祥：《论联合国的预防性外交》，《当代世界与社会主义》2005年第1期，第122—126页。

[2] 花勇：《人道主义危机治理规范的变迁——倡议联盟框架的视角》，《世界经济与政治》2016年第1期，第91—114页。

[3] 陈小鼎、王亚琪：《从"干涉的权利"到"保护的责任"——话语权视角下的西方人道主义干涉》，《当代亚太》2014年第3期，第97—119页。

本在主导联合国反恐机制的构建,并初步形成了联合国反恐司法协作的机制,但其也认为这一时期的反恐机制缺乏安理会的有效参与,作用较为有限,大多发展成为空谈的论坛,直到冷战结束后安理会的参与才使得联大构建的联合国反恐机制的功能日益完善。① 英国学者伯恩哈德·布鲁门劳(Bernhard Blumenau)著书专门研究了 20 世纪 70 年代联合国治理恐怖主义的活动,由于这一时期安理会没有过多涉及这一议题,联大就成为当时治理国际恐怖主义的主要联合国机构,同时这一过程也凸显了联邦德国的作用,其主导推动了这期间的联大通过了两项重要的国际公约,即《关于防止和惩处侵害应受国际保护人员包括外交代表的罪行的公约》与《反对劫持人质国际公约》,作者认为当时联邦德国的动因既是国内恐怖主义发展带来的政治压力,也是当时重新崛起的德国追求国际政治地位的结果。②

此外,学界还发表过有关联大治理其他问题领域的研究,这部分研究数量偏少,无法单独分类。比如,王铁军在讨论跨国公民社会与全球治理机构的关系时,讨论了包括联合国大会在内的联合国机构中非政府跨国组织的现状与作用。③ 国内学界也关注更加微观的治理问题领域中的联合国大会的作用,如残疾人权利、人口老龄化、保护生物多样性、外太空公域治理等。④ 也有研究讨论了联合国大会框架下的附属机制。比如,罗艳华专门描述了人权理事会产生的背景,其中涉及大量政治互动过程,也包含了这一机构产生后国家间依旧存在的政治博弈和斗争。⑤ 在全球治理领域的有关研究中,美国学者考特尼·史密斯(Courtney B. Smith)在研究全球治理中国际共识的建构过程中,利用联大作为研究对象,通过考察大会共识形成的过程,考察其内部机制与影响共识形成的因素,以深化联合国与

---

① 马勇、王新东:《联合国反对恐怖主义机制发展历程评析》,《国际论坛》2006 年第 5 期,第 26—30 页。
② Bernhard Blumenau, *The United Nations and Terrorism: Germany, Multilateralism, and Antiterrorism Efforts in the 1970s*, Basingstoke, UK: Palgrave Macmillan, 2014.
③ 王铁军:《全球治理机构与跨国公民社会》,上海人民出版社 2011 年版,第 117—162 页。
④ 商震:《外空国际合作与可持续发展——第 69 届联合国大会外空议题的审议情况》,《中国航天》2014 年第 12 期,第 48—49 页;艾诚:《联合国大会关注全球 10 亿残疾人》,《中国残疾人》2013 年第 10 期,第 32 页;曹炳良:《第 47 届联合国大会老龄问题特别全会》,《中国社会导刊》2008 年第 2 期,第 37—39 页;王献溥、于顺利、宋院华:《联合国大会确定 2011—2020 年为"联合国生物多样性 10 年"的意义和要求》,《资源环境与发展》2012 年第 2 期,第 10—15 页。
⑤ 罗艳华:《联合国人权理事会的设立及其背后的斗争》,《人权》2006 年第 3 期,第 54—57 页。

国际共识方面的研究。①

（三）针对多问题领域的研究

除了上述针对单一全球问题领域的研究外，学界也拥有一部分针对联大涉及的多个全球问题领域治理成效的研究成果。这一部分研究成果基本拥有一个共同特点，即从联合国具体参与的全球治理领域出发，分别阐述各个领域中联合国各个机构发挥的作用。虽然这种论述方式可以较为全面地反映出联合国的全球治理功能，但这类成果更多将联合国视为一个整体阐述，较少涉及联大在其中的影响与成效。

这部分研究多是专著与编著，以解决篇幅不足的问题。比如李铁城主编的《世纪之交的联合国》一书就是分析冷战后至21世纪初有关联合国在某些具体全球性问题的实践行为，其中诸多全球问题的治理都是联大框架下主导的治理进程，离不开联合国大会的参与。② 李铁城和钱文荣主编的《联合国框架下的中美关系》一书，则分析了中美两国的联合国政策演变，其中也大量讨论了当前联合国大会框架下治理的全球性问题，并阐述了中美两国针对这些热点问题的政策与观点差异。③ 陈鲁直与李铁城主编的有关联合国研究的论文集——《联合国与世界秩序》一书，从多个方面讨论了当时国内研究联合国的热点问题，并在讨论裁军、人权、联合国改革等问题上阐述了联大发挥的作用。④ 正如前文所述，虽然李铁成团队的研究成果已经涉及联合国的方方面面，并涉及一部分有关联大在多项全球治理领域中的行为，但其主要关注点不是如联大等具体的联合国机构，因此并没有单独梳理与研究联合国大会，只是对联大的全球治理政策与行为进行了简单的描述，缺乏更有深度的阐述。

以上是有关联大涉及的全球治理成效方面的研究。如前文所述，当前学界只关注联大的研究成果较少，大部分对联大涉及的全球性问题的研究，基本都涵盖在联合国框架下的全球治理研究中，只是在阐述过程中或

---

① Courtney B. Smith, "Three Perspectives On Global Consensus Building: A Framework for Analysis," *International Journal Organization Theory and Behavior*, Vol. 5, No. 1-2, 2002, pp. 115-144; Courtney B. Smith, "The Politics of Global Consensus Building: A Comparative Analysis," *Global Governance*, Vol. 5, No. 2, 1999, pp. 173-201.
② 李铁城主编：《世纪之交的联合国》，人民出版社2002年版。
③ 李铁城、钱文荣主编：《联合国框架下的中美关系》，人民出版社2006年版。
④ 陈鲁直、李铁城主编：《联合国与世界秩序》，北京语言学院出版社1993年版。

多或少地提及联合国大会在其中的作用,这一点在有关多问题领域的研究成果中更为明显。虽然针对单个议题的研究可以更加突出联大在其中的地位与作用,但这些成果难以从更系统的层面全面讨论联大的全球治理功能,更难以对其进行有效的评估。这些都需要后续研究加以进一步的改进。

四、有关中国参与联大的研究

中国是联合国极为重要的成员国之一,是发展中国家在联合国的代表。中国不仅在安理会中发挥自身的积极作用,同样在积极参与联合国大会涉及的各项全球性问题。国内外学界当前也针对中国同联大关系的发展演变产生了一系列研究成果。这些成果不仅限于国际关系学科,历史学、政治学等学科也或多或少涉及这一研究领域。不同的学科基于自身的研究视角与研究方法,从不同角度阐述了不同时期中国对联合国大会的政策与态度。梳理这些成果不仅有助于明晰联大涉及的全球治理议题,也有助于理解中国在其中的影响与作用。具体说来,这一类研究可以分为以下四个部分。

(一) 关于新中国联合国代表权问题的研究

在中国参与联大的历史过程中,首先得到学界关注的研究对象就是中国的联合国代表权问题。这一问题起始于新中国成立,并一直持续到1971年第26届联大的第2758号决议通过。这一决议标志着新中国联合国代表权问题的彻底解决,其也是中国正式参与联合国的历史开端,理所应当成为国内外学界研究的热点问题。当然,这一问题的本质特征也决定了开展相关研究必然要涉及大量一手历史材料的使用,因此其更多得到的是历史学界的关注。一部分历史学者利用不同来源与不同角度的历史材料,围绕1971年第26届联大恢复新中国合法席位前后的各种历史事件,进行了多个角度的考察,从而得出丰富的研究成果。

在这些成果中,中国当代史的研究文献是需要仔细梳理的对象,这一领域的一部分成果阐述了新中国争取联合国代表权的历史过程。比如,曲星在回顾中国同联合国关系变迁的历史进程中,曾给予第26届联大极高的评价，并利用大量篇幅阐述这届联大会议的诸多历史细节。①张树德在其著作一书中详细讲述了第26届联大召开的过程，并重点阐述了第2758号决议的主要内容，这份决议是中国被恢复联合国合法权利的重要标志，同时也阐述了当时中国政府准备首次参加这一届联合国大会的一些外交决策过程及其历史细节。②张树德还在其《中国重返联合国纪实》一书中更加翔实地阐述了这一历史过程。这一著作涵盖了自联合国建立一直到1971年第26届联大约20年内中国领导人有关联合国代表权问题决策的历史过程。③陈敦德在其著作《胜利在1971：新中国重返联合国纪实》中更为仔细地描述了1971年第26届联大前后围绕中国的联合国代表权所引发的一系列外交斗争，更多涉及当时的历史细节事件。④

除了学术文献外，一部分当时亲历这一历史阶段的领导人和外交官也以回忆录的形式记述了这一事件。如由周南口述、吴志华整理的《回顾中国重返联合国》一文，简单回顾了中国代表团第一次走出国门参加联大会议的部分历史细节。⑤凌青也曾以这种方式讲述了中国代表团首次参与联大的前前后后，同时也谈及了26届联大之后的部分联大会议。⑥第26届联大所处时期正值尼克松担任美国总统，他也在日后出版的回忆录中不断提及美国政府在这一期间处理中国联合国代表权问题的决策过程。⑦李铁城在其相关著作中对新中国恢复联合国合法席位这一事件给予了高度关注，认为其是中国参与联合国历史的首要篇章。⑧

上述有关中国联合国代表权问题的学术文章，更多是中国学者基于中国历史档案材料进行的相关研究，其研究视角与内容还不足以全面反映这一问题的历史过程。基于此，一部分致力于研究中国联合国代表权问题的学

---

① 曲星：《半个世纪的历程——中国与联合国关系回顾》，《世界历史》1995年第5期，第2—14页。
② 张树德：《红墙大事2——中国革命和建设过程中历史事件真相》，中央文献出版社2006年版，第536—560页。
③ 张树德：《中国重返联合国纪实》，黑龙江人民出版社1992年版。
④ 陈敦德：《胜利在1971：新中国重返联合国纪实》，解放军文艺出版社2004年版。
⑤ 周南、吴志华：《回顾中国重返联合国》，《决策探索》2005年第12期，第31—32页。
⑥ 凌青、宗道一等：《改革开放初期的中国与联合国》，《党史博览》2005年第4期，第17—22页。
⑦ ［美］理查德·尼克松，董乐山等译：《尼克松回忆录》（中册），世界知识出版社2001年版。
⑧ 李铁城、邓秀杰编著：《联合国简明教程》，北京大学出版社2015年版，第329—341页。

者开始选择采用其他国家或地区的历史资料，考察其他国家和地区内部有关这一问题决策的历史细节，并分析其对该事件的发展过程所发挥的作用。

在这些研究中，基于美国档案材料的研究影响力更大。这是因为当时美国对中国联合国代表权问题的发展具有举足轻重的作用，而这一时期的外交档案材料也相继公开，使得深入研究这一问题不仅更加便利，得出的结论也更具说服力。比如，一部分研究曾关注尼克松总统和基辛格在1971年前后针对新中国联合国代表权问题所进行的一系列国内决策过程与外交行动，虽然当时美国政府迫于国内外的政治压力，不得已选择支持保留国民党台湾所谓的"联合国代表权"的"双重代表权提案"和"逆重要问题提案"，但美国的档案材料揭示出当时二人已经下定决心同新中国缓和外交关系。为了实现这一目标，他们愿意牺牲国民党台湾所谓的"联合国代表权"，以换取同中国外交关系问题上的主动，而最后的事实也证明新恢复中国的联合国合法权利并没有给美国带来巨大的负面政治影响，反而推动美国在同中国、苏联等国家的外交上陆续获得一系列成就。[①] 一些学者也将研究重点放到20世纪60年代的肯尼迪政府时期。当时联合国成员国数目不断增加，诸多发展中国家对美国拖延解决新中国联合国代表权的政策非常不满，迫使当时的美国肯尼迪政府展开了大量外交活动，以求妥善处理这一问题，但其政策的本质仍是偏袒当时的国民党台湾当局，试图制造具有"两个中国"的联大提案，随着国际形势的发展，这些做法最终都不可避免地走向了失败。[②] 刘子奎则研究了1966年美国约翰逊政府对新中国联合国代表权问题的影响，当时的约翰逊政府已经因此问题同台湾地区的国民党当局龃龉不断，国民党当局甚至以退出联合国威胁美国，最终约翰逊政府选择了妥协，继续维持其反对新中国联合国代表权的立场。[③]

不同于美国长期反对新中国恢复联合国代表权的政策选择，英国对于

[①] Nancy Bernkopf Tucker, "Taiwan Expendable? Nixon and Kissinger Go to China," *The Journal of American History*, Vol. 92, No. 1, 2005, pp. 109—135；张绍铎：《美国与联合国中国代表权问题》，《当代中国史研究》2007年第6期，第62—77页；吕迅：《尼克松政府1971年联合国中国代表权之失》，《国际论坛》2006年第6期，第34—39页。

[②] 牛大勇：《肯尼迪政府与1961年联合国的中国代表权之争》，《中共党史研究》2000年第4期，第78—84页；顾宁：《肯尼迪政府阻挠中国重返联合国始末》，《世界历史》1996年第1期，第92—99页。

[③] 刘子奎：《美国与1966年联合国中国代表权问题》，《当代中国史研究》2007年第6期，第55—61页。

这一问题的态度演变则更为复杂。有研究通过英国的文献材料，发现在新中国成立初期英国就期望同新中国政府建立外交关系，因而在联合国代表权问题上选择支持新中国，但由于冷战的国际政治环境以及朝鲜战争的爆发，英国不得不徘徊于中美之间，几度放弃又几度重新选择这一政策立场，在这一问题上不断呈现出截然相反的外交政策方针，而英国这种反复态度也很大程度上影响了美国对这一问题的政策走向。① 不同于英国，加拿大较早就在新中国联合国代表权问题上逐渐同美国分道扬镳。唐小松利用加拿大的历史档案材料以及美国对加拿大的外交档案材料，发现加拿大政府20世纪60年代后就希望利用联合国代表权问题作为契机，恢复同新中国的外交关系，基于这一立场，加拿大在很大程度上抵制了美国的阻挠，反对当时美国提出的一些分裂中国的错误方案，支持新中国恢复联合国合法席位。② 除了美欧等国外，杨宇翔曾利用近年日本解密的外交档案及一部分当事人的日记或回忆录等，研究1971年日本佐藤内阁对新中国联合国代表权的政策演变，并分析这些政策形成的历史背景和过程。当时的日本佐藤首相坚持追随美国对这一问题的政策，同意美国的相关提案，选择维持同美国的外交关系，但却错失了同新中国改善外交关系的良机。③

总的来说，上述研究成果对于中国重返联合国的各种历史细节进行了不同程度的阐述，并利用不同方向的历史材料再诠释了这一历史过程。这其中涉及大量有关新中国联合国代表权问题的联大草案与决议，并在其基础上，详细阐述了以美国为首的一部分国家的国内与外交政策演变。这不仅有利于这一问题研究的后续进展，也为有关联合国大会的研究提供了直观且丰富的历史文献。

（二）中国对联大外交政策的文献

除了中国参与联大的历史研究外，中国在联大的实际政策与态度也是

---

① 王建朗：《新中国成立初年英国关于中国联合国代表权问题的政策演变》，《中国社会科学》2000年第3期，第179—190页；邹耀勇：《1961年美英关于联合国中国代表权的分歧》，《上海大学学报（社会科学版）》2007年第2期，第92—96页；徐友珍：《美英在联合国中国代表权问题上的分歧与协调（1950—1951）》，《史学集刊》2007年第4期，第46—53页。

② 唐小松：《加、美在中国联合国代表权问题上的分歧（1964—1966）》，《世界历史》2003年第5期，第105—109页。

③ 杨宇翔：《1971年日本的联合国中国政策出台始末》，《国际论坛》2016年第1期，第41—46页。

值得关注的问题。中国常常借用联大平台传播自身的外交政策和国际理念，因此一部分关注中国联大参与行为的文献就非常具有参考价值。同有关新中国联合国代表权问题的研究不同，这类文献更重视搜集中国在联大的实际发言与观点表达，更多是一手的档案材料，很少涉及这背后的具体历史细节与国家决策过程。

首先是新中国领导人的文集。新中国建立以来，党和国家领导人的一系列关于联合国大会的重要讲话是本书开展研究必须参考的一手材料。这些材料对于考察新中国成立最初几十年间同联大关系的发展演变至关重要。比如，中华人民共和国外交部中共中央文献研究室编写的《毛泽东外交文选》，记录了当时毛泽东主席对于中国与联合国外交的谈话与思想。[1]然而，这一文献涵盖时间范围广，加之毛泽东主席没有过多参与新中国有关联合国外交的工作，因此书中这一部分的内容并不多，涉及联合国大会的内容则更少。而同时期有关周恩来总理的文献材料则可以弥补这一不足。周恩来总理在新中国建立伊始就掌管外交工作，其中诸多问题都涉及中国同联合国大会的外交往来，因此有关周恩来总理的官方文献材料，如《周恩来外交活动大事记》《周恩来年谱》《周恩来外交文选》等，都是研究联合国大会特别是有关中国同联大关系的重要参考文献。[2]

其次是中国领导人或外交官在联大一般性辩论的演讲或参会的重要文件材料。习近平总书记在第70届联大会议上的发言就是这类研究关注的问题。相较于上一部分文献材料，这一部分文献则专注于中国的联合国外交，搜集整理了大量中国有关联合国官方文件，其中更是大量涉及中国同联大的文件往来，是分析1971年以来新中国同联大关系发展演变必须参考的重要文献。比如，1971年中国恢复联合国合法席位后，人民出版社专门编辑并整理了第26届联大前后中国与相关国家的正式发言与文件，以及当时新华社的重要社论，是研究新中国解决联合国代表权问题的重要一手材料。[3] 人民出

---

[1] 中华人民共和国外交部中共中央文献研究室主编：《毛泽东外交文选》，中央文献出版社1994年版。

[2] 中共中央文献研究室编：《周恩来年谱（1949—1976）》，中央文献出版社2007年版；中华人民共和国外交部外交史研究室编：《周恩来外交活动大事记（1949—1975）》，世界知识出版社1993年版；中华人民共和国外交部中共中央文献研究室编：《周恩来外交文选》，中央文献出版社1990年版。

[3] 人民出版社编：《历史潮流不可抗拒：我国在联合国的一切合法权利胜利恢复》，人民出版社1971年版。

版社1974年出版的《邓小平团长在联合国大会第六届特别会议上的发言》则专门收录了时任联合国大会第六届特别会议中国代表团团长的邓小平在这届会议上的发言，是少有的记录联大特别会议上中国领导人发言的出版物。①

同样，世界知识出版社自1957年起陆续编辑出版了10册《中华人民共和国对外关系文件集》，涵盖了1949—1963年间新中国重要的外交文件原文。这其中也包含了新中国领导人给联大的电报与信件等信息，特别是1957年版的文件集第一册，包含大量新中国国联大交流的官方文件。②自1972年后，人民出版社每年出版名为《我国代表团出席联合国有关会议文件集》的资料汇编。不同于《中华人民共和国对外关系文件集》，这套文献更集中关注中国的联合国外交，加之后续中国成功恢复联合国代表权，使其涵盖的内容更加广泛，涉及有关联大的文件数量也逐渐增多。这之后，世界知识出版社又在20世纪90年代末出版了中国联合国协会年度编纂的《中国代表团出席联合国有关会议发言汇编》，弥补了上述文件集不再编辑出版的遗憾。《中国代表团出席联合国有关会议发言汇编》主要记录中国代表团在紧急特别联大、联合国大会、联合国经济及社会理事会等有关会议上的发言汇编，成为研究当代中国与联大关系发展演变的重要一手材料。此外，《中华人民共和国国务院公报》也曾刊登一些领导人在联大的发言实录，对后续研究中国参与联大提供了十分珍贵的文献材料。③

再次是中国非国家领导人参与联大的文献。虽然联大通常由政府首脑或重要的外交官参加，但在联大讨论某些专业性议题时也会邀请相关国家的非国家重要外交人士或相关著名的专业人士参与会议发言与讨论，这其中也包括中国的相关参会人士，他们也曾代表中国参与联合国大会，向大会阐述自身的专业性观点，并发挥积极作用，这些人士的文献也有利于我们从不同角度看待联大。比如，中国残疾人联合会主席张海迪曾在2013年9月联大"残疾与发展问题"高级别会议中代表中国发言，阐明中国在有

---

① 《邓小平团长在联合国大会第六届特别会议上的发言》，人民出版社1974年版。
② 《中华人民共和国对外关系文件集》（第1集 1949—1950），世界知识出版社1957年版。
③ 《在联合国大会第三十九届全体会议上的发言》，《中华人民共和国国务院公报》1984年第25期，第888—896页；《中华人民共和国代表团团长、国务委员兼外交部部长吴学谦在联合国大会第三十八届会议上的发言》，《中华人民共和国国务院公报》1983年第12期，第996—1003页；黄华：《中华人民共和国代表团团长、外交部长黄华在联合国大会第三十七届会议上的发言》，《中华人民共和国国务院公报》1982年第16期，第707—713页。

关《残疾人权利公约》的进一步拓展与加深残疾人事务的国际与区域合作等方面的观点。① 除了观点阐述外，也有研究是这些外交人士参与大会的经历阐述。② 虽然这类研究提供了一些学术研究无法有效供给的直观材料，但这些文献材料普遍存在缺乏系统科学的阐述，学术意义较为有限。

最后，中国国际关系学界还拥有少量综合讨论的中国与联合国外交关系演进的研究成果。比如，田进等人撰写的《中国在联合国——共同缔造更美好的世界》一书，以中国恢复联合国代表权为开端，并在国际和平、军控裁军、国际经济新秩序、人权问题、国际社会与法律各领域的参与为重点，较为系统地考察了中国在联合国的外交行为，由于军控等领域基本由大会主导，论述自然涉及中国同联大的外交互动。③ 在联合国成立50周年之际，王杏芳主编的《中国与联合国》一书从多个不同的角度，阐述了新中国恢复联合国代表权后，在各个联合国主导的全球治理领域中的参与行为。④ 目前国内这一领域较新的研究成果是赵磊2007年出版的《建构和平——中国对联合国外交行为的演进》一书。在这本书中，赵磊基于建构主义理论，利用《人民日报》中的内容，采用文本分析的方法，详细阐述了冷战以来中国同联合国外交关系的发展变化，其中诸多内容必然涉及中国同当时联合国大会的互动。⑤

总之，既有有关中国对联大外交政策的文献更多是搜集整理中国国家领导人、重要外交官员、一般外交官、各种专业人士在联大的发言。虽然这类研究是基于一手历史文献所得，但其缺少对这一问题更为深入的分析。少有的系统性论述也没有集中于联大，而是从宏观的层面讨论中国联合国外交的发展演变。这一研究现状决定后续研究可以借助这些编纂成型的资料继续展开，拓展多个相关分支领域的深入研究。

（三）中国在联大投票的研究

中国在联大的表决是其参与联大的主要表现形式之一，对其进行深入分析有利于了解中国的全球治理主张，但当前学术界并未关注这一问题，

---

① 艾诚：《联合国大会关注全球10亿残疾人》，《学习月刊》2005年第11期，第15页。
② 谢芳：《亲历联合国大会官员》，《中国社会工作》2010年第7期，第53—55页。
③ 田进等：《中国在联合国——共同缔造更美好的世界》，世界知识出版社1999年版。
④ 王杏芳主编：《中国与联合国》，世界知识出版社1995年版。
⑤ 赵磊：《建构和平——中国对联合国外交行为的演进》，九州出版社2007年版。

主流的学术研究大体将中国在联大的投票情况作为研究工具，以分析相关国家同中国的外交政策相似程度。

一部分国外学者的研究成果就是依此路径进行的比较分析。比如，古斯塔沃·弗洛雷斯—马西亚斯（Gustavo A. Flores-Macías）和萨拉·克雷普斯（Sarah E. Kreps）就利用联合国大会的表决数据与中国同非洲和拉丁美洲的贸易额度考察了彼此之间外交政策的相似程度，研究发现位居上述两大洲的国家同中国贸易额度越高，越能保持同中国外交政策的一致性，但二人的研究仅关注了人权议题的投票情况，研究范围比较有限。[1]德国学者乔治·斯特鲁福（Georg Strüver）也利用联大投票数据考察他国同中国外交政策相似性的问题，结论认为政治方面的因素比贸易因素更能解释这一现象。[2]虽然这一成果吸纳了更多的解释变量，但其仍没有对贸易因素的作用进行更为深入的讨论。德国学者帕斯卡·阿布（Pascal Abb）和斯特鲁福在讨论中国和东南亚国家之间的关系时，也曾利用中国同这些国家在联合国大会的投票情况衡量国家双边政策的一致性。[3]江忆恩在讨论有关中国与国际组织关系研究概述时，强调中国常常以大多数国家可能的投票倾向为基础选择自身投票，以避免受到国际孤立，如果某些议题得到大多数赞成票，即使中国反对也更可能会选择投弃权票而非反对票，但如果一些议题很难得到大多数赞成票，那么中国更可能选择投反对票。他认为出现这一现象有三个原因：中国领导人将国际声望看作国内合法性的来源之一；中国领导人注重自身形象；中国强调自身负责任大国的作用。[4]

国内学界也针对这一问题进行了相关研究。比如，朱立群利用1990—2004年间联合国大会和安理会投票比例变化的情况，发现冷战后大国合作解决世界问题的趋势总体在加强，美国的主导能力在下降，但对其盟国仍

---

[1] Gustavo A. Flores-Macías and Sarah E. Kreps, "The Foreign Policy Consequences of Trade: China's Commercial Relations with Africa and Latin America, 1992 – 2006," *The Journal of Politics*, Vol. 75, No. 2, 2013, pp. 357 – 371.

[2] Georg Strüver, "What Friends are Made of: Bilateral Linkages and Domestic Drivers of Foreign Policy Alignment with China," *Foreign Policy Analysis*, Article first published online: 16 APR 2014, pp. 1 – 22.

[3] Pascal Abb and Georg Strüver, "Regional Linkages and Global Policy Alignment: The Case of China-Southeast Asia Relations," GIGA Research Programme: Power, Norms and Governance in International Relations, No. 268, March 2015.

[4]［加］江忆恩，肖欢译：《美国学者关于中国与国际组织关系研究概述》，《世界经济与政治》2001年第8期，第48—53页。

具有不同程度的影响力。① 刘胜湘等学者则利用1973—2013年联合国大会和安理会有关朝鲜问题的提案、决议草案和决议中中国表决情况的发展演变，考察中国朝鲜半岛政策的变迁，发现国际结构和中国战略利益诉求的周期性演变，以及中国领导人因素三者影响中国在朝鲜半岛问题上的表决投票行为。此外，中韩两国领导人互访交流的持续增加也在一定程度上影响了中国的朝鲜半岛政策。② 上述两个研究成果并没有区分大会和安理会的投票，这种综合分析虽然可以增加观察的样本，但也忽略了大会和安理会表决机制的差异，得出的结果具有一定的偏差。戴颖则集中关注中美两国在联合国大会的投票情况，利用两国投票的一致率，考察彼此之间的外交关系与政策差异，结果表明冷战后中美两国在核心利益上的分歧不断加大，在既定议题上的政策原则差距越大，两国投票的一致率就越低，但两国双边关系的起伏并没有体现在联合国大会投票中，特别是中国并没有利用联合国大会对美国采取软制衡行为。③

以上是有关中国在联合国大会表决行为的主要研究成果。与上文有关其他国家或国家集团的研究情况不同的是，这一领域的研究仍处在初步阶段，目前学界的关注度还不高，既有成果数量十分有限。国外学界普遍更为重视美国或自身国家在联大的表决行为，缺乏研究中国联大表决的热情。中国学界的联合国研究成果虽然数量众多，但近年来仍缺乏对联大的系统研究，关注联大表决的研究则更少。

虽然这一部分研究的数量十分有限，但仍具有一定启发意义，也为进一步研究奠定了坚实基础，后续研究可以遵循既有的研究方法、核心概念、切入角度继续完善这一领域的研究。这部分研究也普遍存在不足。整体上说，这些研究仅以联大表决投票情况作为简单的研究工具，缺少对联大整个体系更为细致的阐述，无法揭示投票背后的历史背景等因素。同时，这些研究囿于方法，也普遍缺少针对中国投票选择的阐述，仅仅有投票结果并不能全面解释中国的政策选择。这些也是后续研究亟需完善改进

---

① 朱立群：《联合国投票变化与国家间关系（1990—2004）》，《世界经济与政治》2006年第4期，第49—54页。

② 刘胜湘、李明月、戴卫华：《从中国的联合国投票看中国的朝鲜半岛政策——基于周期性视角》，《社会主义研究》2013年第6期，第139—146页。

③ 戴颖：《冷战后中美在联合国大会投票行为及影响因素研究（1991—2006年）》，《国际论坛》2008年第2期，第48—54页；戴颖、邢悦：《中国未在联合国对美国软制衡》，《国际政治科学》2007年第3期，第19—51页。

的关键。

(四) 中国应缴纳联合国会费的研究

联合国会费同联大也存在紧密的联系,因此有关中国应缴纳的联合国会费研究也可以被认为是中国同联大关系的研究。联合国会费已经是国内外学界讨论的热门问题,相关国家会费比例的变化与其中的战略内涵是研究的焦点。由于联合国机构不断增加、财政预算与海外维和等项目的支出日益增长,但同时虽然缴纳的会费也在增多,但一些国家却大量拖欠费用,联合国已经面临日益严重的财政危机,不得不困扰在脆弱的财政制度中。[①]虽然当前西方发达国家仍然在缴纳大部分会费,但新兴经济体的缴纳比例却在不断上升,可以在一定程度上反映国际格局正在发生的变化。[②]就中国的情况而言,自1971年以来,中国缴纳的会费比例几度出现变化。有研究认为,中国会费比例的变化主要与中国自身国际地位与战略规划有关,当前中国缴纳比例已经达到7.921%,仅次于美日两国,可以反映出中国的国家实力、国际战略环境及对国际制度政策的一系列变化。[③]

上述研究成果从若干层面展开了有关中国参与联合国大会的研究,丰富了中国联合国外交这一领域的研究成果。然而,囿于研究问题所限,这些成果并没有系统梳理中国参与联合国大会的历史,只是基于某个时间点如第26届联大会议,或某个研究视角如中国在联大的投票,进行历史档案材料与数据统计分析的研究。虽然这些成果有利于深入理解部分中国参与联大的外交政策,但缺少对于中国参与联大外交政策的整体性、系统性分析,无法解释中国参与联大外交的连续性过程与影响因素。同时,这些研究更多涵盖在中国参与联合国的研究中,其主旨并不是针对联合国大会,甚至更多倾向于联合国的其他机构,如安理会。这一现状表明需要将联大作为一个独立研究对象加以深化,而这些研究则可以成为本书后续展开的不可或缺的文献材料,也必将成为未来研究的基础。

[①] 邱桂荣:《联合国财政危机与成员国拖欠会费》,《国际研究参考》1998年第3期,第14—16页;褚广友:《联合国财政问题:历史、现状、前景》,《外交评论》1997年第4期,第15—22页;刘恩照:《联合国的财政危机根源》,《国际问题研究》1996年第4期,第45—48页。

[②] 张毅:《联合国会费调整反映国际格局变化》,《时事报告》2013年第2期,第50页。

[③] 张毅:《从联合国会费调整看国际格局和中国实力变化》,《世界知识》2016年第3期,第48—49页;彭莉媛:《从会费变化看中国与联合国关系的演变》,《国际论坛》2007年第4期,第48—52页。

第三节 研究思路

本书的核心论点是，联合国大会不仅是联合国重要的分支机构，也承担了联合国主要的全球治理功能。联大的全球治理功能拥有制度保障，是利用不同的制度形式各自分担联大不同的审议功能，帮助其实现主要领域的治理职能。然而，联大的全球治理功能并不完善，仍存在诸多亟须改进的方面。联大自身也认识到这些问题，并在多个方面努力改进。在具体的研究思路上，本书利用以下结构安排完成论述。

首先是导言部分。这一章先阐述研究问题的提出，即联合国大会如何实现其全球治理功能，并讨论研究问题的提出过程。然后本书将从理论意义和现实意义两个方面分析本研究的选题意义。本研究是有四个方面的理论意义：一是拓展联合国大会的相关研究；二是为加深理解全球治理提供新视角；三是进一步丰富国际制度理论；四是丰富对中国外交政策理论的研究。本研究是有五个方面的现实意义：一是有利于评估中国参与联大的外交政策；二是有助于考察中国的国际影响力；三是有助于理解全球治理体系的现实运作过程；四是有助于揭示联合国在全球治理中的示范作用；五是有助于明晰中国参与全球治理的机遇和挑战。

阐述完研究意义后，本章将继续通过阐述国内外学者的研究现状进行文献回顾。在这一部分，本书将从联大的地位与作用、联大的决策机制、联大的治理成效、中国参与联大这四个方面的既有研究成果进行回顾。接下来，本书将阐述研究过程中使用的研究方法，主要包括历史分析法、案例研究法，并阐述这些方法的关系与各自的专长与不足。这一章的最后部分是阐述本研究可能的创新点与局限性。本书的创新点包括三个方面：系统梳理联合国大会；总结中国参与联大全球治理的过程；深化对联合国全球治理功能的研究。本书在写作中遇到的困难与局限则包含下列四个方面：一是本书对研究问题的解答仍处于初步探索阶段；二是本书研究内容的理论化程度偏低；三是部分文献资料来源有限，特别是 20 世纪 80 年代以前的联大资料很难获取。

本书第一章主要阐述联合国大会参与全球治理背景的变化。分析联大参与全球治理体系的进程发展可以为后文阐述提供必要的分析基础与研究背景。联合国大会自诞生以来就涉及到各种全球性问题，在后续发展的过程中，其也不断拓展和调整治理的范围。这一历史进程可以分为三个部分，分别是：联大参与全球治理的历史渊源；冷战时期联大参与全球治理能力的发展；冷战后联大参与全球治理的背景。

关于联合国参与全球治理的历史渊源。当前联合国大会之所以成为重要的全球治理主体，缘起于西方跨国治理思潮，是西方自由主义不断实践的产物。一战结束后，国际社会成立的国际联盟对日后联合国的组织架构影响重大，而国联大会就是联合国大会的先行者。虽然国联大会在战后初期发挥了一些历史的积极作用，但由于其本身存在的缺陷，注定无法顺应后续的历史发展。必须要强调的是，联大参与全球治理能力的基础，也与二战期间联合国举办的相关会议与文件相关。本书也将阐述这期间有关联合国大会的关键会议与文件，但只简要阐述或忽略有关联合国其他机构的内容，以突出本书的研究主题。

关于冷战时期联大参与全球治理能力的发展，本书将按照时间顺序分为三个阶段阐述：第一阶段是联合国最初10年的发展；第二阶段是从联合国第二个10年至1971年中国恢复联合国代表权；第三个阶段是中国恢复联合国代表权后至冷战结束。每一个阶段都可以鲜明体现出联大参与全球性事务的不同特征，也是联大渐渐摆脱超级大国控制，逐步成为公正合理的全球治理平台的过程。关于当前联大参与全球治理的背景，本书认为冷战后国际环境发生了重要变化，突出表现是全球化不断深化，同时全球治理理念正式提出，成为管理世界事务的新方式。这期间联大自身的职能也得到不断完善，使得联大有机会也有意愿积极参与主要全球治理的领域，并发挥自身在其中的作用与影响。

第二章论述联大全球治理功能的构成。通过梳理既有文献和联大的官方文件，可以发现联大在全球治理体系中始终坚持定位于构建包容、透明且有效的多边主义制度框架。这一类型的多边主义不仅对于全球治理体系的发展至关重要，也在后续的实践上取得一定成效。具体来说，联大在全球治理的实践中逐渐产生如下功能：

一是加强既有的全球治理主体之间的协作。为了实现这一目标，联大主要从以下两个方面进行努力。一方面是整合联合国主要机构深入参与全球治理体系的能力，并不断完善联合国在全球治理中的定位与作用。另一方面是协调除联合国体系外的众多主权国家、主要国际组织等各种不同类型的全球治理主体与机制之间的合作。虽然协调治理主体不涉及具体的治理议题，但这一工作却有利于联大在后续参与全球治理过程中提升自身的功效与能力。

二是设立专业化的治理机制。在参与全球治理的过程中，联大通过一部分决议而设立了大量的治理机制，各自分担不同的问题领域，在广度与深度上不断拓展联大涉及的全球治理范畴。虽然这些特设机制权限不高，但组织形式更为灵活，处理的问题也更具高度专业化的特征。

三是倡导新的全球治理议程。联大提出并积极参与的某一或某些全球性与区域性问题，这些议程有的是由联大主导推动，有的则是在联大积极推动下转而由其他治理主体继续推动治理进程，如致力于国际体系的去殖民化、提出多项国际减贫发展战略、着手全方位的全球环境治理、组建联合国紧急维和部队等。

四是制定全方位的全球治理标准。冷战结束后，联合国有能力与意愿集中大部分精力致力于各个全球性问题领域的治理。作为联合国的核心机构之一，联大可以更为积极的方式参与全球治理。联大的全球治理功能不仅是推动新的全球治理议程，还包含制定相应的全球治理标准。联大制定全球治理标准的方式主要是制定相关宣言文件。这些宣言文件从宏观层面制定全球社会都可以参照的全球治理标准，彰显了联大全球治理的优势。

第三章主要阐述联大发挥全球治理功能的制度设计。联大之所以可以成为当前世界主要的全球治理主体之一，就是因为其具有的一系列机构赋予并不断强化其参与多个全球治理领域的能力。

首先是联大的核心机构，其负责维持联大的基本职能。其中联大主席是每一届大会的"首脑"，负责宣布会议的召开和散会、主持全体会议的讨论、确保对本规则的遵守、准许发言、把问题付诸表决并宣布决定；秘书处是联大最为重要的行政机关，主要工作是帮助联大处理各种类型的文件材料；管理委员会是联大下属管辖的部门，是依据联大相关决议而设立的管理机构，拥有隶属于自身的运行体制和专业人员。主要机构还包含其他的一些机构，如外聘审计团、争议法庭、上诉法庭、联合检查组等，其同上述机构共同构成联大的核心机构。

其次，联大的长期设立机构还包含一些常设机构，它们是为实现并分担联大一部分全球治理职能而设立的机构。这些常设机构基本可以分为三类，分别是主要委员会、联大下属理事会、专门委员会。每一类机构都具有不同的权限与职能，保障联大参与全球治理的基本能力。比如，6个主要委员会则是隶属于联大并分担联大一部分职权的辅助机构，主要工作就是帮助联大形成各种决议草案，以供联大全体会议分别表决通过；理事会与工作组等机构则是联大因各种问题而通过相关决议成立的机构，二者都基于联大某项决议而设立，但二者的权力却又极为不同，理事会拥有不同程度的决策权力。

最后，本书还将讨论联大的议事制度，其推动治理主体之间的平等、交流；塑造治理主体之间的共识，并以提高决策合法性的方式保障联大治理的成效。

第四章将讨论联大全球治理功能在实践中的局限及其改进。目前联大的全球治理功能并不完善，仍存在诸多亟需改进的方面。本书认为联大全球治理功能最主要的局限有三点，分别是：治理效果不佳、治理效率低下、部分决议存在争议。治理效果不佳的首要原因是其决议效力不足，难以落到实处。联大大量决议处在尚未执行的阶段，一方面每年讨论的决议数量激增，但另一方面诸多决议仍停留在文字阶段，缺乏有效的后续行动，同时也缺乏对会员国的约束力度，这一点突出表现在有关巴勒斯坦议题和美国全面封锁古巴的议题上。有关联大的治理效率问题，当前各个会员国集中关注联大议程过多、工作方法落后的问题，联大议程多年来急剧增多，每年都要通过约300项决议和决定，此外还包含诸多其他文件处理审议工作，这种不断增加的工作量也必然会耗费大量的人力与财力资源。同时，联大现有的议事规则复杂多变，其附属机构的庞杂更是不断恶化其工作效率。此外，联大运行过程中缺乏一定的透明度与有效的监察机制，也是造成其工作效率低下的一个重要原因。虽然联大的绝大部分工作给全球社会带来了不同程度的积极影响，但联大的工作并不都是基于国际社会一致而达成的，部分工作结果仍存在一定争议，无法得到国际社会的普遍认同，甚至带来极其恶劣的影响。这也是联大全球治理功能的第三点局限。

本章最后部分还将阐述联大全球治理功能的改进。联大自身也认识到上述问题，几乎每年都会以协商一致的方式通过有关改进与振兴大会的决议，但这些决议更多是有关联大的规范性文件，所包含的诸多改进主张缺乏实际可操作的措施与政策，使得大多数联大决议尚未或无法得到全面落实，执行情况不容乐观。这一节内容将阐述联大的尝试举措、当前主要的改进路径、未来可能的努力方向三个部分。

第五章是案例分析。在这一章中，本书将选择联大参与治理国际恐怖主义问题为案例，进一步对比分析联大在这一领域中的实践与作用，进而印证本书之前章节所得出的论点。本章首先梳理了联大对国际恐怖主义议题的推动，1972年12月18日第27届联大专门讨论了国际恐怖主义问题，这次会议议程直接使用"国际恐怖主义"这一概念，从而开启了联大治理恐怖主义的进程。后续联大为实现对这一领域的有效治理，先后建立了一些专业性机制，承担联大的一部分工作，如国际恐怖主义特设委员会、起草反对劫持人质国际公约特设委员会、大会第51/210号决议所设特设委员会等。这些机构都先后取得治理成果，为联大拓展恐怖主义治理功能提供了重要支撑。

其次，本章会梳理联大在国际恐怖主义议题上制定的治理标准。联大治理恐怖主义最为重要的机制就是年度审议这一领域的议程项目，后续都是通过年度审议而产生的。这些衍生的机制化成果大体可分为两类：达成的国际公约、通过的宣言文件，以完善恐怖主义治理相关国际法律；打击对恐怖主义的资助活动；促进关键成员国之间的信息与情报合作等。这一功能在国际恐怖主义治理领域的体现就是联大先后通过的反恐行动计划与制定的5项国际公约。

最后本章讨论了联大同其他国际恐怖主义治理主体间的协作，主要包括联大与联合国系统内其他机构及联合国以外全球治理主体的合作。

第六章是分析中国对联大全球治理的参与。分析联大全球治理的功能必须也要讨论相关国家在其中的作用，而本书选择分析中国在联大全球治理中的作为与影响。这一章主要包括三个方面的内容，分别是：中国参与联大的历程；中国在联大全球治理中的作用；影响中国参与的有利条件与制约因素。

中国参与联合国大会的外交政策历程可以分为三个阶段。第一阶段是新中国成立后至1971年被第26届联大恢复联合国合法席位，在这个阶段中国与联大的关系尚处于对抗之中，没有直接参与联大的一系列全球治理实践，并且联大在少数国家的操纵下通过了多项诬蔑中国的决议，而中国不得不据理力争；第二阶段是中国正式恢复联合国合法席位后至1978年中共十一届三中全会前夕，这一阶段是中国参与联大全球治理的初期，囿于国内政治因素与联合国外交经验的不足，中国并未全面参与联大涉及的全球治理议题，只在关键领域和有关根本国家利益领域表达了自身的立场；第三阶段则是中国改革开放初期至20世纪80年代末，改革开放后的中国调整了自身的外交定位，开始全方位参与联大的全球治理实践。这期间中国真正成为联合国中的大国，不仅更加积极参与联大全球治理，也在主动贡献自身的影响力，提出更加深化联大全球治理功能的主张。

综合中国在联大全球治理中的参与历程，可以发现自改革开放以来，随着中国日渐深入联大涉及的各个议题领域，在其中发挥的作用也越来越大。当前中国在联大全球治理中最为首要的作用就是积极参与联大涉及的全球治理议题。在这一基础上，中国也在尝试在联大的全球治理平台推动新的全球治理议程。最后，中国在参与联大全球治理中十分重视维护发展中国家的权益，这也是当前中国在联大全球治理中的作用之一。同时，现阶段也存在有利与不利于中国参与联大的因素，它们也在一段时期内继续影响中国参与的实际情况。

最后一章是本书的结语部分，分为三个部分。第一部分主要阐述联大全球治理功能未来的发展趋势，从参与主体、治理客体、治理价值与方式等多个方面讨论联大全球治理功能可能的发展变化。第二部分则是讨论中国在联大全球治理功能中的合理定位，重点阐述联大全球治理功能对中国外交的启示。当前中国正在积极参与全球治理体系的建设，认识联大的全球治理功能不仅有助于中国继续在联大中发挥自身的积极作用，也有助于中国推进自身的全球治理理念。本章最后一部分将总结本书的研究结论，主要是对本书主要论述内容的总结梳理，同时也说明联合国大会全球治理功能这一研究领域未来可以继续深化与拓展的方向。

第四节　理论基础与研究方法

一、理论基础

虽然本书主要内容并不涉及理论分析，但阐述研究对象——联合国大会的全球治理功能还是要阐述其涉及的理论基础。当前学界涉及本书研究内容的理论分别是全球治理理论与国际制度理论，二者不仅拥有各自的理论内涵，也存在彼此交叉的分析领域。

（一）全球治理理论

本书的分析涉及最主要的理论内容就是全球治理理论。明晰全球治理理论，首先要界定政治科学领域中"治理"的概念。治理在英语中表述为"governance"，源于古拉丁文和古希腊语中"掌舵"一词，原意是指控制、引导和操纵。在较长的时期内它等同于统治这一概念。1989年世界银行在讨论撒哈拉以南非洲的发展问题时提出"治理危机"的说法，从此治理这一概念才被赋予新的含义，开始与统治的概念相互区别，并且开始在世界各主要语言中流行。[1]

关于治理的各种定义中，联合国开发计划署的定义颇具代表性和权威性。该组织于2007年发表的《治理指数：使用手册》研究报告指出，治理是一套价值、政策和制度的系统，在其中，一个社会通过国家、市民社会和私人部门之间，或者各个主体间的内部互动来管理经济、政治和社会事务。它是一个社会通过自身组织来制定和实施决策，以达成相互理解、取得共识及采取行动。治理由制度和过程组成，通过这些制度和过程公民和群体可以表达自身利益，缩小彼此之间的分歧，履行合法权利和义务。规则、制度和实践为个人、组织和企业设定了限制，并为其提供激励。治理有社会、政治和经济三个维度，可以在家庭、村庄、城市、国家、地区和全球各个人类活动领域运行。[2] 这个定义把多种集体和个人行为的方面、决策的各种模式都囊括在内，一些社会组织、群众运动、跨国公司和统一的资本市场的种种活动都纳入到了治理的范畴。治理可以涵盖许多不具备明确等级关系的个人和组织进行合作以解决冲突的工作方式，反映出多样化的规章制度和个人态度。[3]

治理存在层级问题，不同范围内的问题需要相对应层次的治理，比如有的治理问题属于国内或更低层次的治理，这就需要加强国家治理能力，但在超国家层次，如全球层次、区域层次及次区域层次等出现的全球性问题则超越了国家的能力，需要通过更高层次的治理方式加以解决。

---

[1] 王义桅：《超越均势：全球治理与大国合作》，上海三联书店2008年版，第210—211页。
[2] United Nations Development Programme, *Governance Indicators: A Users' Guide (2nd Edition)*, 2007, p. 1.
[3] ［瑞士］彼埃尔·德·塞纳克伦斯、冯炳昆译：《治理与国际调节机制的危机》，《国际社会科学杂志（中文版）》1999年第1期，第93页。

正是由于治理概念本身存在的超国家性，部分学者开始尝试将治理的分析框架应用到国际层面，一种管理当代国际事务的新途径、新理论——全球治理便应运而生。全球治理理论以治理理论为基石，只是将关注视角转移到国际关系层面，侧重分析全球变革和世界危机，它是全球化扩展、全球问题蔓延和全球合作深入的必然结果。正如蔡拓强调的："全球治理是治理在国际层面的拓展与运用，虽然两者仍有不少区别，但在基本精神和核心内涵上显然是相同或相通的。"正是由于二者的密切联系，全球治理与治理几乎是同步出现的概念，并且是治理理论和实践最为重要的组成部分。

全球治理最早由德意志联邦共和国前总理威利·勃兰特（Willy Bradt）于20世纪90年代初提出和倡导，并同瑞典前首相卡尔森（Mats Karlsson）等28位国际知名人士于1992年在联合国发起成立"全球治理委员会"。在1995年联合国成立50周年之际，全球治理委员会发表了题为《天涯成比邻》的研究报告。该报告主要关注全球治理现状、国际社会合作等一系列有关人类未来前景的重要问题，并被翻译成多种语言在世界范围内广泛传播。《天涯成比邻》指出，全球治理"是个人和机构，公共和私人管理一系列共同事务方式的总合，它是一种可以持续调和冲突或多样利益诉求并采取合作行为的过程，包括具有强制力的正式制度与机制，以及无论个人还是机构都在自身利益上同意或认可的各种非正式制度安排"。[①]

在全球治理委员会系统提出全球治理这一概念后，西方的国际关系学者开始就这一问题展开更为深入的研究。比如，全球治理理论的主要创始人、美国著名国际关系学学者詹姆斯·罗西瑙（James N. Rosenau）就曾在著作《没有政府的治理：世界政治中的秩序与变革》系统全面地讨论了全球治理理论，其认为全球治理"可设想为包括通过控制行为来追求目标以产生跨国影响的各级人类活动——从家庭到国际组织——的规则系统"。[②]在当前的国际关系中，"新秩序更具有复杂性和矛盾性特征，这将有助于广泛观念认同的发展。事实上，这也正是人们对全球秩序相互联结的理解的前提，这种理解首先在于一种对多元发展趋势的宽容精神以及对复杂性的

[①] [瑞典] 英瓦尔·卡尔松、[圭亚那] 什里达特·兰法尔主编：《天涯成比邻——全球治理委员会的报告》，赵仲强、李正凌译，中国对外翻译出版公司1995年版，第2页。

[②] James N. Rosenau, "Governance in the Twenty-First Century," *Global Governance*, Vol. 1, No. 1, 1995, p. 13.

接受态度"。① 正是在如詹姆斯·罗西瑙等学者的认同和推广下，全球治理理论开始极大地影响国际关系理论与各种行为体的治理实践。

需要注意的是，全球治理理论自面世以来就引起极大的学术争论。虽然有罗西瑙等学者的拥护，但也有一部分学者对全球治理存在猜疑。比如，美国学者劳伦斯·芬克尔斯坦（Lawrence S. Finkelstein）就批判罗西瑙的全球治理理论过于宽泛，对后续研究的启示意义非常有限，认为"全球治理就是超越国界的关系，就是没有主权的治理。全球治理就是在国际上做政府在国内做的事"。② 可以说，有关全球治理的理论演进与实践操作的内容仍具争议，不同领域的学者从自身学术背景出发，难以避免出现理解上的差异，造成学术界尚没有一致认可的理论视角。本书则遵从大部分相关学者的观点，接受全球治理理论的假设，认为联大参与全球治理的各种实践行为都是依托各个成员国的授权，从而对不同的全球性问题制定规范与相关国际法准则。同时，联大自身设立的各种分支机制也可以辅助其承载更多治理议题，并在相关领域从事相关治理工作。

（二）国际制度理论

本书研究对象涉及的第二个理论基础就是国际制度理论，其不仅是分析联大的理论内涵的重要支撑，也有利于更为深入讨论全球治理各领域的问题。国际制度理论是20世纪80年代以来国际关系学发展的一种理论学说，其也是当前新自由制度主义理论的基石。

有关国际制度最为权威的定义源于罗伯特·基欧汉，其认为国际制度是："一整套持久且相互联系（包括正式与非正式）的规则，这些规则可以界定行为体的角色、约束其行为、并塑造其预期。"③ 基欧汉认为的国际制度至少包含3个要素，分别是：正式的政府间或跨国的非政府组织、国际机制、国际惯例。在基欧汉看来，国际关系中存在国际制度不仅是正式的国际组织，如联合国，也包含规则与组织的复合体形式，如当时存在的有关货币和贸易的机制安排，其也可以规定国家的行为并塑造其

---

① ［美］詹姆斯·罗西瑙:《没有政府的治理：世界政治中的秩序与变革》，张胜军、刘小林等译，江西人民出版社2001年版，第337页。

② Lawrence S. Finkelstein, "What is Global Governance?" *Global Governance*, Vol. 1, No. 3, 1995, p. 369.

③ Robert O. Keohane, *International Institutions and State Power: Essays in International Relations Theory*, Boulder: Westview Press, 1989, p. 3.

预期。① 可以看出，有关国际制度的概念是包含了国际组织和国际机制的内容，是二者的现实载体和表现形式。"国际制度既包括为约束国际关系某一领域的行为体而设立的原则、规范和程序，同时还包括为执行、监督和修改国际制度而设置的国际组织。"②

学术界有时会将国际制度等同于国际机制。事实上，有关国际机制的研究要早于国际制度。这一概念最具权威性的定义源于美国学者斯蒂芬·克拉斯纳（Stephen Krasner），其认为国际机制可以定义为"特定的国际关系领域内一整套明确或暗示的原则、规范、规则及决策程序，行为体的预期可以根据这些要素汇聚在给定的问题领域"。③ 虽然这一概念经常被国内外其他学者所批判，但其仍是这一领域普遍引用的定义，是研究国际机制的基础。在具体分类上，国际机制可以按照不同的标准分为不同的类别。比如，国际机制可以依照各自关注的问题领域分类，包括国际安全机制、国际环境机制、国际经济机制等；也可以按照成员范围分类，包括双边机制、区域机制、全球机制等；此外，国际机制还可以按照合作形式划分为正式机制与非正式机制，二者的主要区别在于制度化程度的不同。由于内在的制度化趋势，国际机制通常会不断加深自身的制度化程度，国际机制很有可能会发展演变为正式的国际组织，发挥更大的制度作用。

可以说，国际制度是实现全球治理的主要载体。比如，俞可平就认为良好的全球性国际机制就是保证全球治理效率的基础，"是维护国际社会正常的秩序，实现人类普世价值的规则体系，包括用以调节国际关系和规范国际秩序的所有跨国性的原则、规范、标准、政策、协议、程序"。④ 国际制度对全球治理意义重大，不仅因为全球治理理论的主要根源之一就是相关的国际制度与国际机制理论，同样也因为高水平的国际制度可以促成全球治理的有效实现，为全球治理提供了基本原则与规范，而其演化发展出的国际组织也是全球治理过程中最积极和最主动的参与者。⑤ 当前国际制

---

① Robert O. Keohane, "International Institutions: Two Approaches," *International Studies Quarterly*, Vol. 32, No. 4, 1988, p. 384.

② 叶江：《全球治理与中国的大国战略转型》，时事出版社2010年版，第78页。

③ Stephen D. Krasner, "Structural Causes and Regime Consequences: Regimes as Intervening Variables," *International Organization*, Vol. 36, No. 2, 1982, p. 185.

④ 俞可平：《全球治理引论》，《马克思主义与现实》2002年第1期，第25页。

⑤ 王乐夫、刘亚平：《国际公共管理的新趋势：全球治理》，《学术研究》2003年第3期，第55页。

度是保证各层次行为体积极参与全球治理的坚实基础，致力于促成更深层次的合作。主要的国际关系理论基本都认同国际制度在这一领域的作用。[①]即使全球治理的价值是理想的、普世的，但由于世界各国存在多样的历史文化传统和迥异的政治经济条件，仅采取简单的治理方式一定会适得其反，有效的全球治理一方面追求各国之间达成的治理目标，另一方面更要尊重各国多样性的现实条件，照顾多方利益。这要求构建实现全球治理各项目标的国际制度，不能仅为推进决策效率而牺牲多样性的特征。

本书的研究对象——联合国大会本质上属于国际组织，是高度制度化的国际制度，其具备成熟的规章制度，拥有固定的会议周期与审议议题。基于联合国当前的国际地位，联大也拥有高度的国际合法性，可以在一定程度上约束国家的行为，更能有效组织国家间的合作，发挥自身应有的作用。在全球治理领域，联大的制度化特征表现在多个具体的治理议题上。本书后续分析的内容正是基于上述理论基础的内容，讨论联大的全球治理功能，并分析其具体的构成与局限。

二、研究方法

本书的研究目的在于解释联合国大会在全球治理体系中的功效与能力，并尝试阐述中国在其中的参与实践。这一研究目标决定本书更多是一项描述型研究，但本书第五章的部分内容也带有解释性研究的特征，即对一定时间范围内的某一类研究对象采用科学的研究方法找出一般性的规律。由于当前有关联合国大会的研究并不丰富，本书在写作过程中更多依赖联大现有的原始文件作为基础。上述特征决定本书要以历史分析法为主要研究方法，但出于论述完整且严谨的需要，本书也会采用案例研究法，以保障本书论述过程的准确程度。具体包含如下两个方面：

第一，历史分析法。本书大部分章节采用历史分析法进行研究，比如本书在第一章主要利用已有的历史材料，重点回顾联合国大会参与全球治理实践的历史背景；第三章则利用联合国整理编纂的一手材料和国内外学界的研究成果，阐述联大大部分机构与机制产生与发展的过程，以明晰联

---

① 朱杰进：《国际制度缘何重要——三大流派比较研究》，《外交评论》2007年第2期，第92—97页。

合国大会全球治理功能的制度组织框架及其基本职能；第六章则转向中国，利用国内外已有的研究成果和政府官方文件、声明等材料，回顾中国参与联合国大会的历史阶段，阐述中国实际参与联大的不同阶段等，这部分内容更多涉及历史细节与资料整理，历史分析法更适合这一部分的研究内容。此外，本书第五章案例研究的部分内容也要利用联合国大会的部分历史档案，分析联大在有关国际恐怖主义问题领域中的功效与能力。

本书的历史研究与案例研究使用的联大一手文件材料，主要来源于联合国正式文件系统。这一系统最初是由联合国在1993年建立并在2016年得到全面更新的。当前的联合国正式文件系统可以检索并下载包括联大在内的所有联合国主要机构各种类型的重要会议文件，一部分文件还可以根据不同的工作语言选择下载。① 虽然联合国正式文件系统可以检索并下载大量联大的原始文档，但其并不包含联大具体决议的表决记录。基于此，本书所有联大决议的具体表决情况则参照联合国书目信息系统（UN Bibliographic Information System）记录的信息。这其中涵盖了1946年第一届大会至今所有不表决、唱名表决和记录表决的详细信息。② 此外，本书还将利用少量安理会、经社理事会等其他联合国机构的原始材料，这些材料的来源同联大一致。

第二，案例研究法。本书的第五章主要运用案例研究法进一步分析与验证本书之前章节得出的相关论点。美国政治学家斯蒂芬·范埃弗拉（Stephen Van Evera）曾将案例研究分为三种方式，分别为：受控比较、相符性程序、过程追踪，这三种案例分析方法的主要区别是各自的检验力度不同。本书第五章选择过程追踪法，即"通过考察案例的初始条件如何转化为案例结果来探究系列事件或决策的过程。研究者将连接自变量与结果的因果联系的环节解开，分成更小的步骤，然后探求每一环节的可观察证据"。③ 这一方法有助于验证本书案例之前章节得出的有待验证的观点，即有关联大在全球治理体系中体现出的一些基本功能。

在案例的选择上，本书选取了联大治理国际恐怖主义作为案例，讨论

---

① 联合国正式文件系统，联合国网，https：//documents.un.org/prod/ods.nsf/home.xsp（最后访问时间：2017年2月20日）。
② 联合国书目信息系统，联合国网，http：//unbisnet.un.org/indexc.htm（最后访问时间：2017年2月20日）。
③ ［美］斯蒂芬·范埃弗拉，陈琪译：《政治学研究方法指南》，北京大学出版社2006年版，第61页。

自20世纪70年代以来,联大各个全球治理功能在治理国际恐怖主义过程中的体现。选择这一案例主要基于如下原因:其一是国际恐怖主义的重要性。伴随着全球化的加速发展,国际社会原本就存在的恐怖主义问题愈发严重。加强对这一问题的治理也自然成为全球治理体系关注的焦点。其二是联合国在这一问题上的作用。冷战中后期,以联大为代表的联合国系统就已经注意到了国际恐怖主义问题,并积极利用自身的职能与影响力推进这一领域的全球治理。其三是联大在这一议题上具有特殊的作用。联大是联合国系统中最早参与国际恐怖主义治理议题的机构,其利用自身的国际合法性与代表性制定相关行动计划与国际公约,凝聚国际共识,推动这一领域的国际合作。虽然联大确实为这一领域的全球性治理做出贡献,但其也存在一些不足。总之,选择联大治理国际恐怖主义作为案例不仅是因为这一问题的重要性,更是因为其可以突出反映出联大全球治理功能及其局限。

在内容安排上,这一部分首先梳理了联大参与治理国际恐怖主义的组织架构。再次,分析联大用来治理国际恐怖主义的实践,包括完善恐怖主义治理相关国际法律;打击对恐怖主义的资助活动;促进关键成员国之间的信息与情报合作等。接下来,本章则会简明阐述联大在治理国际恐怖主义议题上同其他相关治理机制之间的合作与交流。

第五节 创新与不足

一、可能的创新点

本书可能的创新主要体现在如下三个方面:第一,系统梳理联合国大会。如前文所述,国内外学者目前更加侧重于联合国整体的演变与改革;安理会主导下的集体安全制度在应对国际危机上的作用;联合国中的大国因素等研究内容,对于联合国大会的研究仍显得极为薄弱,公开的研究成果甚少。本书则在已有研究成果的基础之上,对联合国大会进行系统梳理,以详细阐述其全球治理功能,并分析其制度保障与制约因素。同时,本书也会总结中国参与联合国大会全球治理的政策实践,进一步厘清中国同联合国大会关系的变迁。本书不仅完成对现有联合国大会研究成果的梳理，也在基于更多一手历史材料的基础上，进一步完善了这一领域研究。这使得本书可以推介这一领域具有理论和现实价值的学术议题，并提供相关的素材，推动后续研究向更为全面的方向发展。

第二，总结中国参与联大全球治理的过程。联大全球治理功能具备的主要特征是根据全球问题发展的现实，利用自身广泛的代表性与立法能力，一致通过或表决得出指导全球性问题妥善治理的决议文件。在这个过程中，各个主权国家，特别是大国的立场与政策至关重要，但既有研究很少涉及这一主题。本书立足于中国的现实需要，将重点阐述中国参与联大全球治理的有关问题。第六章将利用联合国大会各项文件与中国官方立场和政策文件，梳理中国在1971年恢复联合国合法席位后对联大全球治理的参与，特别是冷战后中国在联大涉及的多个全球治理议题中的积极参与和自身发挥的建设性作用。

第三，深化联合国全球治理功能的研究。在国内外学界普遍重视全球治理理论与实践研究的背景下，有关联合国与全球治理之间关系的讨论必然成为热门研究问题，但这些成果更多关注联合国整体或安理会的作用，比如在全球安全治理领域，安理会主导的集体安全体制的发展与改革是学者们谈论的热点问题。虽然安理会确实是联合国的核心机构，但其并不能代表联合国整体。本书则另辟蹊径，阐述联大的全球治理功能。由于联大也是联合国的核心机构，其拥有广泛的权限，可以发挥联合国的大部分功能，同时也与联合国其他主要机构关系密切，职能上也具有一定的重合度。这些都使得讨论联大全球治理功能具备重要的理论与现实意义，也能突出联合国整体在当前全球治理体系中的功能与作用，更有利于其在未来的全球治理体系中可以完善自身职能，获得更多国际舆论与道德的支持。正是在这一意义上，本书这一创新点可以补充现有研究中尚未涉及的部分，为深化全球治理研究做出自身贡献。

二、难点与不足

本书写作中遇到的困难与局限主要有以下三个方面：

首先，本书对研究问题的解答仍处于初步探索阶段。由于国内外学界对联合国大会的研究仍处在初步阶段，本书也只能基于这些研究解答核心研究问题，得出的结论必然在深度方面存在局限，也必然会产生观点上的争议。囿于篇幅，本书也不可能分析联大全球治理功能的方方面面，只能分析联大涉及较为重要的全球性问题领域的治理功能。这一过程也必然会出现本书没有涉及的一些问题。这种进一步的论证与分析过程则需要后续研究的进一步完善。同样由于篇幅的原因，本书对中国参与联大全球治理的讨论也难以覆盖全面，分析仅能基于重要的问题领域。

其次，研究内容的理论化程度偏低。本书的核心研究对象——联合国大会，只是国际关系中存在的一种客观事物或现象。虽然当前学界已经拥有一部分有关国际组织与国际制度的理论，但这些理论并不能完全解答本书的研究问题。唯一紧扣本书主题的就是全球治理理论，但如前文所述，全球治理理论也处在初步发展阶段，甚至还未形成学界一致认可的全球治理定义。这些都决定了本书可以利用的理论成果非常有限，也决定了本书主要内容的理论化程度偏低，即使本书后续部分对联大全球治理功能及其局限进行了讨论，也只是基于研究对象的经验总结，没有得到高度理论化，无法有效应用到其他任何研究领域。

最后是部分文献资料来源有限。研究联合国大会的有利条件是联合国正式文件系统囊括了绝大部分的草案、报告、决议、会议记录等一手材料，只要进行分析整理就可以得出诸多发现，但联合国正式文件系统并没有包含本书所需的所有一手材料，比如联大最初几十年的会议全文记录就没有被该系统收录。即使这些会议记录全部可以获取，研究人员也无法根据成员国代表的发言，确定这些国家的实际立场。有关影响成员国在联大不同时期不同议题立场观点的材料和研究成果甚少，即使专门分析中国在其中的立场选择也不得不面对这一困难。这首先是因为本书的研究对象尚未得到充分关注，相关研究成果并不多见，更是因为越靠近当前的档案材料越难以搜集整理。基于此，本书不得不使用部分二手材料，努力形成具有一定说服力的研究成果。同时，本书在使用文献材料中，难以避免在理解、引用和转述过程中出现欠缺准确之处，这必然也会对本书的分析构成一定程度的制约。此外，笔者自身学识的不足以及一部分无法获得的外文原著必然会限制研究的深度与广度，这一因素也是现阶段本书难以克服的难点。

第二章 联大参与全球治理的背景

从时间纵向上看，国际社会全球治理的实践历史可以20世纪90年代初作为分水岭，前后分为两个阶段。第一个阶段是在全球治理概念正式产生之前，人类在这一时期就已经关注全球性问题的产生和发展，并尝试构建一系列多边制度解决这些问题；第二个阶段是在全球治理概念出现后，各种类型的治理主体在这一理论指导下进行的一系列创新和实践。虽然全球治理概念在冷战末期才出现，但人类在发明这一概念之前就已经在诸多领域进行了一定程度的全球性治理行为，全球治理只是对之前的各种治理实践行为的理论总结。联合国大会就是这一类全球治理主体，其自诞生以来就涉及各种全球性问题。在后续发展的过程中，联大也不断拓展和调整治理的范围。回顾这一背景的发展过程对理解联合国大会的全球治理功能十分必要，也为认识联大全球治理功能的局限提供了重要的参考。本章分为三小节阐述联合国大会参与全球治理体系的背景，分别是联大参与全球治理的历史渊源；冷战时期联大参与全球治理能力的发展；冷战后联大参与全球治理的背景。

第一节 联大参与全球治理的历史渊源

联大参与全球治理能力的产生拥有深刻的历史背景，其缘起于一系列近代多边主义的实践，同拿破仑战争后产生的大国协调机制与海牙国际和平会议体系存在重要联系，但第一次世界大战的爆发使得这些实践最终走向失败。一战之后建立的国联，特别是国联大会则成为联合国大会直接参照的蓝本。二战期间主要国家在筹建联合国时期签署的一些条约与宣言，也在修正国联大会不足的基础上，进一步确立了当前联大的制度特征，为其当前参与诸多全球性问题的治理实践奠定了主要的法理基础。

一、近代多边主义的实践

如前文所述,全球治理理论的缺失使得当前学界还没有就全球治理实践的开端取得一致意见,不同的学者基于不同的全球治理内涵必然会在界定全球治理实践的开端上存在一定争议。同样,有关全球治理的定义基本都存在过于宽泛的问题,符合这些定义的全球治理实践可以追溯到近代国际关系之前。虽然全球治理这一概念正式出现于1995年联合国全球治理委员会发表的题为《天涯成比邻》的研究报告,但本书基于最少争议的原则,将全球治理实践的开端定位于二战结束后。可以说,二战结束后一系列如联合国等全球性制度与机构的相继建立并逐步发展成熟,使全球治理实践正式形成。同样,在这一时期之前,人类早已在关注全球性问题的产生和发展,并构建了一系列多边制度,解决不同类型的跨区域乃至全球性问题,全球治理已经初见端倪。

随着哥伦布发现新大陆以来,人类之间的联系日趋紧密,各种跨国行为不断出现,推动世界逐步向"地球村"的方向发展。自人类开始进行大范围的跨国行为后,其带来的一系列跨国性问题也愈发严重,并随着全球化进程的加深日渐演变为全球性问题。人类的思想家与政治家也开始思考有关跨国时代与之后的全球时代带来的问题及其解决方案,从格劳秀斯到康德等自由主义哲学家都在自己思想成果中提出这样的观点,即要想实现国家间公正平等、和平解决争端、保证持续和平与发展等目标,就有必要建立类似后世国联或联合国的国家间机构,从而逐步过渡到世界政府的形成。在这些思想家的影响下,当时的欧洲国家开始尝试各种类型的多边治理实践,其中有些走向失败,有些获得成功。可以说,自认识到跨国问题出现的那一刻起,人类就不断在思想上和实践上寻求更为有效的国际合作。这种为解决全球问题而创建多种国际合作平台、规制、规范等的行为,就是近代的多边主义实践,而这其中以国家为核心的多边主义合作更是日后联大产生的思想与现实基础。

这一时期最具代表性的国际多边主义治理实践就是19世纪建立的大国协调机制。19世纪初拿破仑战争结束后,欧洲列强组织构建了维也纳体系,并期望以国际会议的形式解决拿破仑战争后的国际秩序问题。这一体系的核心就是大国协调机制,通过举行国际会议协调大国之间的立场,防止欧洲大陆出现威胁性的霸权国家,并积极介入当时调停国际危机的行动。当时的欧洲国家通过不同形式的会议处理了诸多具体的安全问题。欧洲协调可以看作是某种形式的多边治理实践,其突破了之前国家双边外交的形式,以多国参与方式解决欧洲乃至全球性的安全事务,也为19世纪欧陆出现的跨国危机提供了国际合作平台,是当时欧洲百年和平的基石之一。维也纳体系中的大国协调机制是传统国际安全治理的主要渠道,其对当今的全球安全治理体系仍具有一定的借鉴意义。部分学者甚至认为大国协调机制应是全球治理实践的开端。比如,美国政治学学者克雷格·墨菲(Craig N. Murphy)就认为当代全球治理体系应源于1815年维也纳体系的建立,这期间建立的一系列国际制度至今仍在发挥重要影响,也是当代全球治理体系重要的参考对象。[1]

同时期的海牙国际和平会议体系也是后续联大参照的多边主义蓝本之一。海牙国际和平会议分别在1899年和1907年成功召开了两届。不同于维也纳体系下的国际会议,海牙会议的参会国不再仅限于欧洲国家,而是尽可能的囊括亚洲、美洲等地区的国家。会议也不再局限于处理当时的地缘政治危机,而是试图推进国际秩序的演化,在和平时期就确立了争端解决、消除危机的规则与方法。两次海牙会议也制定了一系列国际公约,如《和平解决国际争端公约》《陆战法规与惯例公约》,从不同角度完善了当时的国际法体系。在会议制度和程序上海牙会议也具有创新性,其采取的一国一票的表决原则,突出了国家平等的观念,这也成为后续联大参考的样本之一。同时,海牙会议也尝试将自身机制化,在固定时间和地点定期召开会议,试图在每一届新的会议上继续上届会议没有完成的工作,以稳步推进海牙会议的成果。[2] 然而,由于第一次世界大战的爆发,海牙国际和平会议体系的机制化没有成为现实,但其也启发了后续国联与联合国的会议模式,具有重要的历史意义。

二、国联失败的历史教训

虽然西方国家是现代多边外交活动的发祥地,但历史上产生的诸多重

---

[1] Craig N. Murphy, "The Last Two Centuries of Global Governance," *Global Governance: A Review of Multilateralism and International Organizations*, Vol. 21, No. 2, 2015, pp. 189–196.

[2] 有关海牙国际和平会议更为详细的介绍,参见陶樾:《现代国际法史论》,大东书局1946年版,第1—30页。

要国际组织更多是"大国协调"的产物,更强调少数国家的"国际警察"作用。真正具有全球性意义的国际组织和制度并没有发挥主导作用,对于国家行为的影响较为有限。这种局面随着全球化进程的出现,特别是主权国家一律平等观念的日渐深入人心,逐渐不再符合历史发展的大趋势,普遍且平等的国际组织的出现是历史发展的必然。第一个具备全球普遍意义的国际组织是一战后建立的国际联盟,其第一次试图将全世界所有国家集合在一起,共同致力于维护国际和平与安全。回顾联合国大会参与全球治理能力的产生,就必须要考察其前身——国际联盟大会在历史上的失败教训。

20世纪初的第一次世界大战的惨烈状态超出了所有人的预料,并迫使当时欧洲社会的政治精英与人民大众深入反思,缘何领先世界的欧洲文明最终走进了血腥屠杀中?如何通过国际社会的努力避免类似的悲剧重演?这些思考在欧美国家催生大面积的和平主义思潮,人们积极寻找避免再度陷入世界大战的"良方"。这其中最为著名的就是当时的美国总统威尔逊提出的"十四点原则",其核心就是建立一个可以保护世界所有国家政治独立和领土完整的普遍性国际联盟,即国联。1919年召开的巴黎和会将建立国际联盟作为主要工作之一。这不仅是因为这次会议的主旨是组建战后维护和平的国际组织,也更是为了迎合一战胜利的协约国遏制战败国与协调彼此之间利益的需要。1920年1月,国际联盟随《凡尔赛合约》的生效而同步建立。国联的核心工作记录在《国际联盟盟约》(The Covenant of the League of Nations)的序言中,即:"缔约各国为促进国际间合作,并保持其和平与安全起见,特允承受不从事战争之义务,维护各国间公开、公正、荣誉之邦交,严格遵守国际公法之规定,以为今后各国政府行为之规范,在有组织之民族间彼此关系中,维持正义并恪遵条约上之一切义务。"[①]

当时的国际联盟设立的国联大会是其四个常设机构之一。依照《国际联盟盟约》的规定,国联大会由全体会员国的代表组成,每个会员国的代表不得超过三人,并于每年秋季召开常会,实施一国一票的表决制度,如遇突发事件,国联也可以直接召开会议讨论国联管理范围内的国际事件。

---

① [英]华尔脱斯:《国际联盟史》(上卷),汉敖、宁京译,商务印书馆1964年版,第52页。

可以说，这一规定赋予了国联大会非常广泛的职权，也基本被战后的联合国大会所继承。此外，《国际联盟盟约》还赋予大会其他权力，如新会员国的加入需要大会三分之二会员国的同意；行政院的理事国也需要大会的核准等。值得注意的是，国联大会表决程序曾规定，除程序问题外的大会决议的形成要依据会员国全体同意的原则。这是国联大会制度存在的重要缺陷，一致同意则意味着所有会员国都拥有否决权，如果某一提案没有获得全体会员国的一致同意，那其就无法采取有效的行动。此外，大会与行政院的权限划分不清等缺陷也使得国联大会无法有效发挥自身功能。

第二次世界大战的爆发宣告国联寻求普遍和平的努力彻底失败，其本身也陷入名存实亡的境地。1946年4月，国联在日内瓦举行了最后一届大会，决定将自身权力和职务移交新成立的联合国，并正式宣布国联彻底解散。虽然国联是国际社会的一次失败的尝试，但其为新成立的联合国积累了大量经验与教训。仅以大会制度来说，联合国大会继承了国联大会的衣钵，可以看到二者存在很多共性，但联合国大会吸取了国联大会的教训，努力弥补了国联大会存在的缺陷，如联合国大会虽然强调一致原则，但没有设立全体会员国必须一致同意通过决议的原则。这些使得联合国大会、甚至整个联合国都更具生命力，现今也仍是世界最为重要的国际组织。

三、联合国建立的国际法体系

除了国联失败的历史教训外，联合国大会的产生还同当时为建立联合国而召开的一系列会议和签署重要的国际文件有关。这些会议和文件基本构成了包括联合国大会在内的整个联合国的基础框架，是考察联大参与全球治理能力产生不可回避的历史背景。当然，联大制度产生的历史背景同其母机构——联合国是相辅相成的，很难区分开来，本书将尽可能选择影响联大的历史事件进行阐述。

1941年6月12日在英国伦敦签署的《圣詹姆斯宫宣言》（The Declaration of St. James's Palace）——也称为《伦敦宣言》——普遍被认为是建立联合国的第一步。当时正值第二次世界大战的关键期间，德日法西斯国家正处在节节胜利的过程中，众多处在反法西斯战争一线的国家形势危如累卵。当时的英国同加拿大、澳大利亚、比利时、新西兰等国及一些抗击法西斯的流亡政府一起签署了这份宣言。这份文件的第三款决议宣布：

"持久和平的唯一可靠基础是，自由的人民在一个摆脱侵略威胁、人人都可以享有经济与社会保障的世界中自愿合作；这既是他们合作的意图；为此目的无论战时和平时都将同其他自由人民进行合作。"[1] 这一条款强调了这些国家在战后建立世界集体安全体系的夙愿，为日后联合国的建立提供了思想基础。

1941年8月，美英两国首脑罗斯福与丘吉尔在纽芬兰沃根基港会面，为了协调反法西斯国家的组织合作，两国联合发表了《大西洋宪章》。这份文件的主要内容是两国在反法西斯战争中的主要政策主张，用于组织更多的国家加入到这一斗争中。特别重要的是，《大西洋宪章》第八款，也就是这一文件最后的内容，提及了"建立更广泛且更持久的普遍安全体系"。[2]《大西洋宪章》首要的历史地位必然是使得反法西斯国家形成了较为一致的政策立场和组织基础，成为日后胜利的重要基础。更为重要的是，这一文件也使得构建广泛且持久的普遍安全体系成为反法西斯同盟国家共同追求的目标之一，是未来联合国形成的"种子"。1942年1月1日，中国、美国、苏联、英国等26个反法西斯同盟国家的代表齐聚美国，共同签署了著名的《联合国家宣言》。这些国家宣布赞同《大西洋宪章》的内容，表示将协同作战直到全面打倒法西斯侵略势力，绝不单方面同敌媾和。《联合国家宣言》标志着全面反法西斯同盟的正式确立，更是"联合国"一词产生的渊源。

随着第二次世界大战持续到1943年，战争形势发生转折，反法西斯国家已经赢得战争的主动权，法西斯国家败相已露。在这种形势下，盟国有条件也有必要安排战后的世界秩序，其中的要点之一就是将建立"广泛且持久的普遍安全体系"纳入盟国的议事日程。1943年10月，中、美、英、苏四大国签署了《关于普遍安全的宣言》（也称为《四国宣言》）。《关于普遍安全的宣言》规定：建立一切爱好和平国家均可加入的普遍性国际组织；遵循国家主权平等原则；以维护世界和平与安全为根本目标，并特别强调了三点原则：国家主权平等、会员资格普遍、以维持国际和平与安全

---

[1] 有关《圣詹姆斯宫宣言》的英文全文记录，参见 Avalon Project, Documents in Law, History and Diplomacy, "St. James Agreement; June 12, 1941," Yale Law School, Lillian Goldman Law Library, http://avalon.law.yale.edu/imt/imtjames.asp. （最后访问时间：2017年2月20日）。

[2] 有关《大西洋宪章》的英文全文记录，参见 United Nations, Department of Public Information, *The Yearbook of the United Nations 1946–1947*, New York: Lake Success, 1947, p. 2.

为己任。① 可以说,《关于普遍安全的宣言》是联合国建立的关键环节,其决定了建立联合国已经成为确定性事件,后续的会议与文件只围绕未来联合国的组织框架和结构等具体内容而展开。

1944年8月的敦巴顿橡树园会议是影响联大制度建设的一次关键性会议。会议分为两个阶段,第一阶段由美苏英三国参与,第二阶段由中美英三国参与,前者的历史地位更为重要。第一阶段会议决定了联合国的一系列宗旨和原则,如联大决议应属建议性质,并将联大制度作为联合国的基本部分之一,确定联大的重要决议需要三分之二会员国赞成才可通过,其他决议可以应用简单多数原则。同时,决定成立专门对联大负责的经济及社会理事会,来执行联大的有关决议。第二阶段的会议包含中国,中国将自身对联合国的一系列建议方案分发给其余三大国,是对第一阶段会议的必要补充。中国提案提及联合国大会应承担促进国际法的编纂与发展任务,这一点得到其余大国的承认,并提交到旧金山会议审议。当年10月9日会议讨论结束后,中美苏英四国发表了《关于建立普遍性的国际组织的建议案》(Proposals for the Establishment of a General International Organization),详细规定了这一国际组织的基本框架,成为未来联合国建立的基本蓝图。可以说,敦巴顿橡树园会议为日后的联大制度确定了基本原则和宗旨,为后续的旧金山会议奠定了基础。二战的最后阶段,即1945年2月,美英苏三大国又举行了雅尔塔会议,这次会议三大国首脑主要是对联合国的未来框架做了重要补充,解决了敦巴顿橡树园会议遗留的问题,如安理会的表决程序、创始会员国资格等。

1945年3月,美国代表四大国向全世界的反法西斯国家发出了《召开联合国家组织会议邀请书》,并得到大多数国家的热烈响应,于是50个国家的代表于1945年4月25日齐聚美国旧金山,召开联合国制宪会议。由于当时的波兰临时政府并未得到美英等国的认可,因此没有参会,但同意其作为创始会员国之一签署《联合国宪章》。会议分三个阶段,并先后通过了《联合国宪章》与《国际法院规约》。《宪章》的签署表明联合国正式建立,成为反法西斯战争和维护未来世界和平的重要成果,值得载入史册。1945年10月24日的会议标志着联合国正式成立,这50个国家加上

---

① 有关《中苏美英四国关于普遍安全的宣言》的中文全文记录,参见《中苏美英四国关于普遍安全的宣言》,新华网,2015年4月29日,http://news.xinhuanet.com/2015-04/29/c_127742663.htm(最后访问时间:2017年2月20日)。

当时的波兰也因此成为联大制度最初的成员国。然而，这次会议也在一定程度上突出了会员国之间的矛盾，比如在第二阶段的会议中，澳大利亚等中小国家认为安理会与"雅尔塔公式"下的大国否决权不能体现出国家平等，并且提议加大联合国大会的职权，但由于苏联的反对，最后双方达成妥协，虽然联大仍定位于审议机构，但其职权出现了明显的扩大。作为联合国的创始会员国，中国代表团的顾维钧、中国共产党的代表董必武等人都参加了当时的签字仪式，并见证了联合国的诞生。

可以说，上述会议与文件都表明，反法西斯同盟国很早便认识到仅获得战争的胜利还远远不够，未来世界需要新的合作机制，以防止世界大战的再度爆发。无论是1941年签署的《大西洋宪章》，还是《联合国家宣言》与《四国宣言》，抑或是后续的敦巴顿橡树园会议、雅尔塔会议、旧金山会议，都表明反法西斯同盟的各个国家逐渐确定了一个共识，即同意建立一个世界性的国际组织以维护战后世界的秩序与稳定。同样，为了实现这一宏大目标，这一国际组织必须遵循公平、公正、开放等原则，允许所有国家加入，并树立自身国际合法性的形象。联合国大会就是这些原则的产物，其在产生之初就成为所有会员国参与联合国的重要平台和机制，并被赋予了参与各种全球性议题的权力。然而，初生的联大制度，甚至整个联合国必然是不完善的，同时不久后就爆发的冷战也在挑战其权威和功能，联大就是在这样的历史背景下开始了对各种全球性议题的参与。

第二节　冷战时期联大参与全球治理能力的发展

联合国的成功建立标志着以联大等一系列的制度安排正式确立。如上文所述，联合国大会的一系列制度安排基本参考了国联大会。国联大会由全体会员国代表组成，一国一票，并于每年秋季召开常会，如遇突发事件，国联也可以直接召开会议讨论国联管理范围内的国际事件。联大也基本拥有这些功能，同时其也在发展过程中不断增加与完善自身的制度建设。本书这一节将阐述联大在冷战期间参与全球治理能力的发展。为了逻辑的完整性，本书将这一历史进程分为三个部分阐述，分别是：联合国大会建立之初的尝试；其在20世纪50年代中期到70年代初参与能力的发展；中国恢复联合国代表权后至冷战结束前联大对全球性议题的参与。必须强调的是，由于联大参与的历史事件难免涉及联合国其他机构甚至整个联合国，为了简单明了，本书将主要阐述联合国大会在这些历史事件中发挥的作用，简要阐述或忽略联合国其他机构的情况，以突出本书的研究主题。

一、联大建立之初的尝试

第一阶段是联大成立之初，这一阶段囊括的时间范围是1946—1955年。虽然这期间是联合国大会初始10年的发展阶段，但其已经可以在世界舞台上最大限度地发挥自身的影响，并不断尝试参与当时的世界热点问题。

1946年1月10日，第一届联合国大会第一期会议在英国伦敦举行。这次会议不仅因其是首届联大而重要，更具历史意义的是，这次会议通过了一系列影响联合国，甚至是影响整个国际关系的决议。比如，1月12日，选举澳大利亚、巴西、埃及、墨西哥、波兰及荷兰6国为安理会非常任理事国，并确定了各个非常任理事国的任期；1月24日通过了第一项决议，设立联合国原子能委员会，致力于推动核能的和平利用与核裁军；1月26日第18次全会决定设立联大所属的六大主要委员会；2月1日任命挪威前外长特里格韦·哈尔夫丹·赖伊（Trygve Halvdan Lie）为第一任联合国秘书长；确定后续联合国秘书长的任命条件及待遇；将联合国常驻地址定在美国纽约等。可以说，第一届联大就成功树立了自身"世界议会"的形象，为其以后参与各种类型的全球性问题奠定了坚实基础。

在后续发展的10年中，联大也决定设立了诸多延续至今的机构，如会费委员会、行政及预算问题咨询委员会、世界卫生组织、国际法委员会、裁军委员会等，这些机构保证了当前联大的全球治理功能，乃至整个联合国全球治理功能的顺利运行。

同时，这几届联大会议也陆续参与处理了诸多影响深远的国际关系问题，最具代表性的就是巴勒斯坦问题和朝鲜战争问题。在参与处理巴勒斯坦问题时，联大取得的最为主要"成绩"就是通过了"巴以分治"决议。1947年11月29日，第二届联大在基于巴勒斯坦问题特别调查团的调查报告的基础上，表决通过了影响深远的第181号决议。这一决议规定采用分治的方法，计划在巴勒斯坦地区建立阿拉伯和犹太两个国家。① 第181号决议随后遭到阿拉伯一方的强烈反对，导致阿犹双方的裂痕不断加深。次年以色列宣布建国后，第一次中东战争全面爆发，整个巴勒斯坦地区甚至整个中东都成为现代世界战乱最为频发的地区，至今仍难以得到根本解决。同样，在参与解决朝鲜战争问题的过程中，联大也没有真正发挥应有的作用。在整个朝鲜战争期间，联大都采取了偏袒韩国政府的立场，同时将中国被迫的保家卫国行为认定为"入侵"。② 可以说，联大在朝鲜战争问题上不仅没有进行公正处理，也要对战争的不断扩大负一定的责任。更为重要的是，朝鲜战争严重影响了中国恢复联合国代表权问题，使得中国在之后将近20年的时间里游离于联合国之外。

虽然联大的影响力通过参与上述两个问题得以加强与深化，但联大并没有在这些问题中做出妥善处理的决议，甚至遗留下诸多问题，直到今天仍难以解决。造成这一现象的根本原因是联大最初的10年恰逢冷战的全面爆发，联大不得不沦为超级大国争霸的工具，特别是美国倚仗盟国众多，频繁利用联大达成有利于自身利益的决议，使得这期间联大的形象备受损害，远没有达到《宪章》规定的要求。在联大建立之初10年的最后阶段，亚非拉发展中国家的不断独立并加入联合国，使得联大中的国家构成更加多元化，不再以美国盟国为多数，美国掌控联大的情形也逐渐成为历史，联大冷战期间参与全球议题能力的发展也进入第二阶段。

二、冷战中期联大参与全球治理能力的表现

第二阶段是冷战中期联大参与全球治理能力的表现，涵盖的时间范围是1955—1971年。这一阶段的联大处在全球治理参与能力的发展成熟期，出现了一些影响世界历史的重要变化。这期间新独立的发展中国家不断加入联合国，使得联大不再是少数大国的"政治工具"。正是在这一历史条件下，联合国大会可以不断通过有利于发展中国家的决议，如改革联合国、推动去殖民化浪潮、解决中国代表权问题等。这期间联大参与能力的

---

① 联合国大会：《巴勒斯坦的将来政府》，A/RES/181（II），1947年11月29日，第61—71页。

② 联合国大会：《中华人民共和国中央人民政府对朝鲜的干涉》（Intervention of the Central People's Government of the People's Republic of China in Korea），A/RES/498（V），第1页。

发展主要基于如下两个原因：

一方面，联大成员构成发生根本变化。联合国最初的51个会员国大多是西方发达国家，导致联合国大会甚至是整个联合国基本由美国等国家掌控。由于20世纪40年代末至50年代初美苏冷战的影响，美苏双方利用联合国规则反对对方提名的新成员国加入，导致这一期间联合国几乎没有纳入新的成员国，但随着二者的妥协，新成员国开始在50年代中期大量加入联合国，特别是随着新独立的发展中国家的不断加入，联合国大会多数国家集团发生了根本变化。20世纪60年代后，联大又开始推动全球范围的去殖民化浪潮。在1960年12月14日召开的第15届联合国大会全体会议上，苏联以及当时部分发展中国家拟定的草案以压倒性结果获得通过，即《准许殖民地国家和人民独立宣言》（Declaration on the Granting of Independence to Colonial Countries and Peoples）。这一宣言强调："迅速无条件终止各种形式之殖民主义"，"所有国家均应在平等及不干涉他国内政及尊重各民族之主权及其领土完整之基础上，忠实严格地遵行联合国宪章、世界人权宣言及本宣言之规定"。① 在这一文件的影响下，联大成为当时世界非殖民化的"旗手"，极大推动了亚非拉发展中国家和地区脱离西方殖民势力，成为独立主权国家的历史进程。随着原殖民地国家的纷纷独立并陆续加入联合国，联大的成员构成发生了根本变化。

如表2—1所示，这一阶段几乎每年都有新独立的国家加入联合国，而这些国家绝大多数都是发展中国家，特别是1960年加入联合国的17个国家全部为发展中国家。这种趋势使得联大的提案与决议不再只维护西方国家的利益，发展中国家也可以利用多数票通过有利于自身的决议，获取更大的发言权与影响力。比如，在发展中国家的努力下，1963年召开的第18届联大曾通过决议，决定修改《联合国宪章》，将安理会的席位由之前的6个非常任理事国增加到10个，还规定这10个非常任理事国必须按照固定的地域分配原则选出，即亚非洲国家5名；东欧国家1名；拉美国家2名；西欧及其他国家2名。② 类似的名额分配原则还应用在了经社理事会等联合国其他机构，这些无疑都加大了发展中国家在联合国的影响力，标志着

---

① 联合国大会：《关于准许殖民地国家及民族独立的宣言》，A/RES/1514（XV），1960年12月14日，第74页。

② United Nations General Assembly, Question of Equitable Representation on the Security Council and the Economic and Social Council, A/RES/1991（XVIII）, 17 December, 1963, p. 22.

当时的联合国大会正式摆脱了美苏等大国的控制。

表2—1 联合国会员国加入时间表（1955—1971年）

年份	新加入的成员国名称	数量	会员国总数量
1955	阿尔巴尼亚、奥地利、保加利亚、柬埔寨、锡兰、芬兰、匈牙利、爱尔兰、意大利、约旦、老挝、利比亚、尼泊尔、葡萄牙、罗马尼亚、西班牙	16	76
1956	日本、摩洛哥、苏丹、突尼斯	4	80
1957	加纳、马来亚联合邦	2	82
1958	几内亚	1	82
1960	喀麦隆、中非共和国、乍得、刚果（布）、刚果（利）、塞浦路斯、达荷美、加蓬、象牙海岸、马拉加西共和国、马里、尼日尔、尼日利亚、塞内加尔、索马里、多哥、上沃尔塔	17	99
1961	蒙古、坦噶尼喀、塞拉利昂、毛里塔尼亚	4	104
1962	阿尔及利亚、布隆迪、卢旺达、牙买加、特立尼达和多巴哥、乌干达	6	110
1963	科威特、桑给巴尔、肯尼亚	3	113
1964	马拉维、马耳他、赞比亚	3	115
1965	冈比亚、马尔代夫、新加坡	3	117
1966	巴巴多斯、圭亚那、博茨瓦纳、莱索托	4	122
1967	也门	1	123
1968	赤道几内亚、毛里求斯、斯威士兰	3	126
1970	斐济	1	127
1971	巴林、不丹、阿曼、卡塔尔、阿拉伯联合酋长国	5	132

资料来源：United Nations, "Growth in United Nations membership, 1945 – present," http://www.un.org/en/sections/member-states/growth-united-nations-membership-1945-present/index.html（最后访问时间：2017年2月20日）。

另一方面是中国联合国代表权问题的彻底解决。新中国成立后，本应承接旧中国在联合国的代表权，但不久后爆发的朝鲜战争使这一问题面临巨大波折。美国假借这场战争组建多国部队武装干涉朝鲜，严重侵害中国的国家安全，更无视中国的多次警告，肆意侵犯中国领土主权。由于美国的霸权行径，中国不得不放弃刚刚起步的国内经济社会建设，被迫介入朝鲜战争之中。中美在朝鲜半岛的军事对峙使得美国极度仇视中国，并施压联合国大会在会议日程中不讨论中国代表权问题。比如，在1951年11月13日第六届联大会议上，美国通过自身影响以37票对11票通过决议，延迟讨论中国的联合国代表权问题。① 此后一直到1961年在历届联大会议上，美国都利用不同借口阻止联大讨论中国的代表权问题。

直到1961年的第16届联大会议，美国未能利用类似借口再次延缓讨论中国代表权问题，这一届大会将这一问题纳入进了会议日程。然而，这届联大通过的决议宣称，"任何改变中国代表权之提案为重要问题"，② 依照《联合国宪章》规定，"大会对于重要问题之决议应以到会及投票之会员国三分之二多数决定之"。③ 这一决定不仅使得中国联合国代表权问题变得更加复杂，也使得美国等国家可以继续阻挠中国恢复在联合国的合法权利。同时期，美国预料到未来将难以阻止中国恢复联合国代表权的历史大趋势，决定积极策划各种形式的"两个中国"方案，妄图继续保留台湾当局在联合国的席位。随着1971年第26届联大会议的召开，正式讨论了中国联合国代表权问题，最终在第1976次全会的表决上，阿尔巴尼亚、阿尔及利亚等26国提出的草案以76票赞成、35票反对、17票弃权的压倒性结果获得通过，这就是著名的第2758号决议。这个决议正式承认中华人民共和国政府是中国在联合国的唯一合法代表，并决定将台湾当局从联合国及其所属一切机构中驱逐出去。④ 可以说，第2758号决议的通过标志着中国终于成功解决了联合国代表权问题，可以开始参与联合国大会涉及的各种全球性议题。

三、冷战后期联大参与全球治理能力的变化

第三阶段是中国恢复联合国代表权后至冷战结束，涵盖的时间范围是

---

① 郑启荣、李铁城：《联合国大事编年（1945—1996）》，北京语言文化大学出版社1998年版，第39页。

② 联合国大会：《中国在联合国之代表权问题》，A/RES/1668（XVI），1961年12月15日，第80—81页。

③ 《联合国宪章》，联合国网，http：//www.un.org/zh/charter-united-nations/index.html（最后访问时间：2017年2月20日）。

④ 联合国大会：《恢复中华人民共和国在联合国的合法权利》，A/RES/2758（XXVI），1971年10月25日，第7页。

1972—1991年。这一阶段联大最为鲜明的特征就是中国开始参与联合国的各项工作,在联大层面上的表现就是中国逐步参与到联大涉及的各种类型的全球性问题之中,并积极代表广大发展中国家的根本利益,推动联大在各项全球性问题上发挥应有的成效。可以说,这一阶段联大的代表性得到最大限度的提升,其参与全球性议题的能力也得到显著增强。

在传统安全领域,联大继续推进有关裁军、核不扩散等议题的发展进程。同时,联大也参与调停了部分地区的军事冲突。虽然冷战中后期两个超级大国仍处在对峙状态,但双方并没有爆发任何直接的军事冲突,而是指挥别的国家进行所谓的"代理人战争"。这种有限战争依然会导致地区形势频繁动荡,联大也不得不发挥自身维护世界和平的职能,不断推动国际冲突的政治解决。这期间联大参与的最具代表性的调停行动就是针对20世纪70年代末爆发的越柬战争。

越南战争结束后,越南政府开始策划所谓的"印度支那联邦计划",妄图控制柬埔寨与老挝,扩张成为地区强国。在苏联的支持下,越南于1978年底入侵柬埔寨,柬埔寨问题至此全面爆发。次年1月,越南已经控制了柬埔寨首都金边,并积极扶植傀儡政权。越南这种侵犯他国主权的行为立即引起国际社会震动,1979年1月15日和3月13日,孟加拉国等7国和印度尼西亚等5国在联合国安理会提出两项决议草案,都要求在该地区立即实现全面停火,并维持相关国家的主权完整与独立。[1] 然而,苏联连续两次动用否决权否定了上述两项提案,致使安理会在柬埔寨问题上难有作为。在这种情势下联大开始试图调停越柬战争。

1979年的第34届联大开始审议越柬战争,并通过了第34/22号决议。决议要求有关冲突各方停止交火,保障柬埔寨领土的独立完整,所有外国军队撤出柬埔寨,并且不得以任何借口干涉东南亚各国内政。[2] 然而,第34/22号决议并没有得到根本实施。当时的秘书长报告指出,柬埔寨与泰国的边境形势日益复杂,虽然联合国已经多次组织人道主义救援,但由于军事冲突的存在,其对危机解决影响甚小,同时秘书长也承认第34/22号

---

[1] 联合国安理会:《孟加拉国、玻利维亚、加蓬、牙买加、科威特、尼日利亚和赞比亚:决议草案》,S/13027,1979年1月15日;联合国安理会:《印度尼西亚、马来西亚、菲律宾、新加坡、泰国:决议草案》,S/13162,1979年3月13日。

[2] 联合国大会:《柬埔寨局势》,A/RES/34/22,1979年11月14日,第21—22页。

决议的诸多措施没有得到有效实施，仍有待联合国继续推进这一进程。①1980年第35届联大在听取了时任秘书长关于第34/22号决议的实施情况后，再度表决通过了第35/6号决议。这项决议承认柬埔寨局势日渐恶化，不仅更多的外国军队部署在此，由此引发的人道主义危机与难民潮也在进一步影响柬埔寨的周边邻国。因此，决议除了继续强调34/22号决议的内容，还决定在1981年召开涵盖柬埔寨问题有关冲突各方的国际会议，以促进这一问题的政治解决进程。②

这次会议于1981年7月13—17日在位于美国纽约的联合国总部举行，包括柬埔寨代表在内的93个会员国代表出席了这次会议，但苏联、越南等国没有参加。这次会议通过了《柬埔寨问题宣言》，要求外国军队立即撤出柬埔寨，保障柬埔寨国家主权完整，并设立了一个特设委员会，以推进联合国的调停工作。③ 当年的第36届联大又再一次通过决议，认可了《柬埔寨问题宣言》有关政治解决的各项工作进程。④ 这之后直到1991年，每一届联大会议都会通过有关柬埔寨局势的决议，并一再提出这之前决议的各项要求。在联大的努力下，柬埔寨政治解决的形势日益明朗，与此相关的国际会议也不断举行，越南终于在联合国的监督下陆续从柬埔寨撤军。

联大可以参与调停这些地区军事冲突的首要原因，是大国在安理会出现严重分歧，致使安理会无法做出有效的应对。如在越柬战争中就曾出现这一现象，由于孟加拉国等7国和印度尼西亚等5国提出的两项决议草案都遭到了苏联的否决，致使安理会在柬埔寨问题上难有作为，联大才有机会调停这一地区冲突。随着冷战的终结，安理会几乎不再出现大国之间对于地区紧张形势的严重分歧，基本可以实现及时有效的应对，致使联大很少再深度涉及地区冲突的问题。同时，非传统安全议题的重要性与紧迫性取代了冷战期间超级大国对峙的地位，继续影响地区甚至是全球的稳定。这类议题中影响最为突出的就是恐怖主义问题。随着国际恐怖主义势力的渐渐抬头，联大也在20世纪70年代初开启了有关这一问题的治理实践。正如本书第四章所述，联大的全球治理功能在其参与国际恐怖主义治理的

---

① 联合国大会：《柬埔寨局势：秘书长的报告》，A/35/501，1980年9月30日。
② 联合国大会：《柬埔寨局势》，A/RES/35/6，1980年10月22日，第16—18页。
③ 联合国新闻部编，张家珠等译：《联合国手册（第十版）》，中国对外翻译出版公司1988年版，第60—61页。
④ 联合国大会：《柬埔寨局势》，A/RES/36/5，1981年10月21日，第16—17页。

进程中得到全景式体现。

这期间,联大也加大了对发展问题的关注。冷战后期,联合国大会的职能发生了一定的变化,其越来越少涉及安全与和平问题,而是将自身精力大量放在发展与稳定等问题上。此外,联合国大会有能力引导全球发展治理革新的另一个原因,是联大在全球治理领域拥有较高的权威。《宪章》第九章第五十五条就明确规定联合国应该促进经济与社会发展、国际重要领域的合作、人权解决的问题。这使得联合国有着充足的合法性从事全球发展治理,众多有关这一议题的联大决议也都引用《宪章》这一条款。同时,《宪章》第九章第六十条也明确规定"履行本章所载本组织职务之责任,属于大会及大会权力下之经济及社会理事会"。[1] 这一条款则明确了发展议题上的权力归属,即联合国中的联大与经社理事会负责处理这一议题,并且明确规定了联大的权力在经社理事会之上。可以说,联大是联合国这一问题领域中权威最高的机构。

在上述背景下,联大逐步确定解决发展问题的路径,并主动推动国际社会采取联合一致的行动,利用多边渠道促进国际经济合作。在实践上,联大开始制定了3个十年发展战略,希望全面推动全球所有发展中国家的经济与社会发展,开启全球发展治理议题。然而,由于冷战的国际大环境影响,发展议题始终得不到国际社会的真正重视,这期间爆发的国际冲突也必然影响上述3个十年发展战略的实施效果。后续联大在推动这一议题时则采用了更为全面的方式,将"可持续发展"这一观念带入全球发展治理,从单纯的减少贫困提升为增进全球经济、社会、环境、人权的全面发展。

可以说,联合国大会自诞生以来就涉及各种全球性问题,在后续发展的过程中也不断拓展与发掘其参与全球性问题的能力。冷战初期,联大不得不沦为超级大国进行冷战的工具,但随着发展中国家陆续加入,联大的构成发生了根本变化,超级大国越发难以组织起支持自身的有效多数,特别是1971年中国恢复联合国代表权后,中国成为发展中国家在联大的代表,往往同发展中国家站在一起,共同提出联大的提案。从横向上看,冷战期间联大参与全球性问题的实践活动已经在人类多个问题领域逐步展

---

[1] 《联合国宪章》,联合国网,http://www.un.org/zh/charter-united-nations/index.html(最后访问时间:2017年2月20日)。

开,也取得了一系列引人注目的成绩,但联大的参与成效还是会因冷战期间超级大国的对立而大打折扣,仍存在亟须改进的空间,无论在治理广度还是在深度上都有待国际社会的继续努力。可以说,冷战的终结使得联大可以最大限度地参与各种全球性议题,也有机会提高其参与全球治理的能力,本书将在后面一节详细讨论当前阶段联大参与全球治理的时代背景。

第三节　冷战后联大参与全球治理的背景

联大参与全球治理并产生相关全球治理功能,具备深刻的时代背景。冷战期间,超级大国之间的全面对峙必然导致经济发展要让位于政治军事的需要,但随着冷战的终结,美苏对峙的冷战体系彻底成为历史。经济发展支配政治的趋势开始出现,人类有机会将更多的人力、物力、技术应用到改善社会发展、提高生产能力与水平上,各种解决发展问题的路径再度回到人类的视线中。在这一阶段,全球化进程的发展已经使得全球治理的实践条件更加成熟,冷战结束后国际政治经济秩序的发展形态也迫切要求更为深刻的国际合作形式出现。新兴国家、公民社会或民间社会的壮大,也为联大全球治理实践范围的扩大创造了有利条件。同时,学术界明确提出全球治理理论,并积极构建全球治理理念。在这一理念的指导下,联大参与全球治理的实践有了更多的理论支持。此外,联大自身的职能也在这一过程中得以不断补充和完善,深化并拓展了其参与全球治理的能力与范围。

一、全球化进程的不断深化

全球化是当代世界社会、政治、经济状况最为深刻的变化,也是后冷战时代最鲜明的特征。一方面,全球化不断扩展的现实客观上要求整个人类要组织进行全球性的合作;另一方面,人类从主观上也在不断思考当前全球化所引发的区域与世界问题的根本解决方案。在国际政治上,全球化正在不断塑造越发相互依存的国际关系,整个世界日益联系为紧密的整体。这种高度相互依存的世界使得个人、团体、国际组织等非国家行为体的重要性与影响力不断上升,不断侵蚀传统的主权国家观念,新形式的世界政治已经到来。为了应对这一变化,主权国家及其组成的国际组织也在逐渐摒弃以往的政治统治手段，利用新的治理观念解决新形势下产生的全球性问题。

伴随着1991年苏联的解体，美国成为唯一的超级大国称霸世界。虽然冷战的结束使得原有的两极对峙体系不再存在，联合国众多机构也不会再因两个超级大国的矛盾而限于职能瘫痪，但美国为了继续维护自身的霸权，曾采用单边霸权主义行径，强行塑造有利于其国家利益的国际秩序，这种单边主义发展的巅峰就是2003年的伊拉克战争。凭借强大的军事力量，美国很快赢得战争的胜利，但伊拉克甚至整个中东却再无宁日，各种宗教极端势力频繁出现，时至今日也没有得到妥善解决。这种情况表明，美国的强权政治正是当前世界秩序不稳定的重要根源，人类需要公平、公正、民主的国际关系，需要共同参与的全球治理体系，以顺应当代世界发展的内在要求，制约美国的强权政治。

同时，虽然全球化进程也在伴随着各种政府间国际组织、非政府间国际组织、跨国公司、院外压力集团，甚至个人行为体的作用不断壮大，参与全球性问题的主体越发多元化，但非国家行为体的能力仍十分有限，民族国家仍是当今世界舞台上最主要的全球治理主体。这是因为只有主权国家才具有更多的资源与能力，也在更多全球性问题上具有实际行动能力与话语权，特别是当代全球政治中的大国，其在全球治理中具备更多的政策选择，也更可能为广泛、深入全球治理的实现创造必要的条件。

在上述背景下，国际社会越发认识到，当前世界各国和人民之间的相互依赖水平不断加强，以往主要治理全球性议题的模式不再具备充足的合法性，需要一定程度的弥补乃至革新。有必要建立一个框架支持在21世纪实现具有包容性和公平性的全球化进程。联大则成为当前最可能实现这一目标的制度框架，也是更具备充足合法性的全球治理机制，有机会推动全世界所有国家和重要的国际组织加深合作实现全球治理的目标。

可以说，当前最有能力和意愿治理全球性问题的行为体非联合国莫属，其他国际组织要么缺乏相关能力，要么代表性不足，只有联合国有能力促进发展中和最不发达国家的发展，以消除贫困与战争，并帮助转型国家尽快完成发展进程等。在联合国系统中，可以有效承担这一工作的主要机构也非联大莫属。事实上这一工作很快就成为冷战后联合国大会关注的议题。除了继续推动冷战期间就具有的和平稳定职能外，联大在环境治理、人权问题、社会发展等方面进一步拓展治理范畴。在实践上，联大也在积极行使《宪章》赋予自身的职权，曾在冷战期间制定过3个十年发展战略。但由于冷战的背景和联合国自身能力的限制，以前制定的3个十年发展战略虽然未取得良好成绩，但却对联大发展观念的进步与经验积累具有相当大的借鉴意义。后冷战时代，联大又陆续推动了第四个十年发展战略、出台了新的《和平纲领》和《发展纲领》，制定了联合国"千年发展目标"，并尽全力有效落实联大等联合国机构为可持续发展核准的多项承诺，以便建立更连贯、更一致的全球经济体系。当前联大主导制定的"2030可持续发展议程"已经成为当前全球治理领域的执行标准与行动指南。联大推动的这些发展战略已经不再局限于单纯的"减贫"，而是试图囊括环境、经济、社会、人权、安全等全方位的可持续发展。

近十年来，联大也利用自身的影响力深度参与了全球经济的治理实践。自二战结束后，国际社会陆续创建了一系列运行至今的全球经济治理机制。在这些机制的有效运转下，全球贸易和资本流动急剧增加，各种行为体之间的经济相互依赖性日益加强。然而，这种发展并不是均衡的，虽然一部分国家可以从这一全球化的趋势中获益，但另一些国家，特别是传统上的小国和穷国却变得更加贫穷，对外依赖性加强，更容易受到别国政策的影响。发达国家和发展中国家及不发达国家形成了鲜明的对比，彼此之间已经难以利用现有框架达成有效共识，这造成发达国家和发展中国家之间的利益冲突也愈发严重。同时，新兴经济体的异军突起也在呼唤更为健康、公平的全球经济治理安排，以充分反映现有全球经济格局的演变状态。这些情况都表明，既有的全球经济治理机制已经不能有效反映当前全球经济发展的现实，致使其更难以达成可执行的集体决定。2009年爆发的全球性金融危机，更是凸显了这些全球经济治理机制存在的不足。

在这种情况下，联大开始重视全球经济与金融的稳定问题，并推动既有全球经济治理机制的改革与合作，以避免金融危机的再度来袭。这期间联大先后以协商一致的方式通过了两个名为《联合国与全球治理》的决议，强调包括联大在内的整个联合国系统在这一领域可以发挥的作用与具体路径。联大还第一次在秘书长撰写的报告中明确提出了全球经济治理的定义，即"多边机构和进程在影响全球经济政策、规则和法规方面发挥的作用"。[①] 联大的相关决议文件同之后的《蒙特雷共识》《发展筹资问题多

---

① 联合国大会：《全球经济治理与发展：秘书长的报告》，A/66/506，2011年11月10日，第2页。

哈宣言》《关于世界金融和经济危机及其对发展的影响问题会议成果》共同推进了全球经济治理领域的成效，协调各重要国际组织在此领域的政策一致性问题；弥补了多边框架的缺口；并进一步加强发展中国家在多边机构和其他制定标准和规范机构中的发言权和代表性。

除了具体的全球治理领域外，联大还主动塑造自身全球治理功能的公平性与平等性。如前文所述，联大运行的根本原则就是大小国家一律平等。冷战初期，超级大国可以利用自己的政治影响力，在联大纠集有利于自身的"多数"，但冷战结束后，不再有国家可以做到这一点。虽然美国仍是当前世界的超级大国，但由于联合国大会的制度设计，其已经不可能使联合国成为只顾美国国家利益的"一言堂"，其他国家都有机会表达与美国相左的意见。这一点在联大中体现得更为明显，如联大自1992年以来，已经连续24年通过类似的决议谴责美国对古巴的制裁，一再呼吁美国尽早结束对古巴的单方面经济、商业和金融封锁。

联大参与全球治理的实践同全球化的发展密切相关。冷战后时代的全球化在促进世界发展的同时，也在滋生更多的跨国性与全球性问题。联大的全球治理实践正是针对人类各个活动领域的这两类问题而来。由于联大具有全球治理功能的公平性与平等性，其全球治理能力不仅在当前得到最大程度的发挥，也很快被国际社会所接受。

二、全球治理理念的产生

1992年联合国框架下成立的全球治理委员会是全球治理理念的最早倡导者，当前最为权威的全球治理概念就由该机构提出。全球治理委员会1995年发表的名为《天涯成比邻》的研究报告，更是系统阐述了有关全球治理各个方面的问题，成为当前全球治理学说的行动纲领。自《天涯成比邻》发表后，大量从事国际关系研究的学者陆续将全球治理问题纳入自身的研究领域中，从事全球治理研究的高校和研究机构数量急剧增长，相关主题的学术会议大量涌现，研究全球治理的学术刊物也陆续问世。1995年美国出版了名为《全球治理：多边主义与国际组织评论》的期刊，广泛刊登有关全球治理的研究成果，目前其已成为这个研究领域的旗舰型学术期刊。当前，愈来愈多的学者相继构建不同的分析框架，提出一系列理论主张，涌现了大量全球治理研究的专业理论著作和文献资料，使全球治理研究呈现出"百家争鸣"的局面。同时期的全球机构，如世界银行、国际货币基金组织等也开始注重这一全新的理论与实践。这一研究领域开始形成多样的理论观点和政策主张，全球治理理论也开始在多个领域发挥作用，影响相关政策走向。

作为成立之初就积极参与各种全球性议题的联合国大会，其必然也会受到全球治理理念的影响。当前，全球治理理念对联合国大会的影响主要表现在其赋予联大参与全球治理的理论内涵。虽然以往联大就已经参与了各种类型的全球性问题，但冷战时期并不存在"全球治理"这一概念，联大无法在理论层面赋予自身职能更多的理论内涵。1992年联合国全球治理委员会提出这一概念后，以往与未来联大参与全球性问题的实践都具有了理论层面的解释。

当前全球治理理念尚在发展初期，诸多学者更多提及的是全球治理的内涵，理论构建尚处在尝试发展阶段，内部远未形成统一的理论体系，不同学者仍在以不同视角看待全球治理。这种看待全球治理角度的不同造成了当前有关全球治理范式的差异。梳理既有研究成果，可以发现全球治理存在三种主要范式，分别是：国家中心主义范式、全球主义范式及跨国主义范式。这三种范式都是从不同视角看待全球治理的主体与作用，虽然各自的关注点有所差异，但都可以用来解释联大的全球治理功能，并为其全球治理实践提供必要的理论基础。

第一种是跨国主义范式。这一范式认为全球治理应该摒弃国家中心视角，重视自下而上的治理主体，包括各种跨国政府部门网络、社会组织、公民社会以及市场力量等。跨国主义范式具有三个理论支点："其一是跨国政府部门网络；其二是主要由跨国社会组织和跨国公民社会团体参与而形成的跨国社会机制；其三是借助市场规律和市场力量而产生的有利于解决全球问题的市场机制。"[1] 跨国主义范式相信，全球治理最为有效的方式就是在这三个支点的相互作用下，实现对不同类型全球问题公平且公正的治理，从而不必过于依赖主权国家政府与难有作为的超国家机构。跨国主义范式是当前最新、最具活力的全球治理范式。由于当今全球化进程的高度发展，全世界各种类型的跨国政府部门网络、社会组织、跨国公司、公

---

[1] 张胜军：《全球治理的最新发展和理论动态》，《国外理论动态》2012年第10期，第26页。

民社会团体等不断涌现，其发起的各种跨国社会运动也风起云涌，并在某些问题领域取得一定成效，发挥的作用也日益显著。然而，跨国主义范式也存在致命缺陷，其虽然对于"低级政治"领域可以发挥自身独特的作用，但很难处理更为复杂的全球性问题，如传统和非传统安全问题，而往往这些问题才是全球治理更应集中关注的领域。当前跨国主义范式的这一缺陷恰恰证明传统国家在这些领域的能力与作用，从根本上说，跨国主义范式在可见的未来还无力取代国家，其仍存在巨大的发展空间。从另一个角度来看，当前世界各种跨国行为体都处在初生阶段，各自的结构与功能都在发展完善中，随着各种跨国机制的完善，在未来跨国主义范式三支柱不断壮大的情形下，这个范式的影响力将得到一定的加强。

第二种是全球主义范式。这种范式也强调非国家治理的模式，但不同于跨国主义范式自下而上的模式，其强调自上而下的模式，更重视超国家行为体的合法性与机制功能。在当前全球化浪潮的有力推动下，现实的国际关系正在发生革命性变革，合作越来越成为国际关系的实质。在这个过程中涌现的大量全球公共问题，不断反映出传统威斯特伐利亚式主权国家的不足。一方面，主权国家发展至今，很难成立一个有效的世界政府协调全球公共问题；另一方面，全球范围内出现了越来越多的超越国家边界限制和主权管辖范围外的跨国性治理问题。既然主权理念不能有效解决新兴的全球问题，重新审视传统的主权理念，突破原有国际关系范式就成为人类的重要任务。这种思想观点就是全球主义范式的理论基础，强调"在全球层面建立价值共识的基础上，推动全球具有约束力的法律、条约、宪章等机制的建立，以此推动全球治理的运行。在基本价值选择方面，强调权利与义务的统一、共同责任基础上的价值认同；在政策选择方面，主要包括国际自由贸易、全球治理体制的建构、全球公共产品的提供等；其理想形态是建构民主、多元的全球治理"。[1] 然而，全球主义范式也在遭遇同跨国主义范式类似的困境，其强调的超越民族国家的超国家行为体过于超前，目前的国际关系无论从理论还是实践上都需要赋予各个独立民族国家主权，以反对外部势力干涉内政。当前的国际关系也不可能允许超国家权威的出现，从而改变国际无政府状态的本质。可以说，全球主义范式更多停留在理论层面，发展成为有效的治理路径尚待时日。

---

[1] 石晨霞：《全球治理机制的发展与中国的参与》，《太平洋学报》2014年第1期，第19页。

第三种是国家中心主义范式。这一范式是传统研究全球治理的方式，重视主权国家治理的核心地位，极力推动国家合作。大多数全球治理学说都大体认可这一观点，即虽然非国家治理主体的作用日益提升，但国家作为全球治理的主体作用还依然存在，如金融危机、环境气候、跨国犯罪等问题仍需要国家之间，特别是大国之间携手合作共同解决。在全球化发展的进程下，单个国家已经无法处理一些国际问题，但目前只有主权国家在国际与国内都拥有权威，掌握大量资源，这些条件有助于国际合作过程更为顺利，治理效果更为明显。由主权国家构成的联合国拥有无可置疑的合法性，有资格与能力组织世界上的国家就全球问题展开深度合作，实现自身的全球治理功能。虽然全球治理主体多元化的趋势必将削弱国家中心主义范式的影响力，但其仍是目前最现实可行的全球治理方案，国家中心主义的治理模式仍将长期持续存在。①

国家中心主义范式存在的巨大缺陷就是国家治理效率的欠缺。国家采取合作行为的前提是维护自身利益，这种利益结合的合作基础非常薄弱，国家之间，特别是当代对全球治理影响最为深刻的大国对全球治理在认识与理解上存在的分歧必然会在一定程度上阻碍全球治理进程的发展。同时，国家的行政体系也难免冗余的问题，对其改革也是步履维艰，"这种合作模式只适用于涉及非核心国家利益且全球人民共同关心的领域，如环境保护等，而在涉及安全、生存等高级政治领域很难实现合作"。②

上述三种全球治理范式仅是从各个视角解读全球治理体系，事实上这三种治理范式都可以在现实国际关系中找到对应的治理主体，甚至某些治理主体也会具有三种范式的全部特征。联合国就是这种类型的治理主体，其在具体的治理实践上可以体现出三个治理范式的特征。在跨国主义范式看来，经社理事会是实现其治理目标的主要联合国机构，其不断促成联合国同各种全球性的民间社会组织合作，负责审核、推荐与批准各类非政府组织获得联合国咨商地位的申请，成为连接二者的桥梁机构。以国际法院为代表的联合国机构则带有全球主义范式的特征，具备一定的超国家性质。国际法院的约束力主要源于国际法，作为具有特定管辖权限的机构，国际法院的主要功能是维护国际法治，对以一定方式同意其管辖的国家，

---

① 蔡拓：《全球主义和国家主义》，《中国社会科学》2000年第3期，第24—25页。
② 李芳田、杨娜：《全球治理论析》，《南开学报（哲学社会科学版）》2009年第6期，第91页。

国际法院有权做出具有约束力的决定。

即使联合国具备一定的跨国主义范式和全球主义范式特征，但其更多显示出的是国家中心主义范式的特征。可以说，联合国是国家间体系的产物，是国家体系与主权观念坚定的捍卫者，规定其所有行为的《联合国宪章》更是开宗明义地强调国家独立和主权平等原则，固守国家在世界事务中不可动摇的地位。在维护主权国家至高无上的地位后，联合国才会根据各个会员国与自身立场进行不同种类的治理实践。

本书关注的研究对象——联合国大会，就是联合国中最具国家中心主义范式特征的主要机构。联大参与全球治理的各种实践行为都是依托各个成员国的授权，从而对不同的全球性问题制定规范与相关国际法准则。根据全部或部分会员国的授权，联大可就具体议题开展研究并提出建议，以及拟订和编纂国际法。不同于安理会更为重视五大常任理事国的否决权，联大则不区分国家的大小，可以使其公正且平等地参与联大的全球治理实践，但其代价就是牺牲了联大决议的执行力，导致当今联大的影响力远不及安理会。由于赋予所有国家平等的发言权、表决权与倡议权力，并在表决中遵循简单或绝对多数原则，联大仍可以成为目前中小国家参与全球治理议程的关键舞台，以及大国拓展自身国际影响力的重要场所。此外，联大自身设立的各种分支机构与临时委员会也可以辅助各个成员国与自身承载更多治理议题，并在相关领域从事实际研究、组织协调、发起倡议、信息收集以及提供人员、资金等工作，就具体议题与相关国家政府、社会组织与公民团体开展合作，以保证联大制定的决议或条约得以在实践层面推行。

三、联大自身职能的完善

明晰联大的职能是理解其参与全球治理乃至其功能的关键。冷战结束至今，联大的职能得到一定程度的改变与拓展。虽然当前联大仍在关注进一步完善自身职能的问题，但其基本职能已经很难再发生重大变化，其所有有关全球治理的政策与行为基本走上确定的"轨道"。

联大的职能主要是由《宪章》赋予和限定。有关联大职能的制度和国际法地位最为权威的表述是《联合国宪章》第三、四章的内容。第三章的第七条确定了联合国大会是联合国六大主要机关之一，同安全理事会、经济及社会理事会、托管理事会、国际法院及秘书处组成联合国的主要框架体系。《联合国宪章》第四章第十条则规定联合国大会可以讨论《联合国宪章》"范围内之任何问题或事项,或关于本《宪章》所规定任何机关之职权"。① 同时,联大也有权力向联合国各个会员国和安全理事会提出相关建议。可以说,第十条规定了联大的基本职能,确定了其在联合国的中心地位,但联大本身具有的权力较为有限,甚至不如其前身国联大会。正如美国学者迈克尔·霍华德所总结的:"它是一个最高法院,而不是议会。"② 随着成员国的日益增加,联大可以讨论的事务也逐渐增多,涉及的领域也逐步拓展。联大在当今世界最为恰当的定位是多边论坛,是讨论《联合国宪章》涵盖的各种全球性问题的多边论坛。具体来说,联大完善后的职能包含如下几个方面:

一是接纳新会员国加入联合国。联大具有的一项重要职能就是决定是否接纳主权国家加入联合国。这一职能由第二届联合国大会第 116 号决议加以确定和规范。依照这份决议的规定,如果安理会推荐申请国为会员国,联大会在审议该申请国的资格后,依重要问题的决策程序,要求出席并参加表决成员国的三分之二多数对这一入会申请做出决定。如果安全理事会没有推荐申请国为会员国,"大会可在充分审议安全理事会的特别报告后,将申请连同大会讨论的全部记录送回安全理事会供进一步审议、提出推荐或报告"。③ 当前,主权国家可以书面形式向秘书长申请加入联合国,秘书长会将申请原文复制转交联大,如联大处于闭幕期,则转发给各个会员国。在完成上述表决程序后,秘书长则再负责将联大的决定反馈给申请国。

二是制定标准和编纂国际法。根据《宪章》的规定,联大可以在制定标准和编纂国际法方面发挥重要作用。事实上,联大也在其建立初期就着手推动国际法的发展。第一届联大就通过决议设立了运行至今的法律委员会,即联大的第六委员会,其作为联大的主要委员会一直负责联大有关国际法问题的审议,联合国所有会员国均有权参加第六委员会。早期联大还

---

① 《联合国宪章》,联合国网,http://www.un.org/zh/charter-united-nations/index.html(最后访问时间:2017 年 2 月 20 日)。

② [美] 迈克尔·霍华德,张蒂、吴志成译:《国际安全中联合国作用的历史发展》,《南开学报(哲学社会科学版)》2007 年第 3 期,第 3 页。

③ 联合国大会:《准许新会员国加入联合国的使用规则》,A/RES/116(Ⅱ),1947 年 11 月 21 日,第 10 页。

设立了国际法委员会辅助其制定标准和编纂国际法的职能。1947年11月21日，联合国第二届大会通过了第174（II）号决议，设立了由世界公认的知名且胜任的国际法界人士组成的"国际法委员会"，其成为早期联大推动国际法发展与编纂工作的专门委员会。此外，联大还拥有附属于自身的国际贸易法委员会，帮助自身制定有关治理国际贸易的国际法。冷战结束后，联大制定标准和编纂国际法的功能日益健全。可以说，《宪章》赋予了联大开展研究相关国际法并提出修改完善建议的权力，以促进国际法的发展和编纂工作。联大也拥有负责特定领域的国际法发展和编纂工作的各个附属机构，并向全体会议汇报。第六委员会负责大部分法律事务，并向全体会议汇报。国际法委员会和联合国国际贸易法委员会向联大汇报。联大还负责有关联合国制度规则的专题，如通过工作人员条例和建立联合国内部司法系统。简而言之，联大正通过其部分附属的分支机构不断参与国际法的推广与编纂工作，为国际法的发展做出重要贡献。

三是讨论有关国际和平与安全的问题。这一职能可以体现出联大在全球安全治理领域的参与，通过开展合作以维持国际和平与安全，努力推动国际争端的和平解决。虽然联大在这一领域的权力不及安理会，在参与安全议题时受到限制，即联大不能就安全理事会正在讨论的争端或局势提出自己的建议，使得联大不需要主动参与解决国际危机，但是联大在此领域仍具有特殊的权力。联大在1950年11月3日通过的第377（V）号决议赋予其召开紧急特别会议的权力，代替安理会审议相关国际危机，并有权力采取实质性行动，维护国际和平与安全。虽然实施这一权力至少需要两个前提条件，即国际社会出现足以威胁与破坏和平的国际危机，并且安全理事会因五大常任理事国的否决权而无法采取任何实际有效的行动，但时至今天，联大仍拥有主动派出维和部队的法律依据，其召开紧急特别会议的权力也仍可以发挥重要作用。除了正在进行的争端外，联大还有权力审议其他国际和平与安全议题，并提出相关原则性建议，如裁军问题，特别是在冷战结束后，联大推动了新的《和平纲领》的制定与实施，为当前诸多安全领域的治理议题提供了治理标准与目标。

四是任命联合国秘书长。任命秘书长也是联大具备的职能之一。依照《宪章》的规定，新一任秘书长的任命首先是安理会的推荐，继而是联大的任命，二者缺一不可。具体说来，秘书长候选人首先要得到安理会的支持，包括全体常任理事国的认可，然后安理会将向联大推荐一名候选人，再得到联大三分之二多数的投票赞成后，这名候选人才可以正式升任新一届联合国秘书长。① 联大第11（I）号决议的规定表明，安理会在这一问题上的权力大于大会，但冷战后联大通过的第51/241号与第60/286号决议都更加细化了联大任命秘书长的权限，并逐渐加强联大在这一问题上的权力与职能。二者都强调甄选新秘书长的过程应更加透明，为此联大主席可以在不损害安全理事会选拔秘书长权利的情况下，与会员国协商最受赞同的人选，再向所有成员国与安全理事会提交这项结果，同时联大也可以"留有足够时间供会员国彼此交流，并请候选人向大会全体会员国表明自己的观点"。② 虽然联大在这一问题上可以逐渐发挥更大的作用，但在当前其仍无法比肩安理会，没有安理会，特别是安理会五大常任理事国的认可，任命秘书长的工作还是极有可能陷于瘫痪。

五是设立不同类型的委员会，联大之所以可以较为高效地参与全球治理体系的一项原因，是其可在联合国范围内设立执行其职务所必需的各类型委员会。如联大可根据其主要工作范围将自身的部分权限分配到6个主要委员会，并根据审议的不同议题设立多种形式的附属委员会。在联大举行正式会议期间，每个会员国都可以派遣本国的代表、专家、顾问团等出席各主要委员会和联大设立的其他委员会。除上述权力与职能外，联大在冷战后还具体规定了其他的职能，如收取并审议安全理事会和联合国其他主要机构的年度报告；确定各个会员国的会费比例；审议和核准联合国预算；选举安全理事会非常任理事国成员等。总之，联大可以讨论《宪章》允许内的任何问题，并提出相关建议；制定标准和编纂国际法；决定联合国其他机构的职能与权限；在人权、发展、文化、经济等主要全球性问题议程上推动大范围的国际合作。

本书这一章的内容简要阐述了联大各个时期参与全球治理的背景。如前文所述，联大参与全球治理能力的产生拥有深刻的历史背景，既同全球治理的历史实践相关，也同国联与联合国自身的产生和发展息息相关。二战之前的一些多边主义实践在不同程度上影响了联大参与全球性问题的能力。冷战期间联大对各种全球性议题的参与为其后续参与全球治理奠定了坚实基础。随着冷战后全球化的深化以及全球治理理论和理念逐渐深入人

---

① 联合国大会：《秘书长的任命条件及待遇》，A/RES/11（I），1946年1月24日，第14页。
② 联合国大会：《加强联合国系统》，A/RES/51/241，1997年7月31日，第9—10页；《振兴大会》，A/RES/60/286，2006年9月8日，第3页。

心，联大的全球治理功能开始得到世界的关注。冷战的结束与世界秩序的变革需要联大不断完善自身职能，强化全球治理的实践能力。总之，虽然全球治理概念提出于20世纪90年代初，但联大的全球治理功能的产生和发展却起始于二战结束后。这一部分的讨论不仅有利于深刻认识与理解全球治理，也为后文详细讨论联大的全球治理功能奠定了基础。

第三章 联大全球治理功能的构成

在当前全球治理体系中,不同的全球治理主体拥有各自不同的全球治理功能。联大在参与全球治理的进程中也逐渐发展出自身所具有的全球治理功能。梳理既有文献材料,可以发现联大在当前的全球治理架构中始终坚持定位于构建包容、透明且有效的多边主义制度框架。这使得联大具有的第一项全球治理功能就是加强既有的全球治理主体之间的多边协作。联大的第二种全球治理功能是其在参与全球治理实践的过程中不断设立的专业化治理机制,在广度与深度上不断拓展联大涉及的全球治理范畴。联大的第三个全球治理功能就是倡导新的全球治理议程,这些议程有的是由联大主导推动,有的则是在联大的积极推动下转而由其他治理主体继续推动,但基本会成为全球治理领域关注的焦点问题。最后,联大还会对多个全球治理领域提供更新、更高的标准,在宏观层面引领或主导其他全球治理主体的治理目标和手段。

第一节 加强治理主体之间的协作

联大在参与全球治理的过程中,逐渐形成多种不同的全球治理功能。本书首要阐述的就是其加强既有全球治理主体之间协作的功能。这一类型的多边主义对于全球治理体系的发展至关重要,其增强了各种治理主体之间的一致性与合作,增强了当前全球治理体系的有效性。由于联大自身在全球治理中的定位是具有普遍性与包容性的多边论坛,通过联大这一多边形式,当前世界存在的各类行为体都可以讨论各种合作事宜,并对全球社会关注的各类跨区域和全球性事务做出重要讨论和决策。

为了实现这一目标,联大主要从以下两个方面进行努力。一是整合联合国主要机构深入参与全球治理体系的能力，不断提高并完善联合国在全球治理中的定位与作用。多年来，联大一直致力于利用自身多边主义的优势加强联合国系统，并不断加强联合国主要机构的职能与参与全球治理的能力。二是协调除联合国体系外的众多主权国家、主要国际组织等各种不同类型的全球治理主体之间的合作。联合国以外的全球治理主体也是当前全球治理体系的重要组成部分，联大自身在参与全球治理实践的过程中，也一直在推动当前全球主要治理主体之间的协调和合作，以避免主体间缺乏信息与政策一致所带来的矛盾，也可以有效减少并弥补联合国体系本身的不足。虽然协调治理主体并不涉及具体的治理议题，但这一工作却有利于联大在后续参与全球治理过程中提升自身的功效与能力，也有利于提高各种不同的全球性议题的治理进程与成效。

一、整合联合国的主要机构

在协调全球治理主体这一方面，联大的首要任务就是要增强联合国体系内所有机构的一致性与合作，最大程度地利用现有各种机构的比较优势及其互补性，以加强联合国整体在全球治理中的效果。在联大的努力下，加强联合国体系的运作能力已经成为大多数成员国的共识。具体来说，联大通过如下三个方面的工作来完成这一任务。

（一）确立联合国在全球治理体系中的地位

在当前高度相互依存的世界中，没有任何国家能够单独解决其所面临的挑战。只有改变以往国际关系中流行的管理世界事务的方式，努力发掘并利用各种多边主义措施才有可能制定和执行有效的政策与措施，也才有可能解决共同面对的问题。这一点也是全球治理理念信奉的核心之所在。正如秘书长为2000年千年首脑会议编写的名为《我们人民：二十一世纪联合国的作用》报告中所指出的，联合国全系统要在当前的国际关系中引入新原则，在完成基本任务的同时，还要"改变国家之间的关系和管理世界事务的方法"。[①] 为了实现这一目标，联合国的首要任务就是确立自身整体在全球治

---

① 联合国大会：《我们人民：二十一世纪联合国的作用》，A/54/2000，2000年3月27日，第3页。

理体系中的地位,以整合并提高联合国主要机构参与全球治理能力。

利用自身具备的广泛性和合法性,联大最近几年来一直致力于这方面的工作,利用一系列决议确立联合国在全球治理中的地位和作用,如确认联合国的普遍性,促进和加强联合国系统的效力和效率等。这是因为当前只有联合国是唯一最具权威与代表性的国际组织,拥有足够的国际合法性和治理经验,可以采用多边主义的形式解决世界性难题。① 2009年的金融危机直接促使联大通过了第63/303号决议,直接认可了2009年6月纽约举行的世界金融和经济危机及其对发展的影响问题会议及其成果文件。这份文件的主要目标就是显出联合国在全球经济治理议题上可以发挥的作用,加强联合国在经济和金融事务中的作用,是各个会员国在"解决这场危机及降低其对发展的影响而共同采取协调行动的一个里程碑"。②

在2011—2012年,联大又先后以协商一致的方式通过了名为《联合国与全球治理》的第65/94号和第66/256号两份决议。这两份决议的形成是基于联大审议的名为"加强联合国系统"的议程项目,重申联合国在全球治理中的核心作用。在这一过程中,以智利、新加坡等101国的提案成为第65届联大所有代表团广泛公开和透明协商与谈判的成果。这两份决议的内容并不复杂,只是在强调大会在全球事务中的作用和权威的基础上,决定在第66届联大上增添题为"联合国系统在全球治理中的核心作用"的临时议程分项,并邀请秘书长向第66届联大提交一份有关全球经济治理与发展的报告。③ 2013年7月9日,第67届联大则在名为《联合国与全球经济治理》的决议中,重申联合国系统在应对全球挑战中的核心作用,指出其可以通过国际会议和首脑会议等方式,在提供政府间论坛、就各种全球挑战开展普遍对话、达成共识等方面发挥重要作用。④

(二) 强化联合国主要机关的职能

整合联合国主要机构参与全球治理能力的核心问题之一,是加强整个

---

① 钱文荣:《联合国应在全球治理中发挥核心作用——纪念联合国成立70周年》,《和平与发展》2015年第3期,第82—83页。
② 联合国大会:《世界金融和经济危机及其对发展的影响问题会议成果》,A/RES/63/303,2009年7月9日,第3页。
③ 联合国大会:《联合国与全球治理》,A/RES/65/94,2010年12月8日,第1页;联合国大会:《联合国与全球治理》,A/RES/66/256,2012年3月16日,第1—2页。
④ 联合国大会:《联合国与全球经济治理》,A/RES/67/289,2013年7月9日,第2页。

联合国系统的协调、合作、一致和有效决策。一部分成员国提议，可以在联大框架内建立新的结构，如在联合国内新设"全球经济协调理事会"，以解决这一问题。① 然而，设立新机构必然要付出巨额的谈判成本与机会成本，更为现实的方式是加强现有联合国主要机构的职能，尝试在效力和包容性与代表性之间求得最优的平衡。

联大为实现这一目标采用的主要方式就是改进联合国各个主要机构的工作方法及其内容，废弃过时的办事方式、减少浪费、调动工作人员的积极性并在各个机构树立相关问责和创新风气，以便加强联合国系统为会员国提供服务的水平。联大已经通过一系列决议采取主动措施，加强联合国主要机关及其附属机制的职能和工作方法，改进众多机构间和业务层面的协调和效率。如联大在《2005年世界首脑会议成果文件》中重申联大在联合国议事与决策的核心地位，以及在制定标准和编纂国际法中的作用；推动安理会改革，赋予其更广泛的代表性与更高的效率和透明度，从而加强其效力与合法性；进一步加强经济及社会理事会作为政策辩论和建立共识的论坛的作用；加强联合国人权机制，决意创建人权理事会等等。②

（三）审查联合国主要机关参与全球治理的能力

最后，联大也定期在其常会阶段审查联合国内主要机关参与全球治理的能力，并在必要时对其进行改革，从而加强联合国系统内的政策一致性，以加强联大对这些机构参与全球治理的指导。根据联大第63/311号决议的阐述，联大在加强支持两性平等和赋予妇女权力的体制安排、加强对联合国系统发展方面业务活动的管理、改善联合国系统发展方面业务活动的筹资系统、与主权国家的"一体行动"、联合国系统内的业务统一这5个关键领域审查全系统的一致性，以进一步加强联合国业务活动的管理和协调，从而改善这些活动在促进实现国际商定发展目标包括千年发展目标方面的有效性。③

联大也将关注点放到具体机构参与全球治理的能力上。当前联合国体

---

① 联合国大会：《大会主席国际货币和金融体系改革专家委员会的建议》，A/63/838，2009年4月29日，第11页。
② 联合国大会：《2005年世界首脑会议成果文件》，A/RES/60/1，2005年9月16日，第29—30页。
③ 联合国大会：《全系统一致性问题》，A/RES/63/311，2009年9月14日，第1—4页。

系内的直属机构在全球治理领域的成绩差强人意。为改善联合国及其附属机构在经济和社会领域的运作，联大将审查的主要关注点放到了经济及社会理事会上，期望使经社理事会更好地促进政策指导和辩论，促进联合国系统内的一致性、协调性与合作，以及对联合国的会议和首脑相关会议采取有效的后续行动。

  经社理事会是联合国负责确保各相关经济和社会机构协调、一致和合作的主要机构。虽然《联合国宪章》赋予了经济及社会理事会提出建议、做出决定的职权，但这些建议和决定对会员国或专门机构不具有约束力。这一现状造成当前经社理事会的权力薄弱，无法有效履行自身应有的职能。基于此，联大利用自身促进经社理事会在经济、社会及相关领域开展活动的总体一致性、协调与合作方面的作用。在经社理事会的功能强化上，2006年第61届联大通过了第61/16号决议，该决议在考察经社理事会原有的决议与工作状态的基础上，增加了诸多新措施，以强化经社理事会落实联合国各次主要会议和首脑会议商定的国际发展目标。这些措施包括：同布雷顿森林体系相关、世界贸易组织和联合国贸易和发展会议等进行对话交流；将高级别发展合作论坛纳入经济及社会理事会的框架内；定期审查和评估各项国际经济和发展政策及其对发展议题可能产生的影响；确立年度部长级审查制度，以监测在执行包括千年发展目标在内的《联合国发展议程》方面所取得的进展；加强经济及社会理事会在人道主义援助问题上的协调能力等。[①] 改革后的经社理事会能够承担一部分治理功能，并且可以更为有效地行使联大对其授权。这些都有利于增强会员国在联合国组织框架内开展工作的决心和政治意愿，从而增加联合国在全球治理特别是在经济和发展领域中的核心作用。

  总之，现有的全球治理体系充满复杂性与多样性，联大处理这一问题的方式就是努力确保联合国在其中的地位和作用，强化联合国内部各主要机构的职能，审查其参与全球治理体系的能力，以塑造可以囊括各级与各种行为体的多边主义合作平台，从而确保联合国系统在处理全球挑战和全球治理方面的核心作用。当然，上述措施主要关注加强联合国系统内的协调合作与有效决策，重点考虑联合国应如何考虑在包容性与代表性之间取得平衡。联大协调全球治理机制的另一方面就是同联合国以外的全球治理

[①] 联合国大会：《加强经济及社会理事会》，A/RES/61/16，2006年11月20日，第1—5页。

主体之间的合作。

二、推动联合国内外的合作

联大影响下的联合国全球治理模式具有独特的合法性，其能够提供一个具备普遍和包容各方多边对话和标准制定的论坛。然而，以联大为代表的联合国系统在参与全球治理体系时也存在能力不足的问题，无法就紧迫的经济和社会问题及时做出决定，很难在多边框架内快速找到解决办法并达成共识，缺乏如二十国集团的灵活性、世界贸易组织的技术性等优势。虽然联合国是重要的全球治理主体，但除联合国外的其他主体更是具备联合国没有的优势，也具有非常重要的意义。比如，联大十分重视的全球经济治理领域就是全球治理体系中最为成熟的组成部分，其鲜明特征之一就是治理主体的多样性。各种区域、跨区域、全球性治理主体层出不穷，诸多机构，如世界贸易组织、世界银行、国际货币基金组织等也同联合国体系存在十分紧密的联系。这些治理主体不仅数量众多，且各自的组成结构和宗旨也各不相同。尽管国际社会反复承诺要提高联合国在全球经济治理方面的协调作用，但其仍然不及布雷顿森林体系和世贸组织等主体的治理能力。

必须强调的是，虽然联合国拥有诸多全球经济治理机构，但当前世界主要的全球经济治理主体，如世界贸易组织、世界银行、国际货币基金组织等并不是联合国的附属机构，其在定位上更多是联合国的自治机构，只是同联合国保持一定程度的合作，基本都处于联合国管理体系之外，可独立制定和执行全球经济政策。虽然这些治理主体具有联合国所不具有的优势，但它们也存在各自的缺陷，如合法性不足、决策透明度不高、缺乏必要的一致性等。

解决上述困境的办法只能是加强二者之间的合作，联合国拥有高度的政治意愿和正当性，其他治理主体则更具执行力，同这些全球治理机构的合作肯定会加强联合国参与全球治理的能力。联大一直坚持并推动这样的全球治理共识，即全球治理体系应以更连贯、更协调的方式应对相互关联的社会经济挑战，这种治理方式必须具有广泛的代表性和包容性，并得到众多治理机构的有效支持。具体来说，这种全球治理规范必须可以解决实际问题，如解决全球经济失衡问题；促进可持续且公平的增长；推进多边贸易协定的深化；加强全球范围内的粮食和能源保障；彻底消灭贫困等。特别是在2009年全球金融危机爆发后，国际社会形成一致共识，要求加强对国际宏观经济政策的协调，明确主要经济体需要履行的责任。联大需要处理的问题则是如何确保国际社会能够以更及时有效的合作方式应对全球金融风险，并将这一问题的答案组织成可以有效执行的各项机制。

为了实现上述目标，联大除了要加强联合国系统内机构的职能外，还要协调众多主权国家、主要国际组织等各种不同类型的全球治理主体与机制之间的合作，以避免缺乏一致而带来治理政策矛盾，也可以有效减少机制的重复问题，避免政策议程相互冲突，并在这一过程中实现彼此的加强与互补。除了协调并加强联合国内部各个机构的协作外，联大也在积极同联合国外的重要全球治理主体合作，特别是提高与全球经济和金融体系有关的所有主要非正式集团和多边组织的合作，以达到相辅相成的作用。比如上文提及的联大第61/16号决议就建议经社理事会的加强工作应包含：加强理事会与布雷顿森林体系、世贸组织和贸发会议的年度高级别特别会议；使发展合作论坛的议程专注于数量有限的特定主题；增强国家自愿情况介绍活动和年度部长级审查的准备工作等。[1] 2008年12月24日，联大在审查"蒙特雷共识"执行情况的发展筹资问题国际后续会议上通过了《发展筹资问题多哈宣言》。这一文件强调加强联合国同现有金融等机制协调的问题，"加强联合国系统和所有其他多边金融、贸易和发展机构的协调，以支持全世界范围的经济增长、消除贫穷和可持续发展。需要在清楚了解和尊重联合国、布雷顿森林体系和世界贸易组织各自的任务规定和治理结构的基础上，加强它们之间的合作"。[2]

同样，联大也在尝试同私营部门、民间社会、学术机构和智囊团合作，一起提升联合国作为分析中心和促进全球对话和共识论坛的形象。[3] 2008年10月18日，当时的联大主席就曾建立了专家委员会，以审议当时的全球金融体系运作情况，并就如何实现更为公平、可持续的全球经济秩序向联大提出政策建议。该委员会的成员构成都是经济学领域的专家学者与多个成员国重要的经济领域官员，包含诺贝尔经济学奖的获得者、部分

---

[1] 联合国大会：《加强经济及社会理事会》，A/RES/61/16，2006年11月20日，第1—5页。
[2] 联合国大会：《发展筹资问题多哈宣言》，A/RES/63/239，2008年12月24日，第16页。
[3] 联合国大会：《全球经济治理与发展：秘书长的报告》，A/66/506，2011年11月10日，第11页。

成员国现任或前任的财政部长或央行行长。可以说，这一委员会就是联大同学术领域专家学者的联合，利用各自的优势实现更为合理的全球经济治理。

根据联大官方文件的表述，联大目前最为重视的全球治理主体就是二十国集团。当前由世界上影响力最大的20个国家组成的二十国集团已经成为当前全球经济治理中主要的非正式性多边国际经济合作论坛。二十国集团基本囊括了当前世界主要的发达经济体与新兴经济体，更有能力协调彼此之间的经济政策并达成应对可能的全球经济挑战所必需的政治共识。①二十国集团有限的成员数目可以有效保障其能够有效及时地作出决策。比如在2009年金融危机时，二十国集团领导人很快就做出有效反应，并采取了一系列措施，如增加对国际金融机构的财政支持；改革基金组织的贷款机制；积极帮助陷入困境的国家等。二十国集团在这次金融危机中的表现大大优于八国集团，其对后续世界金融秩序的稳定和金融监管改革起到十分积极的作用，并得到联合国的关注。②

虽然二十国集团可以为全球经济治理做出重要贡献，但其包容性与制度化程度仍远不及联合国。联大仍是当前讨论全球经济与政治议程的最主要的国际平台之一，为了加强其治理全球经济与金融的能力，联大主动开始加强同二十国集团的联系，双方互派代表参加各自的会议，并设立非正式的互动安排。2013年召开的第67届联大更是在其名为《联合国与全球经济治理》决议中三次提及二十国集团，强调包括联大在内的整个联合国系统都应与"做出具有全球影响的政策建议或政策决定的政府间集团，包括二十国集团进行灵活、经常的互动"。③秘书长更在之前向联大的报告中简明扼要地阐述了类似的观点："应当努力确保二十国集团与联合国可预见的持续的接触，以确保各自支持发展的目标和活动相辅相成。"④

综合既有实践来看，联大在协调全球治理主体的过程中体现出两个鲜明特点。第一点是以联大自身为主。联大认为其与二十国集团的互动应以

---

① 张胜军：《全球治理的最新发展和理论动态》，《国外理论动态》2012年第10期，第27—28页。
② 金彪：《联合国面临的新挑战与全球治理》，《国际安全研究》2011年第4期，第55—57页。
③ 联合国大会：《联合国与全球经济治理》，A/RES/67/289，2013年7月9日，第3页。
④ 联合国大会：《全球经济治理与发展：秘书长的报告》，A/66/506，2011年11月10日，第14页。

自身为主，这种互动只是加强了联大的全球治理功能。虽然二十国集团在应对 2009 年全球金融危机时表现突出，但其仍缺乏联合国所具有的正当性。只有以联大为代表的联合国系统才具有更大的普遍性和不容置疑的合法性，这些都决定了联合国系统才是全球治理的基石。只有加强联合国系统在全球治理中的核心作用，才能保证治理成果符合大多数会员国的利益，也才更可能保证穷国、小国和弱国的利益不被忽视。这一点是二十国集团很难达到的，也决定了二十国集团应当成为联合国全球治理功能的重要补充。

第二点是更多关注全球经济与金融领域的治理机制。联大重视的全球治理并不是广义上的全球治理概念，更多只是关注全球经济治理的内容。比如上文提及的第 65/94 号和第 66/256 号两份决议，虽然都明确阐述了联合国同全球治理之间的关系，但纵观决议和会议记录可以看出，二者重视的全球治理并不是广义上的全球治理概念，更多只是关注全球经济治理的内容，重视现有全球经济治理结构在合法性、效率和一致性等方面的缺陷。这一点决定了联大在选择联合国系统外的合作机制时，也更注重具备经济与金融治理能力的全球治理机制。联大以各种声音表达其与二十国集团的互补性，并不断推动二者的合作，很大一部分原因是二十国集团拥有在全球经济治理领域的高度执行力，而这一点正是联大所缺乏的。然而，全球治理肯定不能与全球经济治理划等号，前者内容的涵盖范围要比后者广泛得多。除经济治理层面外，全球治理还要包括促进国际和平与安全、确保尊重人权和基本自由以及支持实现具有坚实基础的可持续发展。这些内容并没有在上述两份决议中得到充分关注，这也反映出当前联大参与全球治理的不足之处。

第二节　设立专业化的治理机制

联大的第二种全球治理功能是其在参与全球治理的过程中不断设立的专业化治理机制。除了必须的核心机构和常设制度外，联大通过一部分决议而设立了大量的特设机制作为自身的附属机构。这些特设机制主要包含两种，分别是特设委员会与特设工作组。虽然二者因其属性的不同而拥有不同的权限与职能，但二者都在各自分担的不同问题领域，在广度与深度上不断拓展联大涉及的全球治理范畴。虽然这些特设机制的权限不高，但组织形式更为灵活，处理问题也更具高度专业化特征。由于联大职权范围较为广泛，加之已经运行了 70 余年，其已经涉及并深入诸多全球性问题，并为之设立了众多特设机制，但绝大多数特设机制已经不再运转，退出了历史舞台。由于篇幅所限，本书这一节将只阐述现在还在运行的特设机制。

一、拓展治理范围的特设委员会

联大首先设立的专业化全球治理机制就是其先后建立了一系列特设委员会（Committees）。在中文语境下，特设委员会虽然也被称为"委员会"，但其同后文提及的管理委员会与专门委员会有根本不同。特设委员会的职权十分有限，不涉及任何管理职能，基本只承担联大赋予的调查、研究、讨论等任务，为联大实现更有成效的全球治理提供智力支持，且其每年必须得到联大的重新授权才能继续下一年的工作，否则其将自动解散。虽然特设委员会的权限不高，但其拥有更为灵活的组织形式。联大在参与全球治理过程中，不断设立不同形式的特设委员会，不断延伸其全球治理功能。当前还在运行的特设委员会可以根据涉及的问题领域分为四类。

（一）协调联合国系统的特设委员会

第一类是协调联合国系统的特设委员会，专门处理包括联大在内的联合国各主要机构的职能协调问题。当然，这类特设委员会更多关注联大自身的职能，以确保联大自身的部分职能顺利运行。在满足这一前提的基础上，联大也设立了涉及联合国系统其余机构的特设委员会。当前共有 7 个特设委员会涉及联大自身职能的运行。这些特设委员会有的直属联大，有的则隶属于联大六大主要委员会，各自承担不同的职责。

一是修订《联合国宪章》和加强联合国作用特别委员会。修订《联合国宪章》是联合国大会可以处理的一项重要问题，但《宪章》任何一处的改动都需要凝聚多个会员国政府与相关国际组织的共识。为了更为有效地实现这一目标，1974 年的第 29 届联大在 12 月 14 日通过了第 3349（XXIX）号决议，决定成立《联合国宪章》和加强联合国作用特别委员会（Special Committee on the Charter of the United Nations and on the Strengthening of the

Role of the Organization)。这一委员会由联大主席任命的 42 名成员组成，主要目标是搜集并审议各国政府有关修订《宪章》的具体提议；审议可使联合国更有效地发挥其功能而不须修改《宪章》的建议；向大会列举其他值得注意的提议。① 自第 30 届联大会议以来，《联合国宪章》和加强联合国作用特别委员会每年都向大会提交有关《宪章》修改意见的报告。

二是会费委员会。会费委员会（Committee on Contributions）是专门研究并处理会员国会费缴纳的机构。《宪章》第十七条规定："本组织之经费应由各会员国依照大会分配限额担负之。"② 确定联合国经费分摊比额表是联大最为重要的权力。第一届联大会议伊始就决定建立一个常设的专家委员会，为联大提供有关会员国会费问题的有效建议。③ 这些建议主要包括核对成员国应缴纳的会费比例与确认拖欠会费国家的具体原因。2015 年 6 月 1—26 日，会费委员会在联合国总部举行了第 75 届会议。在这次会议上，会费委员会讨论了 2016—2018 年间会费的分摊比额表、付款的实际情况、拖欠会费的国家及原因等事项，并将这次会议成果作为委员会的报告提交到了第 70 届联大会议之中。④ 当年的第 70 届联大在这份报告的基础上确定了 2016—2018 年会费的分担情况。⑤

三是独立审计咨询委员会。独立审计咨询委员会（Independent Audit Advisory Committee）是根据第 60 届联合国大会第 60/248 号决议成立的附属委员会，负责协助联大履行监督职责。⑥ 然而，该决议并没有详细规定独立审计咨询委员会的职权范围，次年的第 61 届联大通过的第 61/275 号决议才在秘书长的建设下完成了这一工作。该决议规定独立审计咨询委员会是以专家顾问身份为联大服务、协助联大履行监督职责的附属机构，其职责包括：审计以及其他监督职能的范围、结果和实效；确保管理层遵循审计和其他监督建议的措施；不同风险管理、内部控制、业务和财务报告

---

① 联合国大会：《需要研讨关于联合国宪章的建议》，A/RES/3349（XXIX），1974 年 12 月 17 日，第 176 页。
② 《联合国宪章》，联合国网，http://www.un.org/zh/charter-united-nations/index.html（最后访问时间：2017 年 2 月 20 日）。
③ 联合国大会：《预算及财政办法》，A/RES/14（I），1946 年 2 月 13 日，第 21—22 页。
④ 联合国大会：《会费委员会的报告》，A/70/11，2015 年 6 月 30 日，第 1—74 页。
⑤ 联合国大会：《联合国经费分摊比额表》，A/RES/70/245，2015 年 12 月 23 日，第 1—10 页。
⑥ 联合国大会：《与 2006—2007 两年期拟议方案预算有关的特殊问题》，A/RES/60/248，2005 年 12 月 23 日，第 6 页。

及会计披露问题;增加和促进联合国各监督机构间合作的步骤。①

四是行政和预算问题咨询委员会。行政和预算问题咨询委员会(Advisory Committee on Administrative and Budgetary Questions)是联大在创设初期就设立的附属委员会。1946年第一届联大会议决议设置了这一咨询委员会,成员9人,负责审查大会的预算报告、提出相应的建议等,以方便大会及其行政与预算委员会处理相关的各种问题。② 随着联合国会员国数目的不断增加,行政和预算问题咨询委员会的9人编制越来越难以处理复杂的联合国行政与财政问题。基于此,1961年11月28日的第16届联大第1067次全体会议决定将这一咨询委员会增加到12人,并规定所有委员不得有二人同属一个国籍,并要求其中至少包括3位声名卓著的财政专家。③ 1971年第26届联大在其第2015次全体会议上再度讨论了这一问题,由于新中国被恢复了联合国代表权,联大因此决定将这一咨询委员会的委员数增加到13个,并于次年1月1日起正式生效。④ 第32届联大同样考虑到联合国会员国不断增加的因素,期望加大发展中国家在这一咨询委员会中的作用,因此决定将委员会成员数增加到16人,这个人员设定一直持续至今。⑤ 拓展后的咨询委员会的主要职能是审查秘书长向联大提交的预算并提出报告;为联大的行政和预算事项提供咨询意见;审查各专门机构的行政预算与拟议的财务安排;审议联合国账户和各专门机构账户的报告,并就此向联大提出报告。

五是联合国国际法教学、研究、传播和广泛了解协助方案咨询委员会。联合国国际法教学、研究、传播和广泛了解协助方案咨询委员会(Advisory Committee on the United Nations Programme of Assistance in the Teaching, Study, Dissemination and Wider Appreciation of International Law)是联大为加大国际法的世界影响力而专门设立的委员会。联大自20世纪

---

① 联合国大会:《独立审计咨询委员会的职权范围及加强内部监督事务厅》,A/RES/61/275, 2007年6月29日,第3—5页。
② 联合国大会:《预算及财政办法》,A/RES/14(I),1946年2月13日,第21页。
③ 联合国大会:《扩大行政及预算问题咨询委员会:修正议事规则第156条及第157条》,A/RES/1659(XVI),1961年11月28日,第57页。
④ 联合国大会:《扩大行政及预算问题咨询委员会:修正大会议事规则第157条》,A/RES/2798(XXVI),1971年12月13日,第358—359页。
⑤ 联合国大会:《扩大行政及预算问题咨询委员会:修正大会议事规则第155至第157条》,A/RES/32/103,1977年12月14日,第220页。

60年代以来开始注意向会员国推广国际法，并积极寻求更为有效的促进国际法的教学、研究、传播及得到世人广泛了解的方式。1963年12月16日，第18届联大正式决定建立联合国国际法教学、研究、传播和广泛了解技术协助特设委员会，以推进这一工作的开展。特设委员会最初由阿富汗、比利时、厄瓜多尔、加纳、匈牙利及爱尔兰组成，负责草拟相关的实施计划与提案，并审议秘书长、成员国、国际组织等相关机构部门的报告与建议。① 1965年12月20日，第20届联大通过了第2099号决议。这份决议在技术协助特设委员会、秘书长、经社理事会等部门报告的基础上，设立了联合国国际法教学、研究、传播和广泛了解协助方案咨询委员会，就推广国际法工作与现行方案提供自身的咨询意见，并负责向联大报告。②并为秘书长和联大提供有效的方案咨询。

六是会议委员会。会议委员会（Committee on Conferences）根据1974年12月18日第29届联合国大会决议成立。该决议规定，会议委员会由二十二国代表组成，职权范围主要是联大的筹备，包括拟议联大的会议日历、分配会议资源与设备、提供会议服务等多个方面。③ 1988年12月21日，联大再次通过决议，决定保留会议委员会为其附属机关，将其成员改为21名，区域分布如下：非洲国家6名；亚洲国家5名；拉丁美洲和加勒比国家4名；东欧国家2名；西欧和其他国家4名。④

七是新闻委员会。新闻委员会（Committee on Conferences）产生于1978年12月18日第33届联大相关决议。根据相关决议，联大开始组建由41个会员国组成的"联合国新闻政策和活动审查委员会"。⑤ 次年的第34届联大则将这一委员会更名为"联合国新闻委员会"，并将其成员数增加到66名。委员会的主要任务是审查联合国的行为政策和活动；促进更为有效的新闻传播。⑥ 新闻委员会通常在每年4—5月举行一次会议，讨论有

---

① 联合国大会：《技术协助以谋促进国际法之讲授、研习、传播及广泛明了》，A/RES/1968（XVIII），1963年12月16日，第80页。
② 联合国大会：《促进国际法讲授、研习、传播及广泛了解之技术协助》，A/RES/2099（XX），1965年12月20日，第106页。
③ 联合国大会：《会议时地分配方法》，A/RES/3351（XXIX），1974年12月18日，第146—147页。
④ 联合国大会：《会议时地分配方法》，A/RES/43/222B，1988年12月21日，第317页。
⑤ 联合国大会：《有关新闻的问题》，A/RES/33/115C，1978年12月18日，第86—87页。
⑥ 联合国大会：《有关新闻的问题》，A/RES/34/182，1979年12月18日，第106页。

关联合国的新闻信息问题。

除了上述这些特设委员会外，联大也先后设立了一些涉及联合国内部司法职能的特设委员会。比如，联合国内部司法问题特设委员会（Ad Hoc Committee on the Administration of Justice at the United Nations），其是根据联大第 62/519 号决定成立的机构。该特设委员会对联合国所有会员国、专门机构成员或国际原子能机构成员开放，目的是为了调查和研究联合国现行内部司法系统存在的重大问题，并就这一问题的解决所涉及的法律问题开展工作。① 联合国工作人员养恤金委员会（United Nations Staff Pension Committee）则是根据联大第 248（III）号决议成立的。这一委员会由联大选出、秘书长指派、联合国职员选举各 3 位委员，共计 9 位人员构成，任期三年，负责制定联合国工作人员养恤金的具体发放原则。② "联合国人员和有关人员安全公约所规定的法律保护范围问题特设委员"（Ad Hoc Committee on the Scope of Legal Protection under the Convention on the Safety of United Nations and Associated Personnel）的建立，是为了更有效地改进《联合国人员和有关人员安全公约》的目标。这一公约的主要内容是如何保护与保障联合国驻别国的人道主义人员的安全，但针对联合国人员安全保护的法律框架仍然存在不足，安理会和秘书长都建议联大应推进调整《联合国人员和有关人员安全公约》的法律适用范围。2000 年 11 月 21 日，秘书长正式向联大提交报告，指出这一公约存在的不足和进一步改进的措施。③ 次年召开的第 56 届联大会议在秘书长这份报告的基础上，决定调整其法律适用范围，并决定成立"联合国人员和有关人员安全公约所规定的法律保护范围问题特设委员"，"以审议秘书长在其报告中所做的关于采取措施加强保护联合国人员和有关人员的法律制度的各项建议"。④

影响最为深远的是"追究联合国官员和特派专家的刑事责任特设委员会"（Ad Hoc Committee on Criminal Accountability of United Nations Officials and Experts on Mission），其建立是为了主动处理联合国内部工作人员存在

---

① 联合国大会：《联合国内部司法》，A/62/519，2007 年 12 月 6 日，第 36 页。
② 联合国大会：《联合国联合举办职员养恤基金条例》，A/RES/248（III），1948 年 12 月 7 日，第 58 页。
③ 联合国大会：《〈联合国人员和有关人员安全公约〉所规定的法律保护的范围：秘书长的报告》，A/55/637，2000 年 11 月 21 日，第 1—7 页。
④ 联合国大会：《〈联合国人员和有关人员安全公约〉所规定的法律保护的范围》，A/RES/56/89，2001 年 12 月 12 日，第 1—2 页。

的犯罪行为。2004年在联合国派往刚果的维和人员中爆发了性侵丑闻，使得联合国维和行动饱受争议。2005年初，联合国大会下属的维持和平行动特别委员会及其工作组向第59届联大提交会议报告，报告中提到邀请秘书长为联合国各会员国提供一份关于"维持和平行动部管理的联合国维持和平特派团的军事、民警和文职人员进行性剥削和性虐待之问题提出建议"的综合报告。① 不久后，安南秘书长就针对这一问题向大会提交了研究报告，报告仔细考察了有关犯罪行为的根源、联合国以及维和部队指挥官的责任、对犯罪人员的追责等问题。② 2006年第61届联大在审议这一问题时，决定任命一个法律专家组，"提出最佳办法以确保实现《联合国宪章》原意，即联合国工作人员和特派专家，绝对不得实际上对在其工作地点实施的犯罪行为的后果享有豁免，也依照适当程序的规定，不受到不公正的处罚"。③ 该决议还决定设立追究联合国官员和特派专家的刑事责任特设委员会，目的是在这一问题的后续发展过程中审议该法律专家组的报告，并向大会提交进一步的研究报告。

此外，联大还设立了一些涉及联合国其他主要机构职能的特设委员会。比如，方案和协调委员会（Committee for Programme and Coordination），其最初成立是在经社理事会的框架下，是为推动联合国当时的十年发展计划而建立的特设委员会，帮助经社理事会制定十年发展的详细计划与其他的协调事宜。④ 1966年8月5日，经社理事会将这一特设委员会正式改名为"方案和协调委员会"。⑤ 经社理事会在其1976年的决议上详细规定了方案和协调委员会的职权范围。⑥ 1976年第31届联合国大会在讨论协调联合国系统时，决定将方案和协调委员会改为大会和经社理事会共管，成为

---

① 联合国大会：《维持和平行动特别委员会及其工作组的报告》，A/59/19/Rev.1，2005年1月，第11页。
② United Nations General Assembly, Letter Dated 2005/03/24 from the Secretary-General to the President of the General Assembly, A/59/710, 24 March., 2005, pp. 1 – 36.
③ 联合国大会：《追究联合国官员和特派专家的刑事责任》，A/RES/61/29，2016年12月4日，第1页。
④ 联合国经济和社会理事会：《特别注重联合国发展十年之特设协调委员会》，E/RES/920（XXXIV），1962年8月3日，第28页。
⑤ 联合国经济和社会理事会：《协调事宜特设委员会及特设委员会与行政协调委员会联席会议报告书》，E/RES/1171（XLI），1966年8月5日，第30—31页。
⑥ 联合国经济和社会理事会：《方案和协调委员会的职权范围》，E/RES/2008（LX），1976年5月14日，第16—17页。

二者在规划、拟定方案和协调方面的主要附属机构。① 1987年召开的联大决定,自1988年起方案和协调委员会将代表数扩展到44国,以扩大代表性,加强联大在这一领域的治理成效。②

(二) 有关安全议题的特设委员会

第二类是有关安全议题的特设委员会。这一类特设委员会又可以按照关注的具体议题分为两个子类,分别涉及传统安全议题和非传统安全议题。

联合国的首要职能仍是治理安全议题,特别是有关传统安全的议题。在联大的特设机构中必然也存在一部分关注传统安全问题的特设委员会,但由于联大关注传统安全问题其他类型的机制与制度众多,使得有关这一问题的联大特设委员会数量较少。现在仍在运行的是联合国原子辐射影响问题科学委员会(United Nations Scientific Committee on the Effects of Atomic Radiation)与维持和平行动特别委员会(Special Committee on Peace-keeping Operations)。联合国原子辐射影响问题科学委员会成立于1955年,当时的成员国涵盖美国、阿根廷、澳大利亚、比利时、加拿大、捷克斯洛伐克、埃及、法国、印度、日本、墨西哥、瑞典、英国、苏联、巴西15国。这一委员会的职责包括搜集世界范围内有关核辐射的数据资料并整理成相关报告。③ 该委员会成立后就积极调研世界范围内的核辐射状况,并形成了有关辐射水平及其对人类影响的研究报告。该委员会的工作一定程度上为1963年签订的《部分禁止核试验条约》提供了重要的科学依据。维持和平行动特别委员会则是根据1965年第19届联合国大会第2006(XIX)号决议成立的附属委员会。由于第19届联大因会费问题而陷于停滞,这一年的联大并没有如期召开。为了继续维持联合国正常发挥作用,联大决定建立授权联大主席设立维持和平行动特别委员会,直接由联大主席担任这一特别委员会的主席,主要任务是全盘检讨联合国维持和平行动存在的所有问题,特别是财政困难问题。④

---

① 联合国大会:《中期计划》,A/RES/31/93,1976年12月14日,第177—178页。
② 联合国大会:《方案和协调委员会管理层代表》,A/42/450,1987年12月17日,第313页。
③ 联合国大会:《原子能辐射所生影响》,A/RES/913(X),1955年12月3日,第5页。
④ 联合国大会:《维持和平行动整个问题所有方面之全盘检讨》,A/RES/2006(XIX),1965年2月18日,第8页。

此外，联大目前还设立了有关公域安全的特设委员会，比如和平利用外层空间委员会（Committee on the Peaceful Uses of Outer Space）和印度洋特设委员会（Ad Hoc Committee on the Indian Ocean）。和平利用外层空间委员会根据第14届联大决议建立。当时的大国间特别是超级大国之间，已经出现开展太空领域军备竞争的趋势。为了维护太空的和平使用与科学探测，建立这一委员会协调主要国家之间的合作势在必行。该委员会的主要职责在于提出切实可行的和平利用太空的方案，此外还包括协助国际科学研究、推动有关太空的信息交流等。① 印度洋特设委员会（Ad Hoc Committee on the Indian Ocean）则是联大推动印度洋和平安全而设立的特设委员会。1971年第26届联大在审议印度洋地区问题时，该地区已经日益成为国际政治的危险地区，大国介入、核扩散、军备竞赛等问题不断出现。基于此，联大决议宣告印度洋地区应永远为和平区域；各大国应停止在这一地区的军备升级与扩张；本地区国家应放弃军事结盟，采用其他合作方式维持地区和平。② 次年的第27届联大在2832（XXVI）号决议的基础上，设立了印度洋特设委员会，成员囊括中国、印度、印度尼西亚、澳大利亚、日本、马达加斯加、伊朗、伊拉克、马来西亚、毛里求斯、巴基斯坦、斯里兰卡、坦桑尼亚、也门和赞比亚15国。印度洋特设委员会专门负责研究如何推动第2832（XXVI）号决议中规定的各项目标，"同时妥为顾到印度洋沿岸国家和内陆国家在安全上的利益及任何其他国家符合联合国宪章宗旨和原则的利益，并向大会第28届会议提出报告"。③

在有关非传统安全议题上，现存的特设委员会主要关注三个议题。其一是恐怖主义问题。在这一议题上最具代表性的特设机构就是根据大会第51/210号决议所设特设委员会（Ad Hoc Committee established by General Assembly resolution 51/210）根据该决议的内容，这一特设委员会负责拟定有关制止恐怖主义爆炸事件与核恐怖主义行为的国际公约，以补充现有的国际文书，再研究如何发展出应对国际恐怖主义的综合性公约法律框架。④

---

① 联合国大会：《和平使用外空的国际合作》，A/RES/1472（XIV）。
② 联合国大会：《宣布印度洋为和平区》，A/RES/2832（XXVI），1971年12月16日，第116—118页。
③ 联合国大会：《宣布印度洋为和平区》，A/RES/2992（XXVII），1972年12月15日，第26—27页。
④ 联合国大会：《消除国际恐怖主义的措施》，A/RES/51/210，1996年12月17日，第381页。

该特设委员会对于联大制定相关反恐公约做出杰出贡献,下文有关案例研究的章节将会详细阐述这一内容。

其二是有关跨国犯罪的问题。联大有关这一议题设立的特设委员会是东道国关系委员会（Committee on Relations with the Host Country）和反腐败公约谈判特设委员会（Ad Hoc Committee on the elaboration of a Convention against corruption）。"东道国关系委员会"的产生同联合国代表团成员的安全问题恶化有关。当时针对联合国代表团的暴力犯罪时有发生,包括从出言恐吓到利用炸弹等武器袭击等各种犯罪行为。1971年第28届联大决定建立一个东道国关系委员会,成员包含美国（东道国）、联大主席及选出的14国代表,主要处理各国在联合国的代表团及其人员的安全问题;审议各自外交豁免公约;搜集联合国各国代表针对此问题的意见等。[1] "反腐败公约谈判特设委员会"则是根据第55届联大会议第55/61号决议设立的机构。当时,联大决心拓展《联合国打击跨国有组织犯罪公约》的适用范围,将国际反贪污事项附属于或独立于这一公约。在完成该项工作的法律文书后,联大通过决议设立了反腐败公约谈判特设委员会,以促进这一法律文书所涉及的谈判工作。[2]

其三则涉及当前比较热门的难民问题。由于联合国拥有其他专门处理难民问题的机构,联大有关难民问题的特设委员会并不多。比较具有代表性的是宣布为联合国难民事务高级专员方案提供自愿捐款的大会特设委员会（Ad Hoc Committee of the General Assembly for the Announcement of Voluntary Contributions to the Programme of the United Nations High Commissioner for Refugees）与联合国难民事务高级专员方案执行委员会（UNHCR's Executive Committee of High Commissioner's Programme）。前者是根据联大第1729（XVI）号决议成立的附属机构。这一决议决定每届联大常会开幕后,在可行的范围内尽早召开由联大主席担任主席的大会全体特设委员会会议,以便宣布对下一年度难民方案的自愿捐款认捐数额。[3] 后者则是依据第12届联大的决议而设立,负责指示联合国难民事务高级专员清算联合国难民基

---

[1] 联合国大会:《各国驻联合国代表团及其人员的安全问题和设立东道国关系委员会》,A/RES/2819（XXVI）,1971年12月15日,第416—418页。

[2] 联合国大会:《一项有效的反贪污国际法律文书》,A/RES/55/61,2001年1月22日,第1—4页。

[3] 联合国大会:《预算以外款项筹募委员会报告书》,A/RES/1729（XVI）,1961年12月20日,第63页。

金；对联合国难民事务高级专员行使职权事宜发表意见；授权联合国难民事务高级专员组织募捐行动等。①

（三）涉及人权领域的特设委员会

第三类是有关人权领域的特设委员会，其主要集中于关注巴勒斯坦地区出现的人权问题。目前仍处于有效运行状态的有两个特设委员会。

一个是巴勒斯坦人民行使不可剥夺权利委员会（Committee on the Exercise of the Inalienable Rights of the Palestinian People），其是常设委员会中专门为处理巴勒斯坦问题而建立的。1974年第29届联大第2296次全体会议通过了第3236号决议，正式承认巴勒斯坦人民享有重返家园与财产不可剥夺的权利、自决权利、国际独立和主权的权利、不受外来干预的权利等。② 然而，这一决议并没有得到圆满执行，巴勒斯坦问题仍在威胁国际和平安全。针对这种情况，联大第30届会议通过决议，除了继续呼吁巴勒斯坦人民固有的权利外，还决定成立巴勒斯坦人民行使不可剥夺权利委员会，并指派20个会员国代表进入该委员会。该委员会的主要任务是联系任何必要的国家和政府间区域组织以及巴勒斯坦解放组织，收受和审议它们提供的建议和提议，审议并向联大建议有效执行联大第3236（XXIX）号决议的执行方案。③ 该委员会在促进巴勒斯坦人民固有权利上发挥了巨大作用，特别是实现巴以双方的马德里和平会议的召开以及后续的四方路线图计划的实施。该委员会自成立以来每年都向联大报告巴勒斯坦问题的发展情况。

另一个是调查以色列侵害占领区巴勒斯坦人民和其他阿拉伯人人权的行为特别委员会（Special Committee to Investigate Israeli Practices Affecting the Human Rights of the Palestinian People and Other Arabs of the Occupied Territories），这是联合国大会为保护以色列占领区内的阿拉伯人而成立的委员会。1968年12月19日第23届联大第1748次全体会议讨论了以色列军事占领的阿拉伯领土内原居民的人权问题，如毁坏这些平民的住宅，并促请以色列停止对这些居民的侵害人权行为。为实现这一目标联大通过了第

---

① 联合国大会：《对联合国难民事务高级专员主管范围内难民的国际援助》，A/RES/1166（XII），1957年11月26日，第20页。
② 联合国大会：《巴勒斯坦问题》，A/RES/3236（XXIX），1974年11月22日，第5页。
③ 联合国大会：《巴勒斯坦问题》，A/RES/3376（XXX），1975年11月10日，第4—5页。

2443（XXIII）号决议，决定设立由三个会员国组成的调查以色列侵害占领区巴勒斯坦人民和其他阿拉伯人人权的行为特别委员会，要求以色列同这一特别委员会接触并开展合作，提供一切便利。① 该委员会是在联大处理全球人权治理与中东问题治理的交叉领域而建立的机构。其自成立以来，每年都向大会提交以色列占领区内的阿拉伯原居民的人权相关问题，特别是有关阿拉伯人的居民点问题，是这一委员会关注的核心。

当然，联大也曾设立过有关其他人权问题的特设委员会，比如在有关去殖民化的进程中，联大曾设立了给予殖民地国家和人民独立宣言执行情况特别委员会（Special Committee on the Situation with regard to the Implementation of the Declaration on the Granting of Independence to Colonial Countries and Peoples）。1960年12月14日，第15届联大第947次全会以压倒性赞成的结果通过了第1514号决议，即《给予殖民地国家和人民独立宣言》，正式展开联大的去殖民化进程，但这一决议的诸多关键内容并没有得到较好的实施。基于此，1961年召开的第16届联大在当年的11月27日以绝对多数的赞成票数通过了第1654（XVI）号决议，建立了这一特别委员会，其主要工作就是审查《准许殖民地国家及民族独立之宣言》的适用情况，并就这一宣言的进展向大会提出建议。② 接下来，1963年12月16日第18届联大通过的第1970（XVIII）号决议决定，解散原来设置的非自治领土情报审查委员会，并请"给予殖民地国家和人民独立宣言执行情况特别委员会"接替非自治领土情报审查委员会的职责，按照《联合国宪章》第七十三条（辰）款所递送的非自治领土情报，③ 之后的历届联大会议都在审议特别委员会提交报告后通过决议延长这一特别委员会的任期。该特别委员会自成立以来，每年都在审查殖民地的情况，并不断推动联大去殖民化议程的发展。代表性的会议成果是2014年12月5日大会在审议其2014年度的工作报告后通过的第69/107号决议。这份决议不仅核准了特别委员会2014年的工作内容与2015年预期工作的方案，并邀请特别委员会继续寻求适当途径，以期立即充分执行《宣言》，开展大会铲除殖民

---

① 联合国大会：《占领领土内人权之尊重及实施》，A/RES/2443（XXIII），1968年12月19日，第62页。
② 联合国大会：《准许殖民地国家及民族独立宣言的实施情形》，A/RES/1654（XVI），1961年11月27日，第79—80页。
③ 联合国大会：《续设非自治领土情报审查委员会问题》，A/RES/1970（XVIII），1963年12月16日，第56页。

主义国际的第二个和第三个十年的行动计划等内容。[①]

此外,这一部分还包含一个名为"拟订保护和促进残疾人权利和尊严的全面综合国际公约特设委员会"(Ad Hoc Committee on a Comprehensive and Integral International Convention on Protection and Promotion of the Rights and Dignity of Persons with Disabilities)的特设机构,其是联大为进一步提高残疾人生活自理能力而制定的决议。尽管《关于残疾人的世界行动纲领》已经在促使各国政府、联合国系统相关机构和有关国家组织作出不同的努力,不断改进针对残疾人群的工作,但这些努力仍不足以增加残疾人的机会,促使他们充分有效地参与经济、社会、文化和政治生活,因此联大"决定设立一个特设委员会,开放供联合国所有会员国和观察员参加,以便根据社会发展、人权和不歧视领域工作所采用的整体办法,并考虑到人权委员会和社会发展委员会的各项建议,审议关于促进和保护残疾人权利和尊严的全面和综合国际公约的建议"。[②]

(四)有关发展问题的特设委员会

第四类是有关发展问题的特设委员会。同有关传统安全的情况类似,虽然联大的主要职能是发展问题,但联大更多是指导经社理事会处理相关问题,并没有设立过多有关这一问题的特设委员会。目前运转的只有联合国南南合作高级别委员会(High-level Committee on South-South Cooperation)和联合国人口奖委员会(Committee for the United Nations Population Award)两个。

联合国南南合作高级委员会是联大附属下的有关南南合作的主要决策咨询机构。自联大 1974 年 5 月 1 日通过《建立新的国际经济秩序宣言》以来,其就将发展中国家的经济发展与南南合作作为每届会议都必须审议的问题。在此背景下,1978 年 12 月 19 日第 33 届联大第 88 次全体会议讨论了南南合作中的发展中国家技术合作问题。这次会议重点强调了当年 8 月在阿根廷首都布宜诺斯艾利斯举行的联合国发展中国家技术合作会议是

---

① 联合国大会:《〈给予殖民地国家和人民独立宣言〉执行情况》,A/RES/69/107,2014 年 12 月 5 日,第 2—3 页。

② United Nations General Assembly, Comprehensive and Integral International Convention to Promote and Protect the Rights And Dignity of Persons With Disabilities, A/RES/56/168, 26 Feb., 2002, p. 2.

推动这一问题发展的关键步骤,联大有必要采取行动推动会议各项决定的落实。基于此,联大决议委托联合国开发计划署按照会议规定召开高层代表会议,"对联合国系统内的发展中国家间技术合作进行通盘的政府间审查"。① 1980 年 12 月 16 日,第 35 届联大会议则通过决议将审查发展中国家间技术合作活动高级别会议改称为"审查发展中国家间技术合作高级别委员会"(High-level Committee on the Review of Technical Cooperation among Developing Countries),负责"执行《促进和执行发展中国家间技术合作的布宜诺斯艾利斯行动计划》中第 37 号建议及其他有关建议所列同样的职责和职权范围"。② 自 1981 年以来,该委员会每两年举行一次会议,对发展中国家间的技术合作状况进行全面的政府间审查。第 58 届联合国大会于 2003 年 12 月 23 日通过决议,又将审查发展中国家间技术合作高级别委员会改称为"南南合作高级别委员会",并保留其原有的任务授权和活动范围。③

联合国人口奖委员会的设立是为了联合国人口奖的颁布工作。联合国人口奖是联合国发给对世界人口问题的认识与解决做出最杰出贡献的个人或机构的一项年度奖。在颁布的《联合国人口奖规章》中,联大决定成立联合国人口奖委员会,其成员由经济及社会理事会、秘书长、联合国人口活动基金总干事三方构成,并选定 5 位对人口问题做出重大贡献的名人,以顾问身份作为名誉成员,这一委员会的主要任务就是从候选者中选定奖项的最终获得者,奖金来源由联合国人口奖信托基金负责提供。④ 该奖项自 1983 年开始发放,对于联大提高发展议题中的人口问题的治理水平做出必要的贡献。

二、涵盖多元治理主体的特设工作组

工作组(Working Groups)是联大为参与全球治理而设立的另一种类

---

① 联合国大会:《联合国发展中国家技术合作会议》,A/RES/33/134,1978 年 12 月 19 日,第 125 页。

② 联合国大会:《发展中国家间的技术合作》,A/RES/35/202,1980 年 12 月 16 日,第 197 页。

③ 联合国大会:《发展中国家间的经济和技术合作》,A/RES/58/220,2003 年 12 月 23 日,第 1 页。

④ 联合国大会:《设立联合国人口奖》,A/RES/36/201,1981 年 12 月 17 日,第 174 页。

型的特设机构,通常也根据联大通过的决议而建立。设立工作组也是基于联大正在处理的具体问题,主要目的是审议某些问题的发展和秘书长等联合国机构的报告。工作组的构成形式更为简单,一般由联大主席兼任主席,选择少数人任副主席,并组织相关领域的专家形成工作组。更为重要的是,特设工作组通常并不限制其成员构成,任何相关的治理主体都有机会申请加入联大的特设工作组,这使其可以最大限度囊括有关各方,汇集更多的国际共识。纵观联大参与全球治理的历史,其建立的诸多工作组大部分在完成使命后自动解散,目前仍处于活跃状态的工作组有如下几类。

第一类是协调管理联合国系统的工作组,目前仍在有效运转的有2个。一个是振兴大会特设工作组(Ad Hoc Working Group on the Revitalization of the General Assembly)。振兴大会特设工作组是在联大决定加强联大权威、效力及效率,提高其参与全球治理能力后设立的附属机构。这一工作起始于1991年12月12日第46届联大第70次全体会议讨论了有关振兴大会工作的决议草案。2005年9月12日,第59届联大在讨论推动改进联大议程和工作方法时,决定设立工作组进一步调研改进联大议程和工作方法,因此这一工作组即为振兴大会特设工作组。[①] 特设工作组在次年的第60届联大提交的报告为进一步改进联大做出突出贡献。在后续发展过程中,振兴大会特设工作组进一步拓展了其涵盖的议题范围,比如2010年9月13日,第64届联大决定在第65届会议上设立向所有会员国开放的特设工作组。这一决议的基本内容基本符合之前工作组提交给联大的报告,决议从联大的作用和权威、秘书长的遴选和任命、加强联大主席办公室的机构记忆、工作方法四个方面详细阐述了振兴大会工作的基本路径。[②] 后续至今的历届联大都会通过决议在下一届联大成立这一特设工作组,并负责至少在上述四个方面展开调查研究,形成报告提交联大审议。虽然振兴大会特设工作组的权力有限,每年形成的报告也没有得到会员国的充分执行,但特设工作组的工作仍在稳步推进中,正在由易到难、逐步深化联大的改进与振兴。

另一个是安全理事会席位公平分配和成员数目增加问题及与安全理事会有关的其他事项不限成员名额工作组(Open-ended Working Group on the

---

① 联合国大会:《加强和振兴的联合国大会》,A/RES/59/313,2005年9月12日,第1—4页。

② 联合国大会:《振兴大会工作》,A/RES/64/301,2010年9月13日,第1—4页。

Question of Equitable Representation on and Increase in the Membership of the Security Council and Other Matters Related to the Security Council)。这一工作组是联大为参与安理会改革问题设立的工作组。安理会改革一直是联合国事务的重中之重，特别是安理会席位的增加与分配问题，联大也在多数会员国的要求下开启了解决这一问题的过程。1993年12月3日，第48届联大决定设立"安全理事会席位公平分配和成员数目增加问题及与安全理事会有关的其他事项不限成员名额工作组"，专门审议增加安理会成员数目及其他相关问题。①

第二类是有关安全议题的工作组。目前有3个工作组负责研究这一领域的具体问题。其一是非洲境内冲突起因和促进持久和平与可持续发展不限成员名额特设工作组（Open-ended Working Group on the Causes of Conflict and the Promotion of Durable Peace and Sustainable Development in Africa）。这一工作组是联大为治理非洲和平问题设立的特设机构。虽然20世纪末全世界大部分地区已实现全面和平，但非洲部分地区仍处在战乱之中，大量冲突导致针对战乱地区平民的暴行与日俱增，特别是针对妇女、儿童和救灾人员的暴行越发严重。1998年12月7日第53届联大第81次全体会议在讨论这一问题时，建议大会主席在第54届联大会议上设立一个不限名额的特设工作组，以监测联大决议的执行情况。②次年的第54届联大会议则决定，由联大主席设立不限成员名额特设工作组，自身为主席并指定两名副主席，最迟于2000年3月举行特设工作组会议。特设工作组的工作是监控秘书长"关于非洲境内冲突起因和促进持久和平与可持续发展的报告所载建议的实施情况"，"以及消除贫穷、减免债务、艾滋病毒/艾滋病和对处于冲突后局势的国家的支助"，并准备向第55届联大作报告。③虽然这一工作组也涉及可持续发展问题，但其更多的职能是关注非洲战乱地区的治理情况，因此本书还是将其划分到涉及安全议题的类别中。

其二是为有关武器贸易条约问题而设立的工作组。军控问题是联合国大会自成立以来就积极参与的全球治理的主要领域之一。这其中，常规武

---

① 联合国大会：《安全理事会席位公平分配和成员数目增加的问题》，A/RES/48/26，1993年12月3日，第1—2页。
② 联合国大会：《非洲境内冲突起因和促进持久和平与可持续发展》，A/RES/53/92，1998年12月7日，第1—2页。
③ 联合国大会：《非洲境内冲突起因和促进持久和平与可持续发展》，A/RES/54/234，1999年12月22日，第1—2页。

器问题的治理充满复杂性，一方面控制这些武器、实现武器禁运对维持国际和平与安全至关重要；但另一方面，世界上所有国家出于自卫和安全需要，都有制造、贸易、转让及保有常规武器的合法权利。这种情况要求世界各国有必要进行谈判并缔结具有法律约束力的文书，制定共同的常规武器进出口与转让国际标准。联大在完成这项工作的过程中，设立了不限成员名额推动拟订一项武器贸易条约，建立常规武器进出口和转让共同国际标准工作组（Open-ended Working Group towards an Arms Trade Treaty: establishing common international standards for the import, export and transfer of conventional arms），以推动联合国全体会员国逐步以公开和透明的方式推进这一问题的发展。根据这一决议规定，这一工作组从2009年起举行相关会议，以完成各种组织安排，审议政府专家组报告，以达成兼顾各方受益并具有法律约束力条约的形成。①

其三是第四届裁军问题特别会议工作组。这一工作组是根据联大第57/61号决议而设立的，是联大为准备召开第四届裁军问题特别会议而设立的工作组。工作组的全名是"审议联大第四届专门讨论裁军问题特别会议的目标和议程，包括能否设立筹备委员会的问题的不限成员名额工作组的报告"（Open-ended Working Group to consider the objectives and agenda, including the possible establishment of the Preparatory Committee, for the Fourth Special Session of the General Assembly devoted to disarmament）。由于当时有关第四届裁军问题特别会议的谈判项目还没有达成协商一致，联大因此决定成立这一工作组，任务是在协商一致的基础上审议第四届裁军问题特别会议的目标和议程。②

第三类是人权领域的工作组，目前仍在有效运转的只有2个。一个是联合国近东巴勒斯坦难民救济和工程处经费筹措工作组（Working Group on the Finance of the United Nations Relief and Works Agency for Palestine Refugees in the Near East）。这一工作组是为了处理因联大治理巴勒斯坦问题而产生的财政问题而建立的问题工作组。20世纪70年代初，联合国近东巴勒斯坦难民救济和工程处经费严重不足，因此第25届联大在1970年12月

---

① 联合国大会：《推动拟订一项武器贸易条约：建立常规武器进出口和转让共同国际标准》，A/RES/63/240，2008年12月24日，第1—3页。
② 联合国大会：《召开大会第四届专门讨论裁军问题的特别会议》，A/RES/57/61，2002年11月22日，第1—2页。

7日正式决议筹建上述工作组，专门负责研究解决经费问题的可行性方案。①

另一个是保护老年人人权工作组。2002年12月18日，第57届联大正式通过了第57/167号决议，核准了当年4月12日第二次老龄问题世界大会通过的《政治宣言》和《2002年马德里老龄问题国际行动计划》，并要求各国政府、联合国系统和所有其他相关行为体采取必要步骤执行上述文件。② 然而，这项工作没有取得预期的成果，世界一部分国家与地区并没有充分了解上述两份有关保护老年人的国际文件。为了更为有效地推进与协调世界各国执行《2002年马德里老龄问题国际行动计划》，2010年12月21日的第65届联大通过的第65/182号决议，决定设立一个不限成员名额工作组，用来"审议现有的老年人人权国际框架，找出可能的差距，确定如何最好地解决这些差距，包括酌情审议制定其他文书和措施的可能性，以期加强保护老年人的人权"。③

第四类是有关可持续发展问题的工作组。这一类包含四个工作组，分别处理不同领域的问题。

一是海洋环境状况包括社会经济方面的全球报告和评估经常程序特设全体工作组（Ad Hoc Working Group of the Whole on the Regular Process for Global Reporting and Assessment of the State of the Marine Environment, including Socioeconomic Aspects）。这一工作组是联大为推动全球海洋治理进程而设立的工作组。进入21世纪以来，联大将全球海洋治理作为自身积极参与的一项问题领域，并主导多项有关这一问题的决议，以推动海洋资源的可持续开发与《联合国海洋法公约》的顺利实施。2002年12月12日第57届联大第74次全体会议通过决议，决定在2004年之前设立一个经常程序，专门就海洋环境、包括社会经济方面的现状和前景做出全球性的报告和评估，并请秘书长与会员国、联合国其他相关机构，以及其他国际组织同这一经常程序密切合作，拟定合适的建议。④ 2003年12月23日，第58届联

---

① 联合国大会：《设置联合国近东巴勒斯坦难民救济工程处经费筹供问题工作小组》，A/RES/2656（XXV），1970年12月7日，第94—95页。
② 联合国大会：《第二次老龄问题世界大会的后续行动》，A/RES/57/167，2002年12月18日，第1—3页。
③ 联合国大会：《第二次老龄问题世界大会的后续行动》，A/RES/65/182，2010年12月21日，第1—4页。
④ 联合国大会：《海洋和海洋法》，A/RES/57/141，2002年12月12日，第8页。

大决定在2004年底前建立这一经常程序,并确定了建立的基本步骤,如召集包括所有区域集团的最多24人的专家组负责编写有关经常程序的文件草案;将这一草案送交各国以及有关国际组织征求具体意见;专家组根据所提出的评论修改文件草案;召开所有各方代表参加的国际研讨会,以进一步审议和审查文件草案;召开政府间会议,最后确定并通过这一文件,从而正式建立经常程序。[1]

在设立这一经常程序后,第63届联大根据这一机制开展国际研讨的结论,并基于顺利完成"各项评估"阶段的目标,决定设立特设全体工作组,负责调查研究经常程序的框架与其进一步行动的方向,并向第64届大会提出相关的进展报告。[2]

二是联合国经济和社会领域各主要会议和首脑会议结果的统筹协调执行及后续行动大会特设工作组（Ad Hoc Open-ended Working Group of the General Assembly on the Integrated and Coordinated Implementation of and Follow-up to the Major United Nations Conferences and Summits in the Economic and Social Fields）,其是联大为进一步落实联合国重要会议的成果,加强联合国体系内的行动力与效率而设立的机构。2002年12月20日,第57届联大决议在强调大会最高政府间机制作用的同时,决定设立一个不限成员名额的特设工作组,专门负责制定和评价联合国经济、社会等领域主要会议的后续落实行动事宜的政策,"落实国际商定的发展目标,包括《联合国千年宣言》内载的目标"。[3]

三是不限成员名额海洋生物多样性国家管辖范围以外地区的非正式特设工作组（Ad Hoc Open-ended Informal Working Group on Marine Biological Diversity beyond areas of national jurisdiction）,其是根据第59届联大第59/24号决议成立的设立不限成员名额非正式特设工作组,以研究与国家管辖范围以外区域海洋生物多样性保护和可持续利用的相关问题。具体包括:回顾联合国和相关国际组织有关养护海洋生物多样性活动;研究海洋资源的可持续利用问题;审查这些问题的科学、技术、经济、法律等相关方面

---

[1] 联合国大会:《海洋和海洋法》,A/RES/58/240,2003年12月23日,第11页。
[2] 联合国大会:《海洋和海洋法》,A/RES/63/111,2008年12月5日,第24页。
[3] 联合国大会:《联合国经济和社会领域各次主要会议和首脑会议结果的统筹协调执行及后续行动》,A/RES/57/270,2002年12月20日,第1—3页。

的背景内容；对解决上述问题提出可行性建议。①

四是就《世界金融和经济危机及其对发展的影响问题会议成果》所列问题采取后续行动的大会不限成员名额特设工作组（Ad Hoc Open-ended Working Group of the General Assembly to follow up on the issues contained in the Outcome of the Conference on the World Financial and Economic Crisis and Its Impact on Development），其是联大就全球经济治理设立的联大工作组。2009年7月9日，第63届联大第95次全体会议认可了当年6月在纽约举行的世界金融和经济危机及其对发展的影响问题会议，并将其成果作为大会决议附件一致通过。《世界金融和经济危机及其对发展的影响问题会议成果》正是应对当年全球金融危机而达成的重要国际文件，其对这次金融危机的认识、可能的应对措施等方面做了较为详细的规定，为未来改革国际金融和经济体系及架构、避免危机再度来临指出努力的方向。在认可这一会议成果后，这届联大的第102次全体会议决定建立这一不限成员名额的特设工作组，负责对该会议成果文件所列问题采取后续行动，并向次年的第64届大会提交工作进展报告。②

除了特设委员会和特设工作组外，联大也会设立其他形式的专业化治理机制，比如当前仍在运行的联合国海洋和海洋法问题不限成员名额非正式协商进程（United Nations Open-ended Informal Consultative Process on Oceans and the Law of the Sea）。这一机制是联大为更有效地参与海洋治理而设立的附属机制。在联合国系统中，大会可以每年审议和审查海洋事务和海洋法，这使得大会成为具有审查这一治理领域职权的全球性机构。在这一基础上，联大在1999年11月24日第54届联大第62次全体会议上，决定在符合《联合国海洋法公约》及其他国际公约的法律框架下，"展开不限参加者名额的非正式协商进程，以便利大会每年能够通过审议秘书长关于海洋和海洋法的报告，通过提出可由其审议的具体问题，有效地、建设性地审查海洋事务的发展情况，特别着重指出政府间和机构间应当加强协调与合作的领域"。③ 2002年12月12日第57届联大决议，建议协商进程

---

① 联合国大会：《海洋和海洋法》，A/RES/59/24，2004年11月17日，第12页。
② 联合国大会：《设立一个不限成员名额大会特设工作组，对世界金融和经济危机及其对发展的影响问题会议成果文件所列问题采取后续行动》，A/RES/63/305，2009年7月31日，第1页。
③ 联合国大会：《可持续发展委员会对"海洋"这一部门主题进行审查的结果：国际协调与合作》，A/RES/54/33，1999年11月24日，第1—2页。

会议在审议后续秘书长关于海洋和海洋法的报告时重点围绕保护海洋生态系统与航行安全两个问题领域展开。① 截至当前，这一协商进程已经召开过17次会议，为联大参与海洋问题领域的全球治理提供了一条非常有效的途径。当然，这些机制数量比较少，影响力也不及特设委员会和特设工作组。

可以说，设立专业化的全球治理机制是当前联大主要的一项全球治理功能。利用上文所述的机制，联大不仅可以有效延伸其参与全球治理的领域和深度，也同其既有的核心机构共同构成了当今联大完整的机制体系。以上阐述的特设委员会与特设工作组是当前联大仍在有效运行的机制，对于已经不再运行的机制本书将在其他章节有所提及。虽然这些机制并不具有非常强的影响力，但其在很大程度上加强了联大的全球治理功能，使得联大可以真正实现《宪章》赋予的权限与使命，推动既有全球性问题逐渐向解决的方向发展。

第三节 倡导新的全球性议程

联大的第三个全球功能就是倡导新的全球治理议程。当前世界关注的众多全球治理议程并不都是源于二战结束前，一系列全球治理日程是冷战期间才得到世界关注并逐渐启动的。事实上，联大在建立后，就开始提出并积极参与某一或某些全球性与区域性问题。这些议程有的是由联大主导推动的，有的则是在联大的积极推动下转而由其他治理主体继续推动治理进程。无论这些进程经历了何种发展路径，其最终都成为当前全球治理领域关注的焦点问题。纵观联大的发展历史，其倡导推动的全球治理议程大体可以分为以下几种。

一、推动国际体系的去殖民化

联大主动推动的最具影响力的全球性议程就是倡导整个世界范围内的去殖民化。历史上西方列强的殖民行为对亚非拉广大地区造成极大的冲击，其推动的殖民化行为一直持续到二战结束后。随着传统欧洲殖民大国不复当年

---

① 联合国大会：《海洋和海洋法》，A/RES/57/141，2002年12月12日，第10页。

的影响力与控制力，加之当时国际社会逐渐兴起的反殖民理念，去殖民化成为当时国际社会的热门问题。联大在这一浪潮中起到主要的助推作用，其通过的一系列决议使得殖民行为基本消失，殖民这一概念也成为历史。可以说，联大推动的去殖民化进程是其最主要的一项全球治理议程。

联大的去殖民化进程始于20世纪60年代。在1960年9月23日的联大全体会议上，苏联领导人赫鲁晓夫谈及去殖民化进程，建议联大将这一问题纳入议事日程。随后苏联和以柬埔寨为代表的发展中国家也提出各自的草案，一致赞同取消殖民统治，反对一切形式的殖民主义，允许殖民地独立，平等尊重各个国家主权等内容。① 在上述两个草案的基础上，1960年12月14日，第15届联大第947次全会以压倒性赞成的结果（89票赞成、0票反对、9票弃权）通过了《给予殖民地国家和人民独立宣言》。宣言强调："迅速无条件终止各种形式之殖民主义"，号召反对外国的奴役、统治与剥削，"所有民族均有自决权"，反对任何形式的压制殖民地独立的行为，托管领土及非自治领土或其他尚未达成独立之领土内应"不分种族、信仰或肤色，按照此等领土各民族自由表达之意志"，保护国家统一与领土完整，"所有国家均应在平等及不干涉他国内政及尊重各民族之主权及其领土完整之基础上，忠实严格遵行联合国宪章、世界人权宣言及本宣言之规定"。② 在这一文件的影响下，联合国大会成为当时世界非殖民化的"旗手"，极大推动了亚非拉发展中国家脱离西方殖民势力、成为独立主权国家的历史进程。

虽然《给予殖民地国家和人民独立宣言》的通过有利于全世界范围内去殖民化议程的展开，但其后续发展过程却发生了一定的波折。1961年召开的第16届联大就发现这一决议的诸多关键内容并没有得到较好的实施。比如，第1654（XVI）号决议就强调，1514号决议的第五段所要求的内容，即"在托管领土及非自治领土或其他尚未达成独立之领土内立即采取步骤，不分种族、信仰或肤色，按照此等领土各民族自由表达之意志，将一切权力无条件无保留移交彼等，使能享受完全之独立及自由"，这些内容并没有得到相关会员国的充分执行。③ 基于此，1961年11月27日，联

---

① Yassin el-Ayouty, *The United Nations and Decolonization: the Role of Afro-Asia*, The Hague, Netherland: Martinus Nijhoff, 1971, pp. 208–210.
② 联合国大会：《关于准许殖民地国家及民族独立的宣言》，A/RES/1514（XV），1960年12月14日，第73—74页。
③ 联合国大会：《准许殖民地国家及民族独立宣言的实施情况》，A/RES/1654（XVI），1961年11月27日，第80页。

大决定成立"给予殖民地国家和人民独立宣言执行情况特别委员会",这一特别委员会的主要工作就是审查第1514(XV)号决议所载《给予殖民地国家和人民独立宣言》的适用情况,并就执行《宣言》的进展提出意见和建议。接下来,1963年12月16日第18届联大通过的第1970(XVIII)号决议又决定,解散原来设置的非自治领土情报审查委员会,并请"给予殖民地国家和人民独立宣言执行情况特别委员会"接替非自治领土情报审查委员会的职责,按照《联合国宪章》第七十三条(辰)款所递送的非自治领土情报。① 之后的历届联大会议都在审议特别委员会的报告后通过决议延长这一特别委员会的任期。

《给予殖民地国家和人民独立宣言》开启了联大参与治理殖民主义的历程,这一进程也在联大的主导下不断得到自我纠正和完善。在整个20世纪60年代里,全球去殖民化浪潮风起云涌,各个原殖民地地区纷纷独立,成立为新的主权国家。这种情况也使国际社会的构成发生了根本变化,以联大为代表的联合国不再是西方国家主导的国际组织,而开始成为发展中国家展现自身影响的国际舞台。

进入20世纪80年代后,虽然《给予殖民地国家和人民独立宣言》已经通过了近20年,世界大部分地区的去殖民化工作都得到顺利推进,但殖民主义制度仍在世界部分地区继续留存,比如当时南非残存的殖民主义。联大也在反思过去在这一领域工作得失的过程中,酝酿更为有效的去殖民化方式。基于这种情况,1980年12月11日第35届联大根据特别委员会的建议,唱名表决通过了第35/118号决议,决议载有名为《关于充分执行给予殖民地国家和人民独立宣言的行动计划》的附件。这份文件的主要内容可以总结为三个方面,分别是联合国会员国应终止同南非进行的一切政治、军事、经济和任何其他形式的勾结,进一步制裁南非的殖民主义行为;保护现有殖民主义统治下的领土,为其日后独立提供最大程度的可能性;进一步指导"给予殖民地国家和人民独立宣言执行情况特别委员会"未来的工作方向等。② 1988年9月7—10日举行的不结盟国家外交部长会议,讨论了《给予殖民地国家和人民独立宣言》的执行情况,在会议文件

---

① 联合国大会:《续设非自治领土情报审查委员会问题》,A/RES/1970(XVIII),1963年12月16日,第56页。

② 联合国大会:《关于全面执行〈给予殖民地国家和人民独立宣言〉的行动计划》,A/RES/35/118,1980年12月11日,第26—28页。

中阐述到，1990年将是《给予殖民地国家和人民独立宣言》发表30周年，建议联合国大会宣布1990—2000年的十年期为"根除殖民主义国际十年"，并通过一项旨在创造一个彻底消除世界范围内殖民主义的行动计划。① 第43届联大也基于这一会议成果通过了第43/47号决议，宣布1990—2000年为第一个铲除殖民主义的国际十年，并计划制定在不结盟国家外交部长会议中提及的行动计划。②

1991年12月13日，联合国秘书长向联大提交了名为《〈给予殖民地国家和人民独立宣言〉的执行情况：铲除殖民主义国际十年》的报告。这份报告详细阐述了推进"铲除殖民主义国际十年"的各种政策措施，先后在国际层面、联合国、管理国、会员国等不同层级角度阐述各自应履行的义务，凸显出各不同行为体在致力于铲除殖民主义方面的作用，特别是在报告第六部分详细阐述了特别委员会应采取的行动，包括定期编写有关《宣言》的执行进展与程度的分析报告；审查非自治领土的经济和社会局势对其宪法和政治发展进程的影响；"在非自治领土人民、他们选出的代表、管理国、会员国、区域组织、专门机构、非政府组织和专家的参与下，轮流在加勒比、太平洋区域并在联合国总部举办讨论会，审查在执行行动计划方面取得的进展"。③ 此外，特别委员会还要向非自治领土派遣观察员，鼓励其加入各种区域与国际组织等。同年的12月19日，第46届联大第78次全体会议通过了第46/181号决议。这份决议核准了秘书长报告中有关消除世界范围内殖民主义行动计划建议的所有措施。④

在第一个铲除殖民主义国际十年中，联大发挥作用的途径主要有两种：第一种是联大直接审议的议题；第二种是利用《给予殖民地国家和人民独立宣言》执行情况特别委员会治理这一议题。联大通常在全体会议或利用第四委员会直接审议非殖民化议题，每年都会通过有关这一议题的各项决议和决定。具体说来，这10年间联大每年审议的项目如下：《宣言》的执行情况；马尔维纳斯群岛（福克兰群岛）问题；东帝汶问题；依据

---

① 联合国大会：《在尼科西亚举行的不结盟运动国家外长会议的最后文件》，A/43/667－S/20212，1988年9月29日，第58页。

② 联合国大会：《铲除殖民主义国际十年》，A/RES/43/47，1988年11月22日，第61—62页。

③ 联合国大会：《〈给予殖民地国家和人民独立宣言〉的执行情况：铲除殖民主义国际十年》，A/46/634/REV.1，1991年12月13日，第6页。

④ 联合国大会：《铲除种族主义国际十年》，A/RES/46/181，1991年12月13日，第59页。

《宪章》有关条款递送的非自治领土信息；可能影响非自治领土人民利益的行为等。特别委员会则主要负责《宣言》执行工作的进展及其治理范围提出各种建议。特别委员会必须要对展开的各项具体活动形成文字资料并提交联大审议。当然，这一特别委员会从属于联大，在这10年内，联大不仅不断通过决议等文件指导特别委员会的工作，更是利用自身影响力不断呼吁相关国家加入特别委员会的工作中来。

1999年联大在审议美属萨摩亚、安圭拉、百慕大等非自治领土问题时，意识到2000年前已经不可能完成铲除殖民主义国际十年行动计划预设的结果。① 2000年12月8日第55届联大会议又在其通过的第55/146号决议中，宣布了2001—2010年为第二个铲除殖民主义的国际十年，但这届会议并没有制定相关行动计划，只是呼吁会员国继续加倍努力执行1991年秘书长报告附件所载的行动计划，并在必要时可以做出补充修订。② 次年的3月22日，秘书长在融合既有措施的基础上，提出有关第二个铲除殖民主义国际十年的行动计划，并强调这一行动计划的最终目标应当是全面执行《给予殖民地国家和人民独立宣言》，给予未实现自治的各领土人民行使其自决权利和独立权利。③ 然而，第二个铲除殖民主义国际十年的行动计划也没有达成既有目标，世界上仍存在未被彻底消除的殖民主义残留，比如美国对波多黎各的殖民问题。2009年7月11—16日，埃及沙姆沙伊赫举行了不结盟国家运动第15次国家元首和政府首脑会议。这次会议通过的最后文件重申波多黎各人民的自决权和独立权，敦促美国政府尽早将其占领的波多黎各土地和别克斯群岛和罗斯福路海军基地的设备归还给波多黎各，使其成为独立统一的主权国家，并呼吁联合国大会全盘审议波多黎各问题。④

基于上述情况，第65届联大于2010年12月10日正式用联大决议的方

---

① 联合国大会：《美属萨摩亚、安圭拉、百慕大、英属维尔京群岛、开曼群岛、关岛、蒙特塞拉特、皮特凯恩、圣赫勒拿、特克斯和凯科斯群岛及美属维尔京群岛的问题》，A/RES/54/90A，1999年12月6日，第4页。

② 联合国大会：《第二个铲除殖民主义国际十年》，A/RES/55/146，2000年12月8日，第1—2页。

③ 联合国大会：《第二个铲除殖民国际十年：秘书长的报告》，A/56/61，2001年3月22日，第1—6页。

④ 联合国大会：《2009年7月11日至16日在沙姆沙伊赫举行的不结盟国家运动国家元首和政府首脑第十五届首脑会议的最后文件》，A/63/965 - S/2009/514，2009年7月24日，第25—26页。

式开启了第三个铲除殖民主义国际十年,即从2011年持续到2020年。同第二个十年的行动计划的情况类似,第三个国际十年的行动计划是基于第二个十年的行动计划,并在其基础上按照实际情况进行了一定的调整。[①] 2014年12月5日,第69届联大第64次全体会议在审议了当年7月15日特别委员会报告向联大提交了2014年度的工作报告后,通过了第69/107号决议。这份决议不仅核准了特别委员会2014年的工作内容与2015年预期工作的方案,并邀请特别委员会继续寻求适当途径,以期立即充分执行《宣言》,开展大会铲除殖民主义国际的第二个和第三个十年核可的行动,特别包括以下方面:拟订终止殖民主义的具体提议,并就此向第70届联大提出报告;继续审查各会员国执行有关《宣言》及其他相关决议的情况;继续审查各非自治领土的政治、经济和社会状况,并根据具体情况酌情向联大提出应采取最适当步骤的建议;与有关管理国和领土开展合作,促使相关决议的顺利执行;根据有关决议继续向各非自治领土派遣视察团和特派团;酌情举办讨论会并为参会人员提供便利;采取一切必要步骤争取世界各国政府以及国家组织和国际组织的支持;每年举行声援非自治领土人民的团结周活动。[②]

可以说,自1960年12月第1514(XV)号决议,即《给予殖民地国家和人民独立宣言》通过后,联大在国际社会倡导了具备普遍意义的去殖民化进程。这一进程也是联大主导的最具历史意义的全球治理议程,并在很大程度上改变了当时的国际关系,使得发展中国家成为世界舞台上的一支新生力量。这一宣言通过后,联大也一直关注这一议程的发展,不断推动去殖民化进程的最终胜利。每一届联大都会召开专门会议审议《给予殖民地国家和人民独立宣言》的执行情况。截至当前最近的一次是2015年12月23日第70届联大第82次全体会议。当然,联大倡导的全球性议程不仅限于去殖民化,后文讨论的提出国际减贫发展战略等议程也具备重要的意义。

二、提出国际减贫发展战略

《联合国宪章》第九章规定了联大在发展领域具有广泛的权力,也有

---

① 联合国大会:《第三个铲除殖民主义国际十年》,A/RES/65/119,2010年12月10日,第1—2页。
② 联合国大会:《〈给予殖民地国家和人民独立宣言〉执行情况》,A/RES/69/107,2014年12月5日,第2—3页。

责任推动全世界经济与社会的进步，但联大建立之初，恰逢冷战爆发，频发的地缘政治冲突与大国对峙使得联大无暇也无法具体关注这一议题。随着发展中国家大量独立，并开始占据联大的多数席位，发展问题逐渐回到联大的主要议程中。联大开始讨论如巩固发展世界市场及改善经济发展较差国家的贸易状况；工业国家与发展落后国家间贸易比率的改善；设置联合国资本发展基金；向发展中国家加速流入资本及技术协助等议题。同时，一部分发展中国家并没有在20世纪50年代取得良好的发展成果，其与相对发达国家的差距反而逐渐拉大。在上述背景下，联大确定解决发展问题必须是国际社会采取联合一致的行动，利用多边办法促进国际经济合作。在实践上，联大开始制定十年发展战略，全面推动全球所有发展中国家的经济与社会发展，从而开启了全球发展治理领域的相关议程。

1961年12月19日，第16届联大决定开启联合国发展十年的战略，目标是国际社会携手努力、互相帮扶，在这10年内每个国家每年实现至少5%的增长速度。这一发展十年计划要求各个会员国对发展水平较低的国家采取必要的技术与资金援助，如提供必要的农业技术、提高识字率、发展职业教育、稳定初级产品价格等。[①] 1970年10月24日，第25届联大启动了第二个发展十年战略。这一战略的主要目标是使发展中国家的经济全面增长率至少达到6%，并努力实现其收入和财富的公平分配，涉及国际贸易、就业水平、人才教育、医疗卫生、住房、社会福利、保护环境等多个方面的政策措施，是国际社会再一次为创造更加公正且合理的国际经济社会秩序的全面努力，力图实现《联合国宪章》所描述的基本社会经济目标。[②] 相较于第一个发展十年战略，第二个发展十年战略显然更为全面，并强调发展中国家发展的主要责任在于自身，发展战略则是帮助他们增加财政来源，并从发达国家较为有利的经济和贸易政策中得到适当援助。[③] 1980年召开的第35届联大启动了第三个发展十年战略。这一发展战略承接的发展中国家主导的联大第六届特别会议通过的《建立新的国际经济秩序宣言》和《行动纲领》等重要文件，其目标是建立新的国际

---

① 联合国大会：《联合国发展十年：国际合作方案（一）》，A/RES/1710（XVI），1961年12月19日，第20—21页；联合国大会：《联合国发展十年：国际经济合作方案（二）》，A/RES/1715（XVI），1961年12月19日，第26页。

② 联合国大会：《第二个联合国发展十年国际发展策略》，A/RES/2626（XXV），1970年10月24日，第120—145页。

③ 联合国大会：《第一八八三次会议》，A/PV.1883，1970年10月24日，第311页。

经济秩序,希望从根本上消除发达国家和发展中国家的差距,促进更公平和平衡的国际经济秩序的产生。①

早期联大推动全球发展治理的动机是为了增进国际社会的和平与安全,其认为正是不发达国家导致了地区动荡,增进全球大繁荣则会减少这类动荡,实现联合国维护国际和平与安全的目标。然而,由于冷战的国际大环境,发展议题始终得不到国际社会的真正重视,这期间爆发的国际冲突必然影响上述三个十年发展战略的实施效果。虽然这三个发展十年战略开启了联大发展治理的议程,但其执行都没有达到预期目标。同时,联大的发展观念也存在一定问题,即单纯注重援助不发达国家一个问题是不可能全面解决发展问题,后续联大再推动这一议题时则采用了更为全面的方式,将可持续发展这一观念代入全球发展治理框架中,从单纯的减少贫困提升为增进全球经济、社会、环境、人权的全面发展。

三、全面推进全球环境治理

全球环境治理是全球治理理念在生态环境问题上的体现,虽然学界与政界已经反复阐述了这一概念,但学界尚未对其进行详细界定。可以简单地认为,全球环境治理就是指"为保护全球环境而建立起的一系列全球性组织机构、资金机制、规范、程序、公约、标准、措施和行动等的总和"。② 全球环境治理理念的出现,除了受全球治理理念的影响外,还同当代日益恶化的世界环境问题息息相关。冷战期间联大就开始审议不同类型的环境问题,其也是较早涉及这一领域的联合国机构。比如,早在1966年联大就注意到海洋资源的开发问题,并相继通过决议,利用国际合作的方式,加深对现有海洋资源的全面了解。③

在这些工作的基础上,联大开始从整体上着手全球环境治理的议程。1968年12月13日,第23届联大正式通过了名为《人类环境之问题》的决议,正式提出全球合作共同解决日益严重的环境问题,并决定于1972年

---

① 联合国大会:《联合国第三个发展十年国际发展战略》,A/RES/35/56,第126页。
② 王华、尚宏博、安祺、李丽平:《关于改善中国参与全球环境治理的战略思路》,《环境与可持续发展》2012年第6期,第10页。
③ 联合国大会:《海洋资源》,A/RES/2172(XXI),1966年12月6日,第1—4页;联合国大会:《有关海洋问题之国际合作》,A/RES/2414(XXIII),1968年12月17日,第38—39页。

召开联合国人类环境会议。① 之后的几届联大会议再度审议了这一议题，详细规定了召开会议的一系列准备工作，并强调联合国人类环境会议的主要宗旨是："充任一实际工具以鼓励各国政府及国际组织利藉国际合作，采取旨在保护与改善人类环境并补救与防止其受损害之行动，并对此种行动提供准则。"② 1972年6月5—16日，联合国人类环境会议正式在瑞典首都斯德哥尔摩举行。这次会议是全人类第一次将环境问题列为世界性议题，并尝试联合各个主权国家与联合国相关机构，共同推进环境治理的进程。这次会议还通过了影响深远的《联合国人类环境宣言》《人类环境行动计划》等重要文件，并决定在联合国框架内设置环境规划理事会，以确保解决各个治理主体之间的协同性问题。③

表3—1 第27届联大通过的有关人类环境会议的决议列表

决议号	决议主要内容
A/RES/3004（XXVII）	环境秘书处的地点
A/RES/3003（XXVII）	环境方面最有特殊贡献的国际奖金
A/RES/3002（XXVII）	发展及环境
A/RES/3001（XXVII）	联合国关于人类居住区的会议展览
A/RES/3000（XXVII）	保护和改善环境的举措
A/RES/2999（XXVII）	设立人类居住区国际基金或金融机构
A/RES/2998（XXVII）	多边筹供住宅建设和人类居住区所需资金准则
A/RES/2997（XXVII）	国际环境合作的组织和财政安排
A/RES/2996（XXVII）	国际对环境的国际责任
A/RES/2995（XXVII）	各国在环境方面的合作
A/RES/2994（XXVII）	联合国人类环境会议

资料来源：联合国正式文件系统。

1972年的第27届联大也重点讨论了联合国人类环境会议，并审议了这次会议的成果。如表3—1所示，当年的联大通过了一系列有关联合国人

---

① 联合国大会：《人类环境之问题》，A/RES/2398（XXIII），1968年12月13日，第3页。
② 联合国大会：《联合国人类环境会议》，A/RES/2581（XXIV），1969年12月15日，第49页。
③ 联合国大会：《联合国人类环境会议报告书》，A/CONF.48/14/REV.1，1972年，第3—66页。

类环境的会议，突出反映了联大对这次会议的关注。可以说，这些决议又分别从自身的角度，详细规定了联合国人类环境会议相关成果进一步实施的具体细节，以推动其目标的早日实现。

当然，包括联大在内的各种行为体都深知仅靠一次环境大会无法实现全球环境治理的根本目标。联合国人类环境会议在召开的过程中，就明确建议联大组织召开第二次联合国人类环境会议。[1] 1988年12月20日，第43届联大正式将召开第二次联合国环境会议提上了日程，进而决定了这次会议召开的时间与讨论的主要内容。[2] 次年的第44届联大则正式确定这次会议名为联合国环境和发展会议，会议主办国为巴西，会议为期约两周，以配合1992年6月5日的世界环境日；强调治理环境时，发展中国家特别是经济困难的发展中国家，可以根据其能力与责任参与环境治理行动；设立联合国环境和发展筹备委员会，以组织与筹备联合国环境和发展会议的召开。[3]

经过三次筹备会议后，联合国环境与发展会议最终在1992年6月3—14日于巴西的里约热内卢顺利召开。这次大会通过了《关于环境与发展的里约热内卢宣言》《21世纪议程》《关于所有类型森林的管理、保存和持续开发的无法律约束力的全球协商一致意见的权威性原则声明》等会议文件，并在会议上正式开放签署《联合国气候变化框架公约》和《生物多样性公约》。[4] 当年下半年召开的第47届联大通过决议认可了上述会议成果，并号召联合国整个系统、各个成员国政府以及其他政府间组织和非政府组织立即采取行动，有效落实会议成果的后续工作，履行各自的承诺，"特别是按照《21世纪议程》第四章的规定确保提供实施手段，其中应特别强调财务资源和机制、无害环境技术的转让、合作与能力建设以及国际体制安排的重要性，以期所有国家均能达到可持续发展的目标"。[5]

---

[1] 联合国大会：《联合国人类环境会议报告书》，A/CONF.48/14/REV.1，1972年，第62—63页。

[2] 联合国大会：《联合国环境和发展会议》，A/RES/43/196，1988年12月20日，第181—182页。

[3] 联合国大会：《联合国环境和发展会议》，A/RES/44/228，1989年12月22日，第196—200页。

[4] 联合国大会：《联合国环境与发展会议的报告》，A/CONF.151/26/Rev.1（Vol.1），1993年，第3—443页。

[5] 联合国大会：《联合国环境与发展会议的报告》，A/RES/47/190，1992年12月22日，第2页。

后续联大在推进这一治理领域时逐渐将其同发展领域结合,以更为全面的全球治理框架制定环境治理领域的标准。比如后续召开的 2002 年约翰内斯堡会议和 2012 年里约会议都不再仅限于环境问题,其会议成果也成为后续联大制定可持续发展相关宣言与目标的基础文件。

四、组建联合国紧急维和部队

联合国的主要工作之一就是维和,通常这一任务由安理会主导,但联大在这一领域并不是毫无建树,日趋成熟的联合国大会也开始拥有自身的维和功能,曾开创了以联合国紧急部队的维和方式,冲破了原来自身的权力限制。

联大有能力参与安理会主导的维和议题与当时的历史背景密不可分。随着冷战的全面爆发,东西方国家出现明显的分裂与敌对,这种情形很快蔓延到联合国。美国学者玛格丽特·鲍尔(M. Margaret Ball)曾在 1951 年《国际组织》第一期撰文表示,联合国大会自成立起就面临同国联大会一样的难题,即集团式投票(bloc voting),国家之间会因地区、意识形态、共同利益等原因组成国家集团并在联大会议中采取较为一致的表决行为。[①] 当时的安理会无法有效治理国际危机,美国继续寻求联大方向的突破,试图利用联大绕过苏联在安理会的否决权,进而加强自身在世界政治上的影响力度。

正是在这一背景下,联合国大会出现了其发展史中第一个标志性事件,即通过第 377 号决议,也称为"联合一致共策和平"(Uniting for Peace)。该决议通过时正值朝鲜战争,也是美苏冷战的关键时期。由于当时的联合国不承认新中国,转而接纳败退到台湾的蒋介石政府。当时苏联驻安理会的代表马力克开除国民党当局的提案遭到否决后,苏联就拒绝参加安理会相关会议抵制这一决定。然而,美国却借用这一时机,先后通过了多个有利于自身的决议,并组建了干涉朝鲜战争的联合国军,使朝鲜战争向极度有利于美国的方向发展。1950 年 8 月苏联重返联合国后,不断用否决权否决掉美国的提案。美国也不断动用否决权否决苏联的提案。这时

---

① M. Margaret Ball, "Bloc Voting in the General Assembly," *International Organization*, Vol. 5, No. 1, 1951, pp. 3 – 31.

的安全理事会已经不能正常发挥作用，无法就朝鲜战争的解决达成任何有效的决议。在这种情势下，美国计划绕过安理会中不断动用否决权的苏联，转而利用自身盟友众多的优势，加强联大在国际安全与和平方面的职能。就是在这一历史背景下，美国联合加拿大、法国、菲律宾、土耳其与乌拉圭向联大提交了"联合一致共策和平"提案，并于当年11月3日以52票赞成、5票反对、2票弃权获得通过。

第377号决议最为重要的内容是规定，一旦发生有碍和平的国际危机且安全理事会因不能达成大国一致而无法发挥主要职能时，联合国大会可以根据危机形势采取必要的建议措施，包括使用武力。如果上述国际危机没有处于联大开幕期，那么联大可以根据安全理事会任何7个理事国或联合国一半会员国的认可，在一天之内召开紧急特别会议处理上述危机。这一表决内容同样作为决议附件载入联大议事规则修正案。[1] 在当时的历史背景下，这一决议产生的主要原因是美国计划绕过苏联在安理会的否决权，一定程度上可以利用联大架空安理会，从而通过盟国利用自身的多数原则，满足自身的美国战略需要。在这个意义上，第377号决议无疑是美苏冷战的产物，是美国争夺全球霸权的工具。

然而在另一层面，第377号决议后续的应用与影响却远超当时提议者的预期。一方面，第377号决议直接针对的苏联并没有强烈反对该决议，这是因为该决议在根本上并没有动摇或削弱苏联在安理会的否决权，并且苏联也有机会利用这一决议实现自身的战略目标。另一方面，这一决议也得到了诸多中小国家的支持，因为这些国家大多只有在联大才有机会参与世界政治，加强联大一直是其努力达成的目标。就是在这些因素的影响下，第377号决议成为联合国大会发展史中的里程碑式的文件，标志着其在国际安全与和平事务中的权力得到极大延伸和拓展。在法律程序上，第377号决议使得联大有可能在安理会无法做出决议时代替安理会，标志着安理会的权力第一次向联大转移。[2] 至今，联合国已经根据这一决议召开了10届紧急特别会议，在诸多国际危机中发挥过重要作用。如在1956年的苏伊士运河危机中，英法两国在安理会否决了停火决议，安理会职能再

---

[1] 决议相关内容，参见联合国大会：《联合一致共策和平》，A/RES/377（V），1950年11月3日，第10—12页。

[2] 黄惠康：《论联合国维持和平部队的法律基础》，《中国社会科学》1987年第4期，第163—174页。

度陷入停滞。第 377 号决议再度发挥作用，对结束第二次中东战争发挥了重要作用。可以说，这是"联合一致共策和平"最为成功的一次运用，也为日后联大介入维和行动铺平了道路。

1956 年 10 月 29 日，英国、法国、以色列三国联合进攻埃及，苏伊士运河危机（第二次中东战争）全面爆发。虽然联合国安理会迅速做出反应，要求各方停火撤军，但决议均被英法两国否决，安理会已经无力采取有效措施平息危机，维持和平局势。在这种情况下，当时的南斯拉夫驻联合国代表援引第 377 号决议，提设要求召开紧急特别联大，试图利用联大处理这次危机。① 当年的 11 月 1 日，第一届紧急特别联大顺利召开，讨论了苏伊士运河问题。与会的多数国家代表谴责了英法以三国对埃及的武装入侵。如约旦代表表示："全世界都在目睹以色列对埃及明目张胆的侵略与法国和英国对埃及领土及其人民武装探险队进行的武装远征。"② 11 月 2 日，紧急特别联大通过美国提交的议案，呼吁交战各方停火；军队撤至停火线之后；建议各国避免将军用物资运至交战地区；呼吁在苏伊士运河恢复自由航行等。③ 4 日，紧急特别联大会议又通过决议，要求秘书长在 48 小时内制定计划，组建联合国紧急部队（United Nations Emergency Force, UNEF），以保卫并监督停火决议的实施。④ 不久后，秘书长拟出计划书，并获得联大认可，第一支联合国紧急部队随后组建而成。

这支部队为当时苏伊士运河危机的解决提供了重要帮助，其在战争双方之间建立了缓冲地带，监督英法以三国后续的撤军行动，消除敌对行为，使得危机得到初步控制。⑤ 除这一点外，联合国紧急部队更是联大决议派出维和部队的首例，也是整个联合国第一次在维和行动中派出隶属于自身的维和部队，开创了联合国派遣维和部队解决地区危机的先河。⑥ 虽

---

① 联合国安理会：《南斯拉夫草案》，S/3719，1956 年 10 月 30 日，第 1 页。
② 联合国大会：《大会官方记录——第一届紧急特别大会—第 526 次全会》，A/PV. 562，1956 年 11 月 1 日，第 14 页。
③ 联合国大会：《1956 年 11 月 1—10 日联合国大会第一紧急特别大会所通国之决议》，997（ES-I），1956 年 11 月 2 日，第 2 页。
④ 联合国大会：《1956 年 11 月 1—10 日联合国大会第一紧急特别大会所通国之决议》，998（ES-I），1956 年 11 月 4 日，第 2 页。
⑤ 有关第一支联合国紧急部队在苏伊士运河危机中的作用，参见 United Nations, "UN Emergency Force (UNEF 1)," United Nations Peacekeeping, http://www.un.org/en/peacekeeping/missions/past/unef1backgr2.html（最后访问时间：2017 年 2 月 20 日）。
⑥ 刘恩照：《联合国维持和平部队》，《国际问题研究》1989 年第 2 期，第 54 页。

然在后续的历史发展中，联大几乎没有再派遣出隶属于自身的紧急维和部队，但以安理会为主的机构却可以基于这次先例而派遣出其他类型的维和部队，行使联合国的维和职能。正是从这个意义上说，联大开创了维和部队的先例，倡导了这一新的议程。

以上是联大主要倡导的新全球性议程。这些议程具有两个共性。在时间上，这些议程都是联大在冷战期间就着手推动的，几乎都演变成为当前历届联大都要审议的重要议题。虽然这些议程可能在联大之前就已经存在，但在经历过联大关注和审议后，这些议程才真正成为流行于整个世界的治理议题。这也是这些议程拥有的第二个共性。事实上，联大不仅可以主导推动议程，更有能力制定通行的全球治理标准，以在全球治理体系中发挥更大的影响力。

第四节　制定全球治理标准

冷战结束后，联合国有能力与意愿集中大部分精力致力于各个全球性问题领域的治理。作为联合国的核心机构之一，联大可以更为积极的方式参与全球治理。联大的全球治理功能不仅是倡导新的全球治理议程，还包含制定相应的全球治理标准。联大制定全球治理标准的方式主要是制定相关治理领域的宣言文件。由于联大涉及的治理领域过多，本书这一部分将只阐述联大制定通过的更具综合性的全球治理标准。通常，这些文件会涵盖当前全球治理关注的绝大部分领域，也会包含这些全球性问题领域未来具体的治理目标和行动路径，并且更具有历史意义与指导意义。

一、推出新的《和平纲领》与《发展纲领》

冷战期间超级大国之间的全面对峙，必然导致政治军事议题是国际社会和联合国关注的焦点，但冷战的终结使得联大有机会推动更为深层次且多领域的全球治理。除了国际环境发生根本变化外，联合国大会有能力引导全球发展治理革新的另一个原因，是联大在全球治理领域拥有较高的权威和成熟经验。《宪章》第九章明确规定了联大是联合国推动国际经济与社会多领域发展中权威最高的机构。在实践上，联大也在积极行使《宪章》赋予这一部分职权,曾在冷战期间制定过三个十年发展战略。由于上述冷战的背景和联合国自身能力的限制,以前制定的三个发展战略并未取得良好成绩,但其却对联大发展观念的进步与经验累积起到了相当大的借鉴作用。

基于上述原因,联合国大会在20世纪90年代初开始推动新的全球发展战略。在1990年召开的第45届联大会议上通过决议,宣布自1991年1月1日至2000年12月31日,联合国开始了第四个"发展的十年",并制定通过了第四个发展十年的国际发展战略。其主要宗旨是确保这十年发展中国家加速发展和巩固国际合作,为此国际社会要加快发展中国家经济增长的速度,坚持在全世界范围内的可持续发展议程,重点改善国际货币与金融制度,保障世界经济的稳定局面,加强国际发展合作,专注解决最不发达国家的发展问题,具体政策手段除了推动经济贸易改革外,也包括环境等领域的改善,以更全面更可持续的方式推动发展问题的治理水平。①为了顺利推动这一战略,联大还决定每隔一年由联大通过经社理事会审查并评价发展战略的执行情况,秘书长也可以就这一议题提出适当建议。正是联大第45/199号决议的授权,使得秘书长在这期间先后制定了涉及大部分全球性问题的《和平纲领》与《发展纲领》两份文件。

(一)《和平纲领》

1992年1月31日,联合国安理会在举行完第一次国家元首和政府首脑级会议后,发表了一份主席声明,强调安理会为了增强集体安全承诺的实效,加强履行《宪章》赋予的维持国际和平与安全的能力,邀请"秘书长就如何在《宪章》的构架和条款的范围内,加强联合国从事预防性外交、建立和平与维持和平的能力与效率提出他的分析和建议,在1992年7月1日以前分送联合国会员国"。②次年的6月17日,秘书长的报告就已经完成。这份报告主张联合国在新的国际形势下要完成以下维护和平安全的目标:在暴力冲突发生之前尽早运用外交消除危机;发生冲突后要致力于重建和平;冲突停止后则尽力维持和平和调停冲突各方达成协议;积极缔造和平,恢复冲突国家战前的发展环境;积极运用国际法手段解决经

---

① 联合国大会:《联合国第四个发展十年国际发展战略》,A/RES/45/199,1990年12月21日,第142—154页。

② 联合国安理会:《安全理事会主席的说明》,S/23500,1992年1月31日,第3页。

济、社会和政治三方面的冲突根源。达成上述目标的最理想有效的外交手段就是预防性外交，通过建立信任措施、事实调查、预警、非军事区这些手段实现对国际冲突的预防，但冲突发生后，联合国也要积极利用各种手段建立和平、维持和平。报告还强调联大等其他部门都应同安理会分担维持国际和平与安全的主要责任，每一个部门的作用都不可或缺。①

秘书长这份报告得到了各会员国代表的赞赏。在这份报告的基础上，1992年12月18日第47届联大第91次全体会议通过了名为《和平纲领：预防性外交和有关事项》的决议。这份决议重点阐述了报告中有关预防性外交的内容，确定了预防性外交的定义、目的、手段等多个方面，并强调联大在预防性外交方面具有非常重要的作用，即联大应在《联合国宪章》规定的职权和责任下，同安全理事会和秘书长共同协调此方面的工作。② 由于第47届联大没有充足时间审议秘书长的报告，有关报告《和平纲领》的其他内容在1993年之后才得到继续审议。1995年1月25日，秘书长在联合国50周年之际，向联大和安理会提交了《和平纲领》补编，补充增加了一部分内容，使得联合国预防性外交的内容更加完善。③

（二）《发展纲领》

这时期的联合国大会在关注国际安全治理领域时，也在考虑推动发展问题对实现国际和平的积极影响。1992年底通过的《和平纲领》特别"强调必须采取国际行动来加强会员国的社会经济发展，作为促进国际和平与安全的途径之一"，"需要有一个'发展纲领'来补充'和平纲领'"。④ 可以说，《和平纲领》的制定也在要求联合国更加重视发展议程，没有世界的发展，贫困只会使得世界出现战争与动荡，不利于《和平纲领》目标的实现。

1992年9月11日，刚上任不久的加利秘书长向联大提交其上任后的

---

① 联合国大会：《和平纲领：预防性外交、建立和平与维持和平》，A/47/277 – S/24111，1992年6月17日，第1—25页。
② 联合国大会：《和平纲领：预防性外交和有关事件》，A/RES/47/120，1992年12月18日，第52—55页。
③ 联合国大会：《〈和平纲领〉补编：秘书长在联合国五十周年提出的立场文件》，A/50/60 – S/1995/1，1995年1月25日，第1—26页。
④ 联合国大会：《和平纲领：预防性外交和有关事件》，A/RES/47/120，1992年12月18日，第52页。

第一份年度报告。在这份报告中,加利秘书长提出要利用冷战后新的国际环境革新联合国,使其有能力全面处理全球经济、社会、环境及政治各方面的问题,在发展问题上解决不发达国家的贫困与发达国家发展停滞的问题,特别是提到联合国应推动解决诸多发展问题的综合办法,即发展纲领。① 1992年第47届联大在审议《和平纲领》的同时,就将制定《发展纲领》提进了会议日程,邀请秘书长协调各国立场,积极搜集联合国系统各个机构的看法和方案,并在第48届联大会议上提交有关发展议程的报告,以供会员国审议。②

根据秘书长的工作进度,第48届联大决定邀请秘书长参考经社理事会1994年的相关会议,并向第49届联大提出有关这一议题的必要建议,以开展发展议程的后续活动。③ 在第49届联大正式召开前,秘书长已经完成有关发展纲领结论和建议的研究报告。该报告的导言就指出,发展是一项基本人权,也是和平最为稳固的基础,但发展事业正处于危机之中,人类正在忽视发展可以带来的成就,发达国家正在减少对外援助的热情,而贫穷落后的国家正在落后得更远,秉持解决发展问题的联合国更应该肩负这一重要使命,在维持和平的同时倡导更为全面的世界发展,力求通过发展问题的解决带动更为持久的和平。④ 报告接下来阐明了发展的内涵,提出发展具有5个重要范畴,分别是和平、经济、环境、正义和民主,其中和平是基础,经济是进步的动力,环境是可持续能力的基础,正义是社会的柱石,民主是善政。发展的这5个范畴密切相关,是联合国、世界各国政府、组织和人民几十年间发展合作得出的宝贵经验。这份报告还明晰了联合国各个机构在发展问题上的作用和已经取得的成绩,并对联大的地位做出了进一步的明确。

1994年8月22日,联大主席根据第48/166号决议的内容,对秘书长的报告进行世界听询摘要,并记录了听询和其他协商过程中搜集的事项和问题。⑤ 同时期,经社理事会也按照大会的建议,就制定《发展纲领》展

---

① 联合国大会:《秘书长关于联合国工作的报告》,A/47/1,1992年9月11日,第19—31页。
② 联合国大会:《发展议程》,A/RES/47/181,1992年12月22日,第1—2页。
③ 联合国大会:《发展议程》,A/RES/48/166,1993年12月21日,第1—2页。
④ 联合国大会:《发展纲领:秘书长的报告》,A/48/935,1994年5月6日,第3—4页。
⑤ 联合国大会:《发展纲领:大会主席的说明》,A/49/320,1994年8月22日,第1—53页。

开了会议讨论，进一步丰富了联合国秘书长的报告。根据有关各方举行的讨论和反馈的意见，秘书长向第49届联合国大会提交了名为《发展纲领：建议》的报告。这一报告首先提出了4项基本建议：一是承认发展是当代最紧要、影响最深远的任务；二是完善发展的5个范畴——和平、经济、保护环境、社会正义和民主必须是紧密联系的整体，缺一不可，但发展的核心必须是增进人类的幸福，消灭贫穷并满足所有人民的迫切需求，使人人都拥有就业的机会；三是应在国际合作新框架内体现发展的优先地位和范畴以及正在形成的国际共识；四是联合国必须在这个发展合作的新框架内发挥政策领导和业务两方面的作用。在后文有关有效多边发展制度的建议方面，秘书长认为联大在制定新发展合作框架上应发挥主要作用。联大"应确定国际合作和政策拟订方面的紧急问题，作为一个论坛定期查明缺漏和矛盾情况，以及在发展、贸易和金融领域新出现而可能超出业务范围、较为狭窄的机构的权限的问题"，联大也应"集中精力于制定必要的规范、标准和行动规则，以便在瞬息万变的国际环境中维持全球相互依存的关系，并鼓励采取一种综合步骤来促进经济和社会发展"。[1]

1994年12月19日第49届联大第92次全体会议则在秘书长、上届联大会议主席、经社理事会三方工作的成果上，进一步强调共识框架的拟定，以深化国际发展合作，加大联合国在此议题中的作用。为此联大第92次全体会议决定设立一个不限成员名额的特设工作组，以听取秘书长报告和协调经社理事会，从而"最后确定和通过发展纲领的适当方式"。[2]该特设工作组于1995年开始工作。在与各国和国际组织进行沟通后，特设工作组于1996年6月20日向联大提交了三份报告草稿，分别完善了《发展纲领》的背景和目标、政策框架与实施手段、机构问题和后续行动三个部分。1997年第51届联大会议在审议发展纲领问题大会不限成员名额特设工作组的报告后，顺利通过了《发展纲领》这一重要文件。[3]

《发展纲领》是基于秘书长之前提交的若干报告和特设工作组的三份报告草稿上形成的。《发展纲领》的序言就明确指出联合国认定的发展内涵，认为持续的发展应包括经济发展、社会发展和环境保护三者的相互依存、相互补充。同时，持续发展还应包含民主、人权和自由，女权以平等

---

[1] 联合国大会：《发展纲领：建议》，A/49/665，1994年11月11日，第9页。
[2] 联合国大会：《发展纲领》，A/RES/49/126，1994年12月19日，第190页。
[3] 联合国大会：《发展纲领》，A/RES/51/240，1997年6月20日，第1页。

地位参与社会各个领域也是发展的必要因素，而这种发展对所有国家，特别是发展中国家的经济和社会至关重要。制定《发展纲领》就是为了实现这种发展而努力推动国际社会开展更为深层次的合作。为了实现这一目标，《发展纲领》"确认在发展进程中各国的政策和措施占有首要地位，并吁求采取行动促成一个具有生气而又能动的国际经济环境，其中包括建立一个开放的、按规则行事的、公平的、有保障的、非歧视性的、透明而可预测的多边贸易体制及促进投资、技术、知识的转让方面加强国际合作，从所有来源调动和提供财政资源促进发展，制定战略解决发展中国家外债和还本付息问题以及有效地利用现有的资源"。①

在背景和目标部分中，《发展纲领》认为和平与发展密切关联且相互支持，一旦和平与安全消失，实现目标不可能实现，而冷战后世界发展的形势并不乐观，国际贸易环境恶化，最不发达国家深陷世界经济的边缘。这些背景条件使得发展问题的目标应是加强发展方面的国际合作与促进基于综合途径的发展，要实施所有国际协议和对发展的承诺；提高联合国系统在发展议题中的作用、能力、效力和效率；多种路径共同发展，以实现以人类福祉为中心的共同发展。《发展纲领》的第二部分则从经济、社会、妇女权利、儿童权利、人口与发展和国际移徙、环境、人道主义、参与发展、拥有特殊情况的国家、执行方法各个议题进行了详细阐述，用以论述联合国新的发展纲领政策框架及实施手段。纲领第三部分涉及机构问题和后续行动，强调联合国可以就全球的重要问题凝聚共识，成为最具代表性的国际论坛，其在发展问题上的作用不可替代。这其中，联合国大会应是这一领域最高的政府间机制，也是各国就发展问题进行对话的主要论坛，可以在发展问题上提供更强有力的政策领导。②

联大在20世纪末的全球治理中做出的突出贡献就是1997年第51届联大会议通过的《发展纲领》。其不仅是上述几届联合国大会最为重要的会议成果的总和，更是联合国大会倡导下形成的第一份全面阐述发展问题的纲领性文件，是联合国全球发展治理观念变化历程中的里程碑，具有重要的历史意义。《发展纲领》在融合世界大多数国家共识的基础上，全面阐述了世界在经济、社会、环境等多方面的发展目标和手段。这之后的联合

---

① 联合国大会：《发展纲领：附件》，A/RES/51/240，1997年6月20日，第2页。
② 有关《发展纲领》更为详细的阐述，参见联合国大会：《发展纲领：附件》，第2—65页。

国历届大会也都在强调发展问题的重要性，通过的各个有关发展问题的决议也拥有了基石和指南。①《发展纲领》的影响力一直持续到今天，其所倡导的发展理念也不断得到推广和完善。

仅以联合国大会治理贫穷的活动为例。《发展纲领》在制定过程中曾反复强调发展的目标之一就是消灭贫困，通过增加人类福祉的方式维持更久的和平，但当时贫穷仍是一部分发展中国家和欠发达国家普遍存在的问题。1996年第51届联大决议就将1997—2006年定为联合国第一个消灭贫穷十年，不仅要求后续的联大会议每两年审议之后的主题，还采取诸多实际措施，如组织联合国相关部门将这一议题列为高度优先，制定相关活动计划与策略；重申发达国家应遵照的国际发展援助比例（国民生产总值的0.7%，其中0.15%—0.2%制定用于最不发达国家），使其能更加主动地承担国际义务；邀请相关国际组织减免贫穷国家的债务；吁请全世界所有主权国家向消灭贫穷活动专设的信托基金捐款等。② 可以说，《发展纲领》为之后世界开展消灭贫穷活动提供了努力的标准与目标。

综合《和平纲领》和《发展纲领》，可以发现二者都是联大在20世纪末制定的重要全球治理标准。《和平纲领》注重全球安全的相关议题，推动预防性外交这一理念。《发展纲领》则涵盖更为广泛的领域，它的出现不仅标志着联大发展理念的成熟，抛弃单纯以追求经济增长为目标的简单治理模式，也决定联大将在发展治理的框架下，全面推动经济、环境、和平、安全、民主等多个领域的治理，制定全方位的治理标准。后续联大则在二者的基础上制定了更多有关全球治理的标准，这其中最闻名的就是21世纪初联大主导推动的联合国千年发展目标。

二、规划联合国千年发展目标

在《和平纲领》与《发展纲领》等文件的基础上，联大在2000年联合国千年首脑会议上，正式提出《联合国千年宣言》这一重要成果，其与后续的一系列文件成为21世纪初联大制定的全球治理标准。2000年9月8

---

① 孙洁琬:《论联合国发展观念的更新与丰富》，《政法论坛》2001年第4期，第151—153页。
② 联合国大会:《第一个联合国消灭贫穷十年》，A/RES/51/178，1996年12月16日，第175—177页。

日,世界各国领导人在联大举行会晤,一致决定通过了《联合国千年宣言》这一重要文件。第55届联大一致通过的《联合国千年宣言》,首先阐明了联大在21世纪坚持的价值原则,即自由、平等、团结、容忍、尊重大自然、共同承担责任,在这些原则的基础上,以联大为代表的联合国要团结整个世界完成下列7项治理任务,即和平、安全与裁军;发展与消除贫困;保护我们的共同环境;人权、民主与善政;保护易受伤害者;满足非洲的特殊需要;加强联合国。① 在规定上述任务的基础上,第55届联大马上着手启动执行进程,期望尽早将《联合国千年宣言》中的各项承诺转化为具体行动。在这一过程中,联大除了要求国家、区域、国际各级实体与组织全面执行《联合国千年宣言》外,还邀请联合国秘书长制订执行《联合国千年宣言》的长期"行进图",并提交第56届联大会议审议。②

2001年9月,秘书长基于《联合国千年宣言》的主要内容制定了名为《执行〈联合国千年宣言〉的行进图》的报告,并向第56届联大提交审议。同年的12月14日,第56届联大以决议的方式认可了秘书长制定的"行进图",要求"联合国系统在执行千年宣言的过程中,把'行进图'当作一个有用的指南,并邀请会员国、布雷顿森林体系相关机构、世界贸易组织和其他有关各方在为实现与宣言有关的各项目标制定计划时考虑到'行进图'"。③

《执行〈联合国千年宣言〉的行进图》的主要贡献是其提出的8项目标,共涵盖了18项具体目标和48项指标(如表3—2所示)。这些目标也统称为"千年发展目标"。秘书长制定的千年发展目标成为21世纪全世界治理全球问题,特别是发展、经济、环境等议题领域的标准。在后续的推进过程中,联大也在不断进行审议,定期考察目标完成程度,并对一些指标进行完善。联合国千年发展目标是当代联大制定的最具广泛性的全球治理标准,指导着全世界推动所有热点治理领域的发展。

---

① 联合国大会:《联合国千年宣言》,A/RES/55/2,2000年9月8日,第1—9页。
② 联合国大会:《千年首脑会议成果的后续行动》,A/RES/55/162,2000年12月14日,第1—2页。
③ 联合国大会:《千年首脑会议成果的后续行动》,A/RES/56/95,2001年12月14日,第1页。

表3—2 联合国千年发展目标和具体指标表

目标和具体目标		具体指标
目标 1. 消灭极端贫穷和饥饿		
具体目标 1	在 1990 年和 2015 年之间，将每日收入低于 1 美元的人口比率减半	1. 每日收入低于 1 美元的人口比率 2. 贫穷差距比（发生率×贫穷严重程度） 3. 最贫穷的五分之一人口在国民消费中所占份额
具体目标 2	在 1990 年和 2015 年之间，将挨饿的人口比例减半	4. 体重不足儿童（5 岁以下）的普遍性 5. 低于食物能量消耗最低水平的人口比例
目标 2. 普及初等教育		
具体目标 3	确保 2015 年前所有适龄儿童都能接受初等教育课程	6. 初等教育净入学率 7. 一年级学生读到五年级的比例 8. 15 至 24 岁人口的识字率
目标 3. 促进男女平等并赋予妇女权利		
具体目标 4	建议在 2005 年前消除初等教育和中等教育中的两性差距，最迟于 2015 年在各级教育中完全消除两性差距	9. 初等、中等和高等教育中女童和男童的比例 10. 15 至 24 岁人口女男识字比例 11. 妇女在非农业部门挣工资者中所占份额 12. 国家议会中妇女所占席位比例
目标 4. 降低儿童死亡率		
具体目标 5	在 1990 年至 2015 年之间，将 5 岁以下儿童的死亡率降低三分之二	13. 5 岁以下儿童死亡率 14. 婴儿死亡率 15. 接受麻疹免疫接种的 1 岁儿童比例
目标 5. 改善产妇保健		
具体目标 6	在 1990 年至 2015 年之间，将产妇死亡率降低四分之三	16. 产妇死亡率 17. 由熟练保健人员接生的比例
目标 6. 与艾滋病毒/艾滋病、疟疾和其他疾病作斗争		
具体目标 7	到 2015 年制止并开始扭转艾滋病毒/艾滋病的蔓延	18. 15 至 24 岁孕妇感染艾滋病毒的普遍程度 19. 避孕普及率 20. 因艾滋病毒/艾滋病而成为孤儿的人数
具体目标 8	到 2015 年制止并开始扭转疟疾和其他主要疾病的发病率增长	21. 疟疾发病率及与疟疾有关的死亡率 22. 疟疾风险区使用有效预防和治疗疟疾措施的人口比例 23. 肺结核发病率及与肺结核有关死亡率 24. 短期直接观察治疗方案下查出和治愈的肺结核病例比例

续表

目标和具体目标		具体指标
目标7. 确保环境的可持续能力		
具体目标9	将可持续发展原则纳入国家政策和方案，并扭转环境资源的损失	25. 森林覆盖地带所占比例 26. 为保持生物多样性而加以保护的地带 27. 国内总产值每单位能耗（代表能效） 28. （人均）二氧化碳排放量［加上全球大气污染的两个体现：臭氧枯竭和全球变暖气体的积累］
具体目标10	到2015年将无法持续获得安全饮用水的人口比例减半	29. 可以持续获得改良水源的人口比例
具体目标11	到2020年使至少1亿贫民窟居民的生活有明显改善	30. 卫生条件改善的人口比例 31. 享有可靠房地产保有权的人口比例［为监测贫民窟居民生活改善情况，可能应当按城市/农村分列上述几项指标］
目标8. 全球合作促进发展		
具体目标12	进一步发展开放的、遵循规则的、可预测的、非歧视性的贸易和金融体制包括在国家和国际两级致力于善政、发展和减轻贫穷	32. 官方发展援助净额在经合组织/发援会捐助国国民总收入中所占百分比（指标为共计0.7%，其中0.15%给最不发达国家） 33. 官方发展援助用于基本社会服务（基础教育、初级保健、营养、安全饮水和卫生）的比例
具体目标13	满足最不发达国家的发展需要	34. 不附带条件的官方发展援助的比例 35. 用于小岛屿发展中国家环境的官方发展援助的比例 36. 用于内陆国运输部门的官方发展援助的比例市场准入 37. 免征关税和不实行配额的出口的比例（按价值计算、不包括军火） 38. 农产品以及纺织品和布料的平均关税和配额

续表

	目标和具体目标	具体指标
具体目标 14	满足内陆国和小岛屿发展中国家的特殊需要 （通过《小岛屿发展中国家可持续发展行动纲领》和大会第二十二届特别会议的结果）	39. 经合组织国家内销和外销农产品补贴 40. 为帮助建立贸易能力而提供的官方发展援助比例
具体目标 15	通过国家和国际措施全面处理发展中国家的债务问题，以便使债务可以长期持续承受	41. 重债穷国官方双边债务注销的比例 42. 还本付息占商品和劳务出口的百分比 43. 为减免债务而提供的官方发展援助的比例 44. 达到重债穷国决定点和完成点的国家数目
具体目标 16	与发展中国家合作，拟订和实施为青年创造体面的生产性就业机会的战略	45. 15 至 24 岁人口的失业率
具体目标 17	与制药公司合作，在发展中国家提供负担得起的基本药物	46. 可以持续获得负担得起的基本药物的人口比例
具体目标 18	与私营部门合作，普及新技术、特别是信息和通讯的利益	47. 每 1000 人有多少条电话线 48. 每 1000 人有多少部个人电脑

资料来源：联合国大会：《执行〈联合国千年宣言〉的行进图：秘书长的报告》，A/56/326，2001 年 9 月 6 日，第 48—52 页。

在国家层面，全世界大部分国家都曾为实现千年发展目标做出巨大努力，并在其包含的某些指标上取得了重大成就，如消除极端贫困、改善儿童入学率、降低儿童死亡率、扩大清洁饮水途径、控制烈性传染病等，都得到了极大的改善。正如第 70 届联大主席所总结的：千年发展目标使得"10 亿人已经摆脱赤贫。进入校园的女孩比以往任何时候都更多。现在全球人口的 90% 以上可获得质量更高的饮用水。5 岁以下儿童的死亡率下降了一半以上"。① 然而，千年发展目标也在执行过程中呈现出不足，最主要体现在各区域之间、国家之间和国家内部进展的不平衡性。可以说21世纪以来，不论是联合国还是世界各国都渐渐发现，联合国千年发展目标的完成情况并不理想，一系列可持续发展的目标已经被迫走向停顿。更为雪上加霜的是，2009年爆发的全球金融危机冲击了诸多发展中国家的社会经济发展，使得这之前积累的发展成果付之东流。这些情况基本表明，直到2015年千年发展目标到期之际，其涵盖的一部分目标也仍无法实现。基于此，联大一方面继续努力推进千年发展目标的执行情况，一方面也逐渐开启了2015年后的发展议程，最终形成了当前的2030年可持续发展议程。

三、达成2030年可持续发展议程

2030年可持续发展议程是联大最新制定的可持续发展议程。当前学界普遍认为，这一议程的出现是为了继续完成联合国的千年发展目标。2010年9月22日，第65届联大第九次全体会议通过了名为《履行诺言：团结一致实现》的决议。这份决议全面回顾了千年发展目标执行至今的成绩与不足，并按不同目标指出了继续努力的方向，在决议最后的部分，还邀请联大继续对千年发展目标的执行情况进行年度审查，并请秘书长就联合国千年发展目标的落实情况提交调查报告，并要求在这份报告中阐述2015年后联合国发展议程进展的可行路径。② 接下来，各国国家元首、政府首脑和高级代表于2012年6月20—22日在巴西里约热内卢举行了联合国可持续发展大会。此次会议通过了著名的题为《我们希望的未来》的文件，一个月后召开的联大马上核准了这一文件，使其成为联合国推进2015年后可持续发展议程的基石文件之一。这一成果从全人类的共同愿景、政治承诺、可持续发展和消除贫困背景下的绿色经济、可持续发展体制框架、行动框架和后续行动、执行手段6个方面凝聚了新的可持续发展的国际共识。③ 2013年10月9日第68届联大再次召开关于继续推进实现千年发展

---

① 联合国大会：《联合国大会第七十届会议第四次全体会议正式记录》，A/70/PV.4，2015年9月25日，第1页。
② 联合国大会：《履行诺言：团结一致实现》，A/RES/65/1，2010年9月22日，第1—26页。
③ 联合国大会：《我们希望的未来》，A/RES/66/288，2012年7月27日，第1—48页。

目标的特别会议。这次会议除了继续强调在短时间内尽可能实现千年发展目标中尚未实现的部分外，还决心制定一项以千年发展目标为基础的2015年后发展议程，并在联大第69届会议开始时启动这项议程的政府间谈判进程。[1]

根据第68/204号等相关决议，联大决定在2015年举行第三次发展筹资问题国际会议，以评估《蒙特雷共识》和《多哈宣言》的执行进展情况、振兴和加强发展筹资后续行动进程，研究联合国2015年后发展议程的详细内容，并针对会议形式与参与成员做了更为详细的规定。[2] 2015年7月13—16日，联合国第三次发展筹资问题国际会议正式在埃塞俄比亚举行。27日第69届联大核准了《第三次发展筹资问题国际会议亚的斯亚贝巴行动议程》，即《亚的斯亚贝巴行动议程》（Addis Ababa Action Agenda），使其成为联大第69/313号决议。《亚的斯亚贝巴行动议程》具有三个层面的目标，分别是通过促进包容性经济增长、保护环境和推动社会包容，以结束贫困和饥饿，实现可持续发展，并计划将于2015年9月在联合国主办一次首脑会议，正式通过2015年后发展议程（Post-2015 Development Agenda），设立新的可持续发展目标与行之有效的执行手段。[3]

在上述文件的基础上，2015年9月25日第70届联大举行了高级别全体会议，即国际可持续发展峰会。这次全会是有关2015年后发展议程的联合国首脑会议，与会代表基本是各个会员国的国家元首或政府首脑，共同在纽约联合国总部讨论2015年后发展议程。与会的各国代表都明确表示，全体会员国与包括联合国在内的重要国际组织都必须确保全面落实《我们希望的未来》《亚的斯亚贝巴行动议程》等有关可持续发展筹资框架文件，确保在规定的时期内全面实现2015年后发展议程的各项目标和具体目标。这次会议上通过了名为《变革我们的世界：2030年可持续发展议程》的决议，正式将所有相关机构的会议成果汇总为"2030年可持续发展议程"，

---

[1] 联合国大会：《关于继续推进实现千年发展目标的特别会议成果文件》，A/RES/68/6，2013年10月9日，第1—4页。

[2] 联合国大会：《发展筹资问题国际会议的后续行动》，A/RES/68/204，2013年12月20日，第1—9页；联合国大会：《第三次发展筹资问题国际会议的方式》，A/RES/68/279，2013年6月30日，第1—5页；联合国大会：《第三次发展筹资问题国际会议的更多方式》，A/RES/69/278，2015年5月8日，第1—3页。

[3] 具体内容，参见联合国大会：《亚的斯亚贝巴行动议程》，A/RES/69/313，2015年7月27日，第1—33页。

纳入统一的可持续发展议程。①

表3—3 2030年可持续发展议程目标和具体目标表

	发展目标	具体目标数量
目标1.	在全世界消除一切形式的贫困	7
目标2.	消除饥饿，实现粮食安全，改善营养状况和促进可持续农业	8
目标3.	确保健康的生活方式，促进各年龄段人群的福祉	13
目标4.	确保包容和公平的优质教育，让全民终身享有学习机会	10
目标5.	实现性别平等，增强所有妇女和女童的权能	9
目标6.	为所有人提供水和环境卫生并对其进行可持续管理	8
目标7.	确保人人获得负担得起的、可靠和可持续的现代能源	5
目标8.	促进持久、包容和可持续的经济增长，促进充分的生产性就业和人人获得体面工作	12
目标9.	建造具备抵御灾害能力的基础设施，促进具有包容性的可持续工业化，推动创新	8
目标10.	减少国家内部和国家之间的不平等	10
目标11.	建设包容、安全、有抵御灾害能力和可持续的城市和人类住区	10
目标12.	采用可持续的消费和生产模式	11
目标13.	采取紧急行动应对气候变化及其影响	5
目标14.	保护和可持续利用海洋和海洋资源以促进可持续发展	10
目标15.	保护、恢复和促进可持续利用陆地生态系统，可持续管理森林，防治荒漠化，制止和扭转土地退化，遏制生物多样性的丧失	12
目标16.	创建和平、包容的社会以促进可持续发展，让所有人都能诉诸司法，在各级建立有效、负责和包容的机构	12
目标17.	加强执行手段，重振可持续发展全球伙伴关系	19

资料来源：联合国大会：《变革我们的世界：2030年可持续发展议程》，A/RES/70/1，2015年9月25日，第12—25页。

《变革我们的世界：2030年可持续发展议程》分为5个部分。其一是序言部分。序言阐述了这一发展议程将从人类、地球、繁荣、和平、伙伴

---

① 联合国大会：《变革我们的世界：2030年可持续发展议程》，A/RES/70/1，2015年9月25日，第1—32页。

关系 5 个方面着手，兼顾经济、社会和环境三个层次的可持续发展，全面推进各项可持续发展目标。同时这一部分也强调，这些可持续发展目标要完成千年发展目标未完成的事业，巩固已经得到的千年发展成果。

其二是宣言。这一部分全面概述了 2030 年可持续发展议程的总体目标，包含在全世界范围内全面解决贫困与饥饿问题；建立和平、公正且包容的社会；保护妇女与女童的合法权利；珍惜保护地球及其自然资源；实现可持续、包容和持久的经济增长，同时顾及各国不同的发展程度和能力。这一部分也概述了这份文件的基本内容，在宏观上阐述了有关可持续发展的目标与执行、评估部分的内容。

其三是可持续发展目标和具体目标。这一部分具体阐述的 2030 年可持续发展议程囊括的各个目标，是这一文件最为核心的部分。2030 年可持续发展议程包含了 17 个可持续发展目标，每个目标都包含若干个具体目标，共计 169 个。值得注意的是，虽然中文都称其为"目标"，但在文件的英文版本中，"目标"的英文词汇是"Goals"，指是某一或某些可持续发展领域的总体发展方向，而每一个具体目标指涉的英文单词则为"targets"，指总体目标要达成的具体成果，二者是被从属与从属的关系。

根据《变革我们的世界：2030 年可持续发展议程》文件的表述，上述所有可持续发展目标和具体目标都具有全球性，在考虑了各个成员国实际情况的基础上，尊重它们的发展计划。当然，上述目标更多是应用到当前世界最为脆弱的国家，如最不发达的非洲国家、内陆发展中国家和发展中的小岛屿国家，这些国家面临的挑战更为具体与艰巨。

其四是执行手段和全球伙伴关系。这一部分重新强调了目标 17 及其包含的具体目标内容，其是实现议程的关键，同时执行议程也需要加强全球伙伴关系并恢复它的活力，调动各国政府、民间社会、私营部门、联合国系统和其他参与者等现有的一切资源，共同执行各项目标和具体目标。

其五是后续落实和评估。这一部分是文件的末尾，也是保障议程顺利实施的关键环节。未来 15 年落实和评估本议程的执行情况将遵循以下原则：尊重各国的实际情况与政策优先事项而自愿进行；跟踪所有国家执行上述所有目标的进展程度；评估影响因素以协助各国作出有效的政策选择；保证评估工作的普遍参与和透明；以人为本，特别重视最需要帮助的人；减少后续评估工作的行程成本与负担；保障评估工作的准确性；加强对发展中国家能力建设的支持；联合国系统与其他多边机构应积极支持评估工作。在评估工作的全球层面，文件还特别强调联大应每四年召开一次高级别政治论坛，为评估工作提供高级别政治指导，动员进一步的行动。最近的一次高级别政治论坛于2019年在联大会议期间召开。

以上是2030年可持续发展议程的基本内容。虽然它源于千年发展目标，但其更多是当前联大引导通过的最新一项可持续发展议程。在可见的将来，这一可持续发展议程的影响力将超越千年发展目标。更为重要的是，2030年可持续发展议程将有利于当前诸多全球性问题的治理形势，为全球发展和国际发展合作开辟了新前景、新机遇、新目标，其提出的诸多治理标准一定会成为未来十几年世界各国与国际组织的治理目标。此外，2030年可持续发展议程已经尽可能囊括了更多的国家，特别是发展中国家与最不发达的国家，拓展了可持续发展议程的参与范围，有利于推动全球治理朝更为公平合理的方向演进。

联大在冷战结束后开启了推进全球可持续发展治理的进程，这其中最具有标志性的文件是2000年9月联合国千年首脑峰会制定的《联合国千年宣言》。为了推动这一宣言的落实，联大又在秘书长的协助下制定了《执行〈联合国千年宣言〉的行进图》，设定了具体的8大目标和18项具体指标。然而，2010年后，千年目标无望得到根本落实，联大又开启了最新的2030年可持续发展议程。由于2030年可持续发展议程刚刚面世不久，尚无法对其进行有效评判，但其必然会成为联大协调各个相关行为体的一项带有普遍性和包容性的转型发展议程，也是指导全世界未来十几年发展方向的纲领。上述所有成果都彰显了联大全球治理的优势，即从宏观层面制定全球社会都可以参照的全球治理标准。以上是联大在制定全球治理标准时通过的主要文件与决议，只在宏观层面起到引领与主导的作用。在涉及具体领域时，联大也会制定更为专门的标准，但由于篇幅所限，本书不可能面面俱到地阐述这些文件与决议，将在第四章详细阐述联大在反国际恐怖主义领域制定的具体治理标准。

第四章 联大发挥全球治理功能的制度设计

联大之所以能够成为当前主要的全球治理主体，就是因为其具有的一系列制度设计不断强化其参与多个全球治理领域的能力。这一章将重点关注现阶段联大发挥全球治理功能的制度设计。首先会介绍维持联大基本职能的核心机构。这些核心机构主要负责维持运行每一届联大的管理工作，以保证会议的正常召开。联大在《宪章》的规定下具备广泛的职能，仅靠联大的常会机制无法保证其可以最大限度地参与这些议题。为了保障联大对这些议题的有效参与，联大自建立以来就设立了一系列常设机构，分担了联大的部分审议权力，帮助联大发挥其在某些关键的全球问题领域的治理功能。本书还将详细阐述包含联大会议形式和表决机制两个部分的议事制度。联大的议事制度不仅是其全球治理功能的制度保障的重要构成，更是其保障治理成效的重要手段。

第一节 维持基本职能的核心机构

同其他全球治理机制一样，联大也需要一系列核心机构维持其基本职能。每一届联大的运转都需要主席、秘书处、管理委员会等机构发挥自身功能。这些机构的共同点是关注联大自身的管理事务，很少涉及具体的全球治理议题，但其却是联大参与全球治理的重要组织基础，并为后续联大设立的涉及一系列不同全球治理议题的其他机构提供了重要支撑。

一、联大主席团与秘书处

联大主席团与秘书处是联大最为重要的文职机构，二者都是保障每一届联大顺利运行的基础。设置主席与秘书处的原则与规则也是联大最为核心的制度，因而有必要首先讨论二者的设置原则与职权。

(一) 联大主席团

联大主席团指每一届联大根据既定规章制度选举出的联大主席、副主席以及各个主要委员会的主席成员。按照当前版本《联合国宪章》的规定，每届联大都会选举一位联大主席。联大主席的选举也同副主席有关，当前每届联大会选择21位副主席，其与主席相同，至少要在其主持的会议开幕前三个月选出。依照联大第33/138号决议附件的内容，联大的21位副主席应按下列地域分配办法选出，即非洲国家代表6人；亚洲国家代表5人；东欧国家代表1人；拉丁美洲国家代表3人；西欧或其他国家代表2人；安全理事会常任理事国代表5人，并且在联大主席选出后，原本主席所属地域应分配的副主席名额应减少1名。[①] 按照改进联大主席作用的第56/509号决议的规定："副主席的选举应在第九十八条所指的六个主要委员会主席选出后进行，并应确保总务委员会具有代表性。"[②]

当前有关主要委员会主席的选举办法是参照联大第48/264号决议附件的规定。这份决议的附件二更改了联大第33/138号决议有关主要委员会主席分配方法，新的分配方法是：非洲国家代表1人；亚洲国家代表1人；东欧国家代表1人；拉丁美洲或加勒比国家代表1人；西欧或其他国家代表1人，第六名主席则按下列地域分配顺序每20年轮流担任一次：非洲国家代表、亚洲国家代表、拉丁美洲和加勒比国家代表、非洲国家代表、亚洲国家代表、非洲国家代表、拉丁美洲和加勒比国家代表、亚洲国家代表、非洲国家代表、亚洲国家代表、拉丁美洲和加勒比国家代表、非洲国家代表、亚洲国家代表、非洲国家代表、拉丁美洲和加勒比国家代表、亚洲国家代表、非洲国家代表、亚洲国家代表、拉丁美洲和加勒比国家代表、非洲国家代表。[③] 所有当选的主席与副主席都在该届联大开幕时才履行职务，并任职到该届会议闭幕。

---

① 联合国大会：《联合国各有关机构的组成问题：对大会议事规则第三十一条第三十八条的修正》，A/RES/33/138，1978年12月19日，第88页。
② 联合国大会：《〈大会议事规则〉第三十、第三十一和第九十九条修正案》，A/RES/56/509，2002年7月8日，第1页。
③ 联合国大会：《大会工作的振兴》，A/RES/48/264，1994年7月29日，第4—5页。

如果联大开幕时仍未选出该届会议主席,那么上届联大主席或他所属代表团的团长可以作为临时联大主席主持会议,直至联大选出本届会议主席。如果联大主席因故不能出席某次会议或会议的一部分时,可以指定一名副主席代行主席职务,他在代理期间拥有与主席相同的权力与职责。一旦联大主席不能履行职务时,联大可以另选新主席完成其所剩任期。

依照《大会议事规则》第 35 条的规定,联大主席的权力一般是"宣布本届会议每次全体会议的开会和散会、主持全体会议的讨论、确保对本规则的遵守、准许发言、把问题付诸表决并宣布决定。"

表 4—1　各主要委员会的主席团选举和主席团成员之间的分工

	主席团选举原则			工作分工
	主席	副主席	报告员	
第一委员会	以区域组为基础的地域分配和轮流	以区域组为基础的地域轮流	当选报告员所属区域组将担任下一年主席职位	根据大会议事规则在主席团成员之间进行分工
第二委员会	以区域组为基础的地域分配和轮流	无	无	根据主席团成员的专长和知识进行分工
第三委员会	无	无	无	每个主席团成员挑选自己希望处理的项目,并随时向主席团和秘书处通报进展情况。
第四委员会	从第五十六届会议开始采用新的轮流办法	从第五十六届会议开始采用新的轮流办法	从第五十六届会议开始采用新的轮流办法	根据大会议事规则在主席团成员之间进行分工
第五委员会	以区域组为基础的地域分配和轮流	来自未得到主席和报告员职位的区域组	在前一年担任主席职位的区域组	指定某个主席团成员担任关于具体项目的非正式协商的协调人
第六委员会	以区域组为基础的地域分配和轮流	来自未得到主席和报告员职位的区域组	不从同一个区域组选举报告员	指定某个主席团成员担任各种提案的协调人

资料来源:联合国大会:《关于各主要委员会的做法和工作方法的历史和分析说明:秘书处的说明》,A/58/CRP.5,2004 年 3 月 10 日,第 17 页。

联大主席也拥有裁决程序问题的权力，其可以在遵照《大会议事规则》的情况下组织协调每次全体会议的流程与秩序。"在讨论某一项目期间，他可向联大提议限制发言者的发言时间、限制每一位代表发言的次数、截止发言报名或结束辩论。"①在会议进行的过程中，联大主席可以提议停会或休会或暂停辩论，以处理突发的意外情况。除了这一基本权力外，主席还有权批准成员国代表在表决前后解释其投票理由，发表有关具体议题的主席声明等。必须注意的是，主席的所有权力都是联大全体成员赋予的，联大主席执行职务时始终处于联大权力的监督之下。同时，联大主席和其指定的代理主席没有表决的权利，但可以指定其所属的代表团其他成员代为投票。

主席团其他成员的工作在联大主席的领导下展开，负责更为细致的管理工作，具体如表4—1所示。综合上述规定来看，联大主席团的主要功能是协调与组织，利用自身的职权组织联大各个阶段会议的顺利召开，并负责处理这一过程中可能出现的突发问题。同时，上述选取联大主席与副主席的方法基本保证了公平性，使得全球各个地区都可以按照规则轮流当选为主席与副主席。虽然主席的权力受到一定监督，但其仍然可以借助《大会议事规则》使自身较为关注的议题得到更多关注，成为当年联大的优先事项。②这种情况就使得按照地域分配主席席位的原则更为重要，也有利于保障联大最为基本的职能。

（二）秘书处

联大秘书处也是联大核心机构的主要构成，其主要工作是帮助联大处理各种类型的文件材料。由于每一届联大都会审议、辩论、表决众多草案与报告等材料，同时要完成6种工作语言的记录工作也需要处理大量的文字翻译。在这种情况下，联大秘书处就必须在联大的会议进程中"翻译、印刷和散发大会及其委员会和机构的文件、报告和决议；口译会议发言；编制、印刷和散发会议记录；保管并妥善保存大会的归档文件；将大会的所有文件分送联合国会员国，并进行大会所要求的所有其他工作"。③

---

① 联合国大会：《大会议事规则》，A/520/Rev.17，2008年，第10—11页。
② 联合国大会：《大会主席办公室的运作：秘书长所设专责小组的意见和建议》，A/70/783，2016年3月22日，第6页。
③ 联合国大会：《大会议事规则》，A/520/Rev.17，2008年，第13—14页。

除了上述常规工作外,联大秘书处中的秘书长还具有其他重要的职权与工作。联大秘书长通常就是联合国秘书长,因此,联大秘书处同联合国秘书处拥有非常紧密的关系。联大秘书处的人员基本是由联合国秘书长指定,秘书长也是联大秘书处的直接领导。依据《宪章》第98条规定,联合国秘书长"在大会、安全理事会、经济及社会理事会及托管理事会之一切会议,应以秘书长资格行使职务,并应执行各该机关所托付之其他职务"。[1] 这一条款使得联合国秘书长可以在联大及其下属各个委员会的所有会议上执行自身职务。依据《大会议事规则》,秘书长也有权指定一名秘书处人员在联大所有会议上代行其职务。

由于联大拥有联合国中类似"议会"的作用,所以其每年都会审议联合国其他机构的工作情况。根据《宪章》的规定,这项工作主要由秘书长承担,其被授权代表联合国其他机构,就这些机构的工作情况向联大提交报告及必要的补充材料,并要求秘书长要在联大召开前一个半月内将上述报告材料分发给参会国。在这些报告中,安理会的情况较为特殊,虽然联大没有直接决议国际危机等类似事件的权力,但《宪章》也规定,在安理会同意授权的情况下,秘书长"应于大会每次会议时,将安全理事会正在处理中关于维持国际和平及安全之任何事件通知大会;于安全理事会停止处理该项事件时,亦应立即通知大会,或在大会闭会期内通知联合国会员国"。[2] 这一安排使得秘书长成为联大与安理会之间联系的重要"桥梁",也为联大治理国际安全问题提供了一条有效路径。

二、管理委员会

管理委员会(Boards)指联大下属管辖的部门,是依据联大相关决议而设立的管理机构,拥有隶属于自身的运行机制和专业人员。截至当前,联大拥有四个管理委员会和三个执行管理委员会(Executive Boards)。虽然管理委员会与执行委员会在联大的中文正式文件中被翻译成为"委员会",但其英文释义更接近中文意义上的"局"。从其名称就可以看出,上

---

[1] 《联合国宪章》,联合国网,http://www.un.org/zh/charter-united-nations/index.html(最后访问时间:2017年2月20日)。

[2] 《联合国宪章》,联合国网,http://www.un.org/zh/charter-united-nations/index.html(最后访问时间:2017年2月20日)。

述两类机构更多是联合国的行政机构,专门负责处理联合国一部分机构的财政、审计、调查、咨询等工作。由于联合国本身具有的全球治理属性,这些机构也在各自的层面加大了联大参与全球治理的力度。然而,不同于主要委员会与附属委员会,管理委员会很少直接参与全球治理,更多的是负责联大的管理与审计工作。

首先是管理委员会。目前联大尚在正常运转的管理委员会有4个。一是审计委员会。审计委员会(Board of Auditors)是联大早期设立的管理委员会之一,专门负责审议联合国相关财务账目的情况。根据1946年第一届联大的决议,自1947年起,联大将任命一名审计官作为审计长,其于次年7月起任职,任期三年,并负责组织专业审计人士,建立辅助其工作的审计委员会。[1] 审计委员会具有审计联合国内部各组织及其各基金和方案的账目的权力,审计准则参照《国际审计标准》和《联合国财务条例和细则》两份文件,并通过行政和预算问题咨询委员会向联大报告其审计结果和建议。

二是贸易和发展理事会。贸易和发展理事会(Trade and development Board)的前身是联合国贸易及发展会议。虽然这一会议在当时是促进国际贸易经济合作的重要平台,并对发展中国家此类问题的解决做出重要贡献,但其也存在一部分限制,很难进一步发挥其职能。[2] 为了改善这一情况,联大通过决议将其纳入到联大的制度体系之中,成为联大的一个下属机关。新成立的会议机关的主要职能是促进国际贸易的发展,拟定具体的贸易与经济发展原则与政策、具体的实施措施,促进联合国其他机构在此方面的功能等。根据联大的规划,这一会议应设置常设机关,即贸易和发展理事会,其由55个国家的代表按照联大决议规定的比例构成,协助联合国的贸易及发展会议开展各项工作。[3]

三是联合国工作人员养恤金联合委员会。联合国工作人员养恤金联合委员会(United Nations Joint Staff Pension Board)是依照《联合国联合举办职员养恤基金条例》规定建立的组织,由联大、秘书处、联合国职员三方

---

[1] 联合国大会:《任命审计官》,A/RES/74 (I),1946年12月7日,第101—102页。
[2] 有关联合国贸易及发展会议的更多内容,参见 Richard N. Gardner, "The United Nations Conference On Trade and Development," *International Organization*, Vol. 22, No. 1, 1968, pp. 99-130。
[3] 有关贸易和发展理事会的更多内容,参见联合国大会:《联合国贸易及发展会议设为大会机关》,A/RES/1995 (XIX),1965年2月10日,第1—6页。

人员构成，推动这一条例在联大内部的实施。① 虽然联合国工作人员养恤金联合委员会不直接针对联合国的外部事务，但其管辖范畴却包含了有关联合国全部工作人员的抚恤工作，特别是在外部事务中伤残与死亡的抚恤工作。这也在侧面表明，工作人员养恤金联合委员会的良好运行有助于加强联合国外部工作的顺利开展。

四是裁军事务咨询委员会。建立裁军事务咨询委员会（Advisory Board on Disarmament Matters）的最初理念源于1978年举行的联大第十届特别会议。这届特别会议的主题是裁军，在会议的最后文件中，决议"请秘书长设立一个知名人士咨询委员会，其成员应根据个人专长和考虑到公平地理代表性的原则选出，以便就即将在联合国主持下进行的各项裁军和军备限制领域的研究的各个方面，包括一项有关这些研究的方案，向秘书长提出咨询意见"。② 1982年10月，秘书长在提交给联大的报告中正式将这一咨询委员会的构成与职能具体化。③ 第37届联大第101次全体会议通过的第37/99号文件的K部分，详细规定了有关裁军进程的机制安排，其在第三部分决定恢复裁军研究咨询委员会，并按照秘书长的建议赋予该委员会应有的职能。④

除了上述管理委员会外，联大还设立了三个执行管理委员会，分别是联合国儿童基金会、联合国开发计划署、联合国人口基金和世界粮食计划署的管理机构。同管理委员会类似，执行管理委员会不仅要向联大负责，服从联大的主要政策方针，定期向联大提交运行报告外，这些执行管理委员会也要在不同程度上服从经社理事会的监管。联大执行管理委员会的建立都同联大1993年通过的第48/162号决议密切相关。

1993年12月第48届联大在讨论改革与恢复联合国在经济、社会等领域的影响和作用时，认为改革包括联大在内的联合国机构是解决这一问题的有效途径之一。在论及改革并加强联大机构时，联大决议附件认为，联合国应重新调整联大与其下属的联合国开发计划署、联合国人口基金、联合国儿童基金会管理机构的关系，应将原有联合国开发计划署、联合国人

---

① 联合国大会：《联合国联合举办职员养恤基金条例》，A/RES/248（III），1948年12月7日，第53—61页。
② 联合国大会：《大会第十届特别会议的最后文件》，S-10/2，1978年6月30日，第13页。
③ 联合国大会：《裁军事务咨询委员会：秘书长的报告》，A/37/550，1982年10月20日，第1—4页。
④ 联合国大会：《全面彻底裁军》，A/RES/37/99，1982年12月13日，第105页。

口基金、联合国儿童基金会、世界粮食计划署的理事机构更改为执行局，负责对基金会的活动提供政府的支助和监督，确保基金会可以响应受援国的需要，具体职能应包括："执行大会制定的政策并进行（经社）理事会下达的协调和指导；从基金或计划署的首长那里接受关于该组织的工作资料并给予指导；确保基金或计划署的活动和业务战略符合《宪章》规定的各自的责任和大会及（经社）理事会提出的全面政策指导；监测基金或计划署的实绩；酌情核定方案、包括国别方案以及世界粮食计划署的项目；决定行政和财务计划和预算；向（经社）理事会并在必要时通过（经社）理事会向大会建议新的倡议；鼓励并审查新的倡议方案；向（经社）理事会实务会议提交年度报告，其中可酌情包括改善外地一级协调的建议。"[1] 除了具体职能外，这一决议也对执行管理委员会的成员构成做出了具体限定，各个执行管理委员会应包括36名成员，分布如下：拉丁美洲国家5名；非洲国家8名；东欧国家4名；亚洲国家7名；西欧及其他区域的国家12名。在这项决议的建议下，联大陆续设立了3个执行管理委员会，分别管理联合国的4个部门。

其一是联合国儿童基金会执行局（Executive Board of the United Nations Children's Fund），其是联合国儿童基金会的管理机构，负责以联大和经社理事会的整体政策指导为根据，向政府与政府间的合作提供支持并监督联合国儿童基金会的活动。二战结束后不久召开的第一届联大就通过决议，设立了"国际儿童紧急救济基金"，即早期的联合国儿童基金会，用来保护饱受二战欺凌的儿童及青年的合法权利，并在决议中详细规定了基金会理事机构具有的权限与职能。[2] 当前这一执行局的具体职能包括：执行联大和经社理事会制定的政策及颁布的指导；获取有关联合国儿童基金会的工作信息并提供指导；确保基金会的活动和运作策略同联大和经社理事会的整体政策指导相一致；监督联合国儿童基金会的工作；审批联合国儿童基金会的工作计划；向联大和经社理事会推荐新的提案，鼓励并审查新的计划提案，以及向经社理事会提交年度报告等。[3]

---

[1] 联合国大会：《联合国经济、社会及有关领域的改革与恢复活力的进一步措施》，A/RES/48/162，1993年12月20日，第9页。

[2] 联合国大会：《国际儿童紧急救济基金的筹设》，A/RES/57（I），1946年12月11日，第78—80页。

[3] 有关联合国儿童基金会执行局的更多职能，参见联合国儿童基金会执行局网站，http://www.unicef.org/chinese/about/execboard/（最后访问时间：2016年10月10日）。

其二是联合国开发计划署和联合国人口基金执行委员会（Executive Board of the United Nations Development Programme and of the United Nations Population Fund），其负责支持和监督联合国开发计划署和联合国人口基金两个机构。这一执行委员会每年会召开三次会议，讨论上述两个联合国机构各自发展的重要问题，包括第一次常会、年度会议、第二次常会，并依据不同的会议发布三份会议文件。

其三是世界粮食计划署执行委员会（Executive Board of the World Food Programme）。这一执行委员会的建立不同于上述两个，虽然第48/162号决议建议世界粮食计划署建立执行委员会，但决议内容只是谈及"同样的安排也适用于世界粮食计划署粮食援助政策和方案委员会，为此联合国和联合国粮食及农业组织应当尽快进行磋商"。[1] 1995年经社理事会在向联大做报告时，正式阐明经社理事会已经过会议讨论，决定建立世界粮食计划署执行委员会。[2] 当年的11月1日，第50届联大正式通过决议，在联合国粮食及农业组织大会同意的基础上，将粮食援助政策和方案委员会正式改为世界粮食计划署执行委员会，并按照第48/162号决议的建议，设定其36个管理成员。[3]

除了上述管理委员会以外，每一届联大还常设两个程序委员会，即总务委员会与全权证书委员会，共同帮助联大处理会务问题。总务委员会是由联大主席和若干副主席以及6个主要委员会的主席组成，由联大主席担任总务委员会主席。为了成员构成更具代表性，总务委员会中不得有2名成员同属一个代表团。总务委员会的主要职能就是在每届联大开始时审议临时议程和补充项目表，并就所提议的每一项目向联大做出具体建议。每届联大会议期间，全体会员国都有权被选举为其他委员会的主席，并有权列席总务委员会会议参与讨论，但无表决权。[4] 全权证书委员会通常由9名会员国代表组成，成员国名单由联大每届会议的主席提议任命。这个委员会的主要功能就是向联大报告各国代表的全权证书事宜。此外，联大的

---

[1] 联合国大会：《联合国经济、社会及有关领域的改革与恢复活力的进一步措施》，A/RES/48/162，1993年12月20日，第10页。
[2] 联合国大会：《经社理事会的报告》，A/50/3，1995年9月13日，第146页。
[3] 联合国大会：《修订世界粮食计划署总条例并将粮食援助政策和方案委员会改为世界粮食计划署执行局》，A/RES/50/8，1995年11月1日，第1—3页。
[4] 有关总务委员会的更多内容，参见联合国大会：《大会议事规则》，A/520/REV.17，2008年4月，第11—13页。

特别会议、紧急特别会议等也会任命全权证书委员会处理类似工作,其构成也基本等同于最近常会的全权证书委员会。

三、其他管理机构

除了上述机构外,联大还拥有少数其他类型的管理机构,其是联大核心机构的重要补充,共同构成了联大机构体系。

首先是联合国、专门机构和国际原子能机构外聘审计团(Panel of External Auditors of the United Nations, the Specialized Agencies and the International Atomic Energy Agency),其是根据联大决议设立的负责审计的专门机构。正式决定设立这一机构的时间是1949年11月24日,当时召开的第四届联大通过的第347(IV)号决议建立了"联合外聘审计制度"。[①] 1959年12月5日第14届联大通过的第1438(XIV)号决议修改了第347(IV)号决议中有关外聘审计团的内容,将其主要任务目标定位于"进一步协调该团团员所负责之审计工作,并就审计方法及结果交换情报"。[②] 此外,外聘审计团也可以向接受审计的联合国各组织的行政首长提出观察意见或建议,以改善该组织的账目和财务程序。外聘审计团自成立以来已经取得了优良的成绩,如协助有关各方制定《联合国系统会计准则》和《外聘审计团成员共同审计标准》等文件;改良联合国财务规章制度与监督职能等。[③]

其次是两个附属于联大的法庭。2007年12月22日第62届联大会议第79次全体会议通过的第62/228号决议决定成立两个联大的分支机构,即联合国争议法庭(United Nations Dispute Tribunal)与联合国上诉法庭(United Nations Appeals Tribunal)。前者是一审法庭,最初由在纽约、日内瓦和内罗毕的3名全职法官以及2名半职法官组成;后者是上诉法庭,由7名法官组成,其中至少要有3名法官才可以组成合议庭审案。[④] 虽然第62/228号决议建立了上述两个法庭,但该决议并没有详细规定二者的职权范围。到次年的第63届联大会议才将二者的规约作为决议附件通过,并决

[①] 联合国大会:《联合国与各专门机关的审计手续》,A/RES/347(IV),1949年11月24日,第46页。

[②] 联合国大会:《外聘审计团》,A/RES/1438(XIV),1959年12月5日,第51页。

[③] 有关联合国、专门机构和国际原子能机构外聘审计团的更多内容,参见外聘审计团网站,http://www.un.org/zh/auditors/panel/index.shtml(最后访问时间:2016年10月10日)。

[④] 联合国大会:《联合国内部司法》,A/RES/62/228,2007年12月22日,第5—6页。

定二者于2009年7月1日起正式运作。① 当前这两个法庭主要处理联合国内部的法律事务,其职能是联大重建联合国内部司法系统的重要举措。

再次是联合检查组。联合检查组（Joint Inspection Unit）是根据联大第2150号决议和第2360号决议的相关内容成立的联大分支机构。② 当前,联合检查组是联合国体系中唯一的独立外部监督机构,任务是对联合国进行系统的评价、检查和调查。根据现有文件的规定,联合检查组的主要任务是:"协助参加组织的立法机关履行在监督本组织秘书处对人力、财政和其他资源的管理方面的管治责任;协助各个秘书处提高效率和效力,实现各自组织的立法机关的任务和工作目标;促进联合国系统各组织之间的进一步协调;在全系统内查明最佳做法,提出各项基准,并促进信息交流。"③ 作为联大的下属机构,联合检查组在多数年份会提交检查报告与工作方案,联大会议也经常会基于这些文件形成相关决议。

上述机构是当前联大的核心机构。可以看出,联大核心机构更多注重自身的管理工作,每一届联大的顺利运转都需要上述机构不同功能之间的运行和衔接。虽然这些机构更多关注联大自身的管理事务,很少涉及具体的全球治理议题,但其却对联大发挥应有的全球治理功能提供了重要支撑,是联大参与全球治理实践的组织基础。

第二节　参与治理关键议题的常设制度

除了上文提及的主要机构外,联大发挥自身全球治理功能还需要依赖一系列长期设立的机构。这些机构可以看作是联大的常设制度。与核心机构类似的是,联大常设制度所包含的机构大多也是早期联大通过决议设立的,但与核心机构不同的是,联大的常设制度不承担管理职能,其基本都是为实现并分担联大一部分审议功能而设立的机构。这些常设机构基本可

---

① 联合国大会:《联合国内部司法》,A/RES/63/253,2008年12月24日,第7—18页。
② 联合国大会:《审查联合国及各专门机构财政专设专家委员会报告书》,A/RES/2150(XXI),1966年11月4日,第1—4页;联合国大会:《审查联合国及各专门机关财政专设专家委员会委员所提各项建议之实施》,A/RES/2360(XXII),1967年12月19日,第69—70页。
③ 有关联合调查组工作任务的更多内容,参见联合调查组网站,https://www.unjiu.org/zh/Pages/default.aspx（最后访问时间:2016年10月10日）。

以分为三类，分别是主要委员会、联大下属理事会、专门委员会。每一类机构都具有不同的权限与职能，从不同角度保障联大参与主要全球治理领域的基本能力。

一、主要委员会

《联合国宪章》赋予了联大足够的权力，可以讨论或审议广泛的全球性或地区性问题，使得联大可以在当前全球治理体系中拥有深刻的影响力。然而，过多的议题也在挑战联大的全球治理功能，仅靠常会阶段的联大根本无法单独完成所需的审议工作，客观上需要设立其他类型的机构辅助其工作。基于这种情况，联大在早期就组建了隶属于自身的六大主要委员会，其可以先将大部分问题分配到这些委员会单独审议。六大主要委员会的主要工作就是帮助联大形成各种决议的草案，以供联大全体会议分别表决通过，以节省联大常会调研和审议的时间。可以说，六大主要委员会是联大全球治理功能的主要载体，其提高了联大的工作效率，使得联大避免因种类繁杂的议题而陷于瘫痪。每一年每一届联大会议都有一部分决议是经过审议各个主要委员会提交的报告形成的。当前六大主要委员会主要包括如下机构：

联大第一委员会，也称为"裁军与国际安全委员会"，专门负责处理裁军等有关国际政治与安全的事务。"第一委员会在《联合国宪章》以及联合国相关机构的授权范围内处理裁军和国际安全事务，遵循维护国际和平与安全的合作原则、管理裁军问题和军备管制的原则，并提倡通过减少军备促进和平稳定的合作方式。"① 根据《大会议事规则》第58条规定，裁军与国际安全委员会享有获得逐字记录报道的权限。② 第一委员会的发展史上经历过许多重要的联大决议。比如，1946年第一届联大通过的第一项决议就是成立第一委员会，并仔细划定了第一委员会的组织架构、议事规则、任务规定。③ 值得注意的是，当时的第一委员会的职能更多涉及新

---

① 《第一委员会：裁军与国际安全》，参见联合国大会网站，http://www.un.org/zh/ga/first/index.shtml（最后访问时间：2016年7月10日）。
② 联合国大会：《大会议事规则》，第16页。
③ 联合国大会：《设置委员会处理由原子能的发现所引起的问题》，A/RES/1（I），1946年1月24日，第9页。

生的核武器，关注控制核扩散与和平利用核能等问题。1959年第14届联合国大会第840次全体会议通过的《普遍彻底裁军》决议也是对第一委员会具有深远影响的决议。这一决议将全面彻底裁军的国际管控纳入到了联合国大会的议事日程，为后续制定裁军工作议程奠定了坚实基础。① 当前，第一委员会主要负责审议国际原子能机构与联合国原子辐射影响科学委员会提交的报告，并向联大提出自身的审议意见。

第二委员会是经济和金融委员会，专门处理有关经济增长和发展问题，如宏观经济政策（包括国际贸易、国际金融体系和外债的可持续性）、发展筹资、可持续发展、人类住区、消除贫困、全球化和相互依存、发展业务活动及信息和通信技术促进发展等问题是这一主要委员会关注的议题。第二委员也会考虑当前全球化进程中处于弱势的国家群体，如最不发达国家和内陆发展中国家，并努力推动解决这类国家的发展问题。此外，第二委员会还会审议被占领土问题，如包括东耶路撒冷在内的巴勒斯坦人民永久主权问题；叙利亚戈兰高地阿拉伯居民所属的自然资源问题等。②

第三委员会是社会、人道主义和文化委员会。这一委员会处理的议题通常与世界范围内的社会、人道主义事务和人权问题有关，工作重点是审查各种类型的人权问题。除此之外，第三委员会还讨论提高妇女地位、保护儿童、土著问题、难民待遇、老龄化、残疾人、预防犯罪、刑事司法、国际药物管制、通过消除种族主义和种族歧视促进基本自由、民族自决权利等问题。③

第四委员会是特别政治和非殖民化委员会，主要处理其他委员会或全体会议不处理的各种政治性，包括去殖民化问题、巴勒斯坦难民与人权、维和、排雷等。④ 第四委员会在历史上曾经是单独的两个主要委员会，但1993年的第47届联大尝试将联大委员会的结构进行合理化与精简，以便应对新的国际形势。在该届联大第109次全体会议上，全体会员国以协商一致的方式通过决议，将原有的特别政治委员会和非殖民化委员会合二为

---

① 联合国大会：《普遍彻底裁军》，A/RES/1378（XIV），1959年11月20日，第3页。
② 有关第二委员会的更多内容，参见联合国大会第二委员会网站，http：//www.un.org/zh/ga/second/index.shtml（最后访问时间：2016年10月10日）。
③ 有关第三委员会的更多内容，参见联合国大会第三委员会网站，http：//www.un.org/zh/ga/third/index.shtml（最后访问时间：2016年10月10日）。
④ 有关第四委员会的更多内容，参见联合国大会第四委员会网站，http：//www.un.org/zh/ga/fourth/index.shtml（最后访问时间：2016年10月10日）。

一，即为当前的特别政治和非殖民化委员会。①

第五委员会是行政和预算委员会，专门帮助联大处理联合国的行政工作和预算。由于第五委员会的工作量较为巨大，其采用两年期的工作方案，奇数年审议预算，重点讨论下一个两年期内的方案预算问题；偶数年则讨论方案计划、人事、养恤金等问题。②由于涉及联合国整体的行政与财政规划，第五委员会通过的每一项决议都会对联合国自身及其处理各种全球问题的能力产生重大影响。在这种情形下，第五委员会"向大会提出其关于方案预算概要的建议之前，应继续尽一切努力达成尽可能广泛的协议"。③只有在决议草案实在无法达成全面一致的极端情况下，第五委员会才会将其诉以表决程序之中。④

第六委员会是法律委员会。第六委员会是联合国大会处理法律问题的主要论坛，专门处理国际法律事务，联合国所有会员国都有权参加第六委员会。⑤法律委员会也是第一届联大通过决议设立的。在这届联大的第二阶段，与会成员按照《宪章》的规定，决定为联大开展国际法的编纂与推广活动设立分支委员会。⑥当然，这期间联大还没有确定这一委员会的正式名称，后续才将其认作"第七委员会"。直到1993年的第47届联大通过决议，将原有的特别政治委员会和非殖民化委员会合并为一后，第七委员会才成为"第六委员会"，即法律委员会。

六大主要委员会是联大全球治理功能的主要载体，提高了联大的工作效率，保障了联大全球治理功能的顺利运行。近年来，联大试图在全球治理上实现更加透明、公正的目标，其努力的方向之一就是加大六大委员会的透明度。根据第66届大会第66/246号决议规定："联合国必须开放、透明和全方位包容，决定核准现场网播并随后网存大会6个主要委员会的所

---

① 联合国大会：《大会工作的振兴》，A/RES/47/233，1993年8月17日，第1—2页。
② 联合国大会：《第五委员会的工作合理化：工作方案的两年化》，A/RES/46/220，1991年12月20日，第331—333页。
③ 联合国大会：《审查联合国的行政和财政业务效率》，A/RES/41/213，1986年12月19日，第72页。
④ 有关第五委员会的更多内容，参见联合国大会第五委员会网站，http://www.un.org/zh/ga/fifth/index.shtml（最后访问时间：2016年10月10日）。
⑤ 有关第六委员会的更多内容，参见联合国大会第六委员会网站，http://www.un.org/zh/ga/sixth/index.shtml（最后访问时间：2016年10月10日）。
⑥ 联合国大会：《国际法的逐渐发展与编纂》，A/RES/94（I），1946年12月11日，第127页。

有正式会议,并为此核批835500美元以支付所有相关费用。"① 决议表决通过后,联大6个委员会的正式会议可以在联合国网络电视上现场直播。虽然它们已经分担了联大一部分工作,但联大仍有相当繁重的工作,一部分重要决议仍需要联大亲自审议,不经发主要委员会。这部分需要审议的文件仍在增加联大的工作量,变革这一现状也是未来联大改革的方向之一。

二、理事会

理事会(Councils)是联大管辖下的一类分支机构。同上文所述的主要委员会相似,常设的理事会也承担了联大的一部分职责,帮助其处理一部分全球性事务,并定期向联大报告工作情况。然而,理事会同主要委员会也存在根本差异,理事会拥有更为完善的组织架构,最为突出的特点是理事会拥有一定的独立决策能力,可以形成较为有效的决议文件,这一点是主要委员会不具备的。目前联大管辖的常设理事会有如下四个:

其一是联合国环境规划署理事会。联合国环境规划署理事会(Governing Council of the United Nations Environment Programme)是根据联大1972年的决议成立的常设制度,是联大参与全球环境治理的重要机构。当时的国际社会已经认识到必须采取有效措施保护并改善全球环境,但全球环境治理不是单个或少数国家可以解决的问题,其不仅需要深度的国际合作,还要求在全球环境保护的进程中不打压发展中国家的发展计划,并使其也可以在最大限度内加入这一进程。在这一方面,只有联合国特别是联大才有能力组织大范围的环境治理合作。在这种情况下,联大也认识到有必要在自身框架内建议一个致力于保护和改善环境的常设机构,即联合国环境规划署理事会。

联合国环境规划署理事会由联大依照固定地域规定选出的58个成员国组成,主要职责是促进环境治理方面的国际合作;指导和协调联合国体系内的各项环境治理方案;收受并审核有关联合国环境治理方案执行情形的报告;审查世界环境状况与重要的国际环境问题;鼓励并助力有关环境保

---

① 联合国大会:《与2012—2013两年期拟议方案预算有关的问题》,A/RES/66/246,2011年12月24日,第10页。

护的学术研究等。① 同时，联合国环境规划署理事会还要根据上述职责的执行情况向联大与经社理事会提交年度报告。这一时期，联大还通过决议成立了环境秘书处、环境基金、环境委员会，这3个机构同联合国环境规划署理事会共同成为联大参与全球治理的重要机构。

联合国环境规划署理事会已经成为当前全球环境治理领域的牵头机构，其不断制定全球环境治理的各项议程，是联合国系统中落实可持续发展环境层面最为主要的倡导者。2013年3月13日，第67届联大第67次全体会议认可了环境规划署理事会的建立，将其更名为"联合国环境规划署联合国环境大会"（United Nations Environment Assembly of the United Nations Environment Programme），并表示这一名称的改变不影响环境规划署的任务规定、目标和宗旨，也不会改变其机构原有的作用和职能。②

其二是人权理事会。联合国大会也在人权治理方面做出卓有成效的努力，最为突出的成果就是2006年人权理事会（Human Rights Council）的建立。人权是《联合国宪章》中频繁提及的关键词，表明创建联合国的政治家已经将保护人权作为联合国的一项核心工作，与和平与安全、发展并列为是联合国系统的三大支柱。虽然联合国大会创立之初就陷于超级大国对抗的国际环境中，但仍在人权方面做出突出贡献，如通过《世界人权宣言》《公民及政治权利国际公约》《经济、社会、文化权利国际公约》《发展权利宣言》等文件与组织人权年的世界性活动，推动去殖民化进程等等，都是联大在人权治理方面做出的突出贡献。然而，冷战结束后的世界仍然会发生大范围的人道主义危机，各种大屠杀、难民潮、种族灭绝等恶性事件此起彼伏。联合国原本存在的人权委员会无法满足现有的治理需求。在这种情况下，联大开始推动建立新的人权机构，即人权理事会。

人权理事会是根据第60届联大第60/251号决议成立的附属机构，前身是人权委员会。③ 人权一直是联合国关注的主要全球治理领域，2005年9月20日第60届联大会议审议的《2005年世界首脑会议成果》中提及联

---

① 联合国大会：《国际环境合作的组织和财政安排》，A/RES/2997（XXVII），1972年12月15日，第42页。

② 联合国大会：《更改联合国环境规划署理事会的称号》，A/RES/67/251，2013年3月13日，第1页。

③ 有关人权委员会的描述，参见 Paul Gordon Lauren, "To Preserve and Build On its Achievements and to Redress its Shortcomings: The Journey From the Commission On Human Rights to the Human Rights Council," *Human Rights Quarterly*, Vol. 29, No. 2, 2007, pp. 307 - 345。

合国决心进一步加强人权机制,即创建人权理事会,其"将负责促进普遍尊重对所有人的所有人权和基本自由的保护,不作任何区别,一律公正平等",并处理"各种侵犯人权的情况,包括粗暴、蓄意侵犯人权的事件,并提出有关建议"。[1] 在这份成果的基础上,第60届联大会议第72次全体会议以170票赞成、4票反对(美国、马绍尔群岛、以色列、帕劳)、3票弃权的压倒性多数通过了名为《人权理事会》的决议。这份决议对人权理事会的任务授权、模式、职能、规模、组成、成员、工作方法和程序等内容做出具体的限定,并决定于2006年5月9日选举理事会首批成员,于6月19日举行理事会首次会议。[2]

顾名思义,人权理事会主要负责参与治理保护人权和基本自由等问题,对联大负责。此外,联大还限定人权理事会必须在其成立5年后全面审查其工作和运作情况,并向联大提出相关报告。[3] 截至当前,人权理事会已经成功召开了33届常会与24届特别会议,为全球有关人权议题的有效治理提供了重要的国际合作平台。

其三是联合国人类住区规划署理事会。联合国人类住区规划署理事会(Governing Council of the United Nations Human Settlements Programme, UN-Habitat)的前身是联合国人类住区委员会。人类住区委员会也是联大参与全球环境治理的主要理事会,但其并不关注自然环境,而是着手解决人类住区存在的问题,特别是改善农村和城市住区中生活条件最差的人民住区。1977年12月19日,第32届联大决定将经济及社会理事会下属的住房、造房和设计委员会改为人类住区委员会,推动解决上述问题的更广范围国际合作,增加发展中国家可利用的解决居住问题的资源,具体职责包括:整理现有的治理人类住区问题的计划和工作方案;协调联合国内部有关这一问题的合作;给予主权国家有关这一问题的建议;定期审查和批准联合国有关这一问题的资金使用情况等。[4] 可以说,联大第32/162号决议大体规定了联合国人类住区委员会的目标、职能和责任,这些职能也是当前联合国人类住区规划署理事会重要的行为准则。

---

[1] 联合国大会:《大会第五十九届会议提交大会高级别全体会议的决议草案:2005年世界首脑会议成果》,A/60/L.1,2005年9月20日,第28页。
[2] 联合国大会:《人权理事会》,A/RES/60/251,2006年3月15日,第1—4页。
[3] 中国联合国协会编:《中国的联合国外交》,世界知识出版社2009年版,第52—53页。
[4] 联合国大会:《人类住区方面国际合作的机构安排》,A/RES/32/162,1977年12月19日,第116—117页。

进入 21 世纪后，人类住区问题不仅没有得到妥善解决，甚至一部分发展中国家因急速城市化往往使得该国贫困人口的住所更加恶劣，人类住区的可持续发展仍面临严重挑战。基于这种情况，联大决心审查并加强人类住区委员会的任务和地位。2001 年 12 月 21 日，第 56 届联大通过决议，决定自 2002 年 1 月 1 日起，将人类住区委员会及其秘书处，即联合国人类住区中心（人居中心），包括联合国环境和人类住区基金会，合并改为联合国人类住区规划署（简称人居署），人类住区委员会则改名为联合国人类住区规划署理事会，是政府间决策机构，也正式成为联大的附属机关。[①]其主要职责是确定人居署的政策目标和指导方针；批准人居署两年的工作方案和预算；协调这一治理领域中的其他机构，为实现总体人居政策目标提出自己的建议。

其四是联合国大学理事会。联合国大学理事会（Council of the United Nations University）是联合国为了更为有效发挥联合国大学的作用而建立的理事会。1972 年第 27 届联大通过的第 2951 号决议决定在联合国主持下建立联合国大学，该大学除了强调应有的学术自由理念外，还要求"各学院的研究方案应包括文化、语言和社会制度差异各国人民间的共存，各国间的和平关系与和平及安全的维持，人权、经济和社会的变化和发展，环境和资源的适当使用，基本科学研究和应用科学和技术的效果以从事于发展等事项"。[②] 同时，联大还决定邀请联合国教育、科学及文化组织执行委员会、秘书长、经济及社会理事会等机构，就大学的校章草案和该决议的执行情况向次年的第 28 届大会报告。

1973 年 10 月 30 日，秘书长在综合各方意见与决议后，整理出了有关联合国大学的章程草案，并将其作为报告提交至联大审议。这份章程草案中计划建立大学理事会，使其成为联合国大学的管理委员会。该理事会设理事 24 人，联合国其他机构的代表与大学校长等人任理事会理事，主要职责包括拟订联合国大学应遵循的原则和政策；会议通过执行大学章程所需的各种规则；制定在成员国建立研究和训练中心的方案；审议和核定大学的工作方案，并通过财政预算；审议联合国大学校长的工作及其工作计划

---

① 联合国大会：《加强人类住区委员会的任务和地位及联合国人类住区中心（人居中心）的地位、作用和职能》，A/RES/56/206，2001 年 12 月 21 日，第 2—4 页。
② 联合国大会：《设立一所国际大学问题》，A/RES/2951（XXVII），1972 年 12 月 11 日，第 47 页。

执行情况的报告等。① 1973年12月6日，第28届联大第2192次全体会议审议了上述报告，建立了大学理事会，并建议大学理事会"在审议大学研究和训练中心地点及方案、以及大学各联系机构时，充分考虑到设备和其他种类捐献的提供"。②

当前，联合国大学理事会已经成为联合国大学最为重要的管理部门，不仅决定着联合国大学的预算和工作方案，也在积极负责制定大学平时运转的各项政策与原则。同时，其也承担着连接联大的职能，每年向联合国大会等部门提交联合国大学的发展与运行情况报告。

三、专门委员会

专门委员会（Commissions）是联大为更有效处理全球性问题而先后成立的分支委员会。专门委员会根据联大相关决议的决定而设立，不同于上述两类常设制度的是，专门委员会不承担联大的审议功能，也没有独立决策的权力，但专门委员会分担联大全球治理功能的方式是提供专业建议。专门委员会通常由各个会员国和联合国内部的专业人员构成，专门负责就某一具体领域提供咨询意见，以供联大或其他联合国主要机构审议采纳。虽然专门委员会的国际影响力不及主要委员会和理事会，但其具备的专业职能与效率高度保障了联大对关键全球治理议题的有效参与。

一是裁军审议委员会。裁军审议委员会（Disarmament Commission）最初源于1952年1月11日第六届联大通过决议成立的裁军委员会。在这届联大的第358次全体会议上，大部分成员国认识到，继续维护世界和平与安全的局面离不开全球范围内的有效裁军，而为了使联合国可以在裁军问题上提出可行的协调方案，联大通过决议在安理会下设立新的裁军委员会，并取代原有的委员会，执行联合国主导的裁军任务。③ 然而，该委员会并没有发挥预期的作用，在后续建立的时间里只偶尔召开过相关会议。针对这种情况，1978年召开的联合国大会第十届特别会议决定设立一个附

---

① 联合国大会：《联合国大学：秘书长的报告》（增编），A/9149/ADD.2，1973年10月30日，第4—6页。
② 联合国大会：《联合国大学》，A/RES/3081（XXVIII），1973年12月6日，第51页。
③ 联合国大会：《一切军队及一切军备的调节、限制及均衡裁减；原子能的国际管制》，A/RES/502（VI），1952年1月11日，第1—2页。

属于联大的、由联合国所有会员国组成的裁军审议委员会，以继承1952年设立的裁军委员会，并对新的联合国裁军委员会做出如下决定：联合国裁军委员会是附属于联大的审议机构，职责在于就裁军领域内各种问题进行审议与提出建议，并贯彻讨论裁军问题特别会议的有关决定和建议；联合国裁军委员会应按照《大会议事规则》有关各委员会的条款行事，有必要修改时，应努力保证主要问题的决定尽可能以协商一致的方式通过；联合国裁军委员会应每年向联大提出报告；秘书长将向联合国裁军委员会提供其职责所需的专家、工作人员和其他服务。①

概言之，联合国裁军审议委员会就是附属联大审议机构，职责在于就裁军领域内各种问题进行审议和提出建议，并贯彻裁军问题特别会议的有关决定和建议，向联大提交年度工作报告。然而，联合国裁军审议委员会自建立以来，只能集中审议有限数目的议题，大致每次会议实际审议的议题只有2—4个。1997年12月19日第52届联大通过相关决议，建议裁军审议委员会应在本届联大结束以前审查其工作情况，以提高并合理化其工作进度。② 不久后，联合国裁军审议委员会就向联大第一委员会提交报告，认为联合国裁军审议委员会应自2000年起，每年要在裁军领域内的所有问题中选取两个实质性议题作为会议议程，其中包括一个核裁军议题，并且决定每年召开持续3周的全体和工作组形式会议。③ 联大很快做出决定，通过了第一委员会的这一报告。④

二是国际公务员制度委员会。国际公务员制度委员会（International Civil Service Commission）正式建立于1974年初。第27届联大于1972年12月19日的全体会议讨论联合国薪给制度问题时，听取了联合国薪给制度特别审查委员会的建议，决定于1974年1月1日起设立国际公务员制度委员会，用来节制和协调联合国体系内各机构的服务条件，并计划其由不超过13名的独立专家组成，以个人身份接受联大任命并向联大负责。⑤ 虽

---

① 联合国大会：《据第十届特别会议特设委员会的报告通过的决议》，A/RES/S-10/2，1978年6月30日，第13页。
② 联合国大会：《革新联合国：改革方案》，A/RES/52/12B，1997年12月19日，第3页。
③ 联合国大会：《审查大会第十届特别会议通过的建议和决定的执行情况：第一委员会的报告（第二部分）》，A/52/602/ADD.1，1998年7月1日，第2页。
④ 联合国大会：《裁军审议委员会的报告》，A/52/492，1998年9月8日，第64—65页。
⑤ 联合国大会：《联合国薪给制度》，A/RES/3042（XXVII），1972年12月19日，第128—129页。

然国际公务员制度委员会计划于 1974 年初提出建议，但其规约于 1974 年底才得到联大的认可通过。根据决议附件，国际公务员制度委员会的职权包括向联大提供人事制度建议；订立人事服务制度；为联合国所有职类人员制定工作分类标准；向联合国其他分支机构提出招聘等人事工作的建议等等。①

三是国际法委员会。国际法委员会（International Law Commission）是根据第二届联合国大会通过的第 174（Ⅱ）号决议而成立的。1946 年第一届联大通过决议设立了"第七委员会"，以方便联大开展国际法的编纂与推广活动。第七委员会在 1947 年举行的第二届联合国大会上提交了研究报告，建议联大促使成立专门的委员会，推动国际法的发展与编纂工作。这一专门委员会应由世界公认的知名且能胜任的国际法界人士组成，其即为国际法委员会。② 同时，这一决议也通过了国际法委员会的运行法规，细化了该委员会的组织、职能等多个方面的内容，并划定出其同联合国其他机构的关系，以协调其在联合国中的工作。

四是联合国建设和平委员会。联合国建设和平委员会（United Nations Peacebuilding Commission）是依照联大与安理会两个机构的决议而设立的专门委员会，是联合国在传统安全治理领域发挥自身作用的重要辅助性机构。2005 年 12 月 20 日，第 60 届联大以协商一致的方式通过名为《建设和平委员会》的决议，决定设立联合国建设和平委员会作为政府间的咨询机构。这一专业委员会的职责主要包括三个方面："一是调动所有相关的行为体，协力筹集资源，就冲突后建设和平及复原工作提供咨询意见和提出综合战略；二是集中关注冲突后复原所必需的重建和体制建设工作，支持制定综合战略，为可持续发展奠定基础；三是提供建议和信息，改善联合国内外各相关行为体之间的协调，订立最佳做法，协助确保为早期复原活动筹措可预测的资金，使国际社会长期关注冲突后复原问题。"③ 同一天，安理会也通过了相同内容的决议，从自身层面确立了联合国建设和平委员会。④

---

① 联合国大会：《国际公务员制度委员会规约》，A/RES/3357（XXIX），1974 年 12 月 18 日，第 150—153 页。
② 联合国大会：《国际法委员会的设置》，A/RES/174（Ⅱ），1947 年 11 月 21 日，第 49 页。
③ 联合国大会：《建设和平委员会》，A/RES/60/180，2005 年 12 月 20 日，第 2 页。
④ 联合国大会：《建设和平委员会》，S/RES/1645（2005），2005 年 12 月 20 日，第 1—5 页。

联大后续也对联合国建设和平委员会的组织架构与任务使命做了进一步的规定。比如2016年4月27日第70届联大第93次全体会议在审查联合国建设和平委员会的架构后，强调建设和平委员会应履行下列职能：使国际社会持续关注和平问题；采用综合和协调一致的方式开展建设和平工作；提供有关建设和平的需求和优先事项的咨询意见，协调联合国主要机关的职能；为联合国内外的所有相关行为体，包括会员国、国家当局、联合国特派团和国家工作队、国际及区域和次区域组织、国际金融机构、民间社会、妇女组织、青年组织，并视情为私人部门和人权机构提供合作平台，以便提供建议和信息。[1]

五是联合国近东巴勒斯坦难民救济和工程处咨询委员会。联合国近东巴勒斯坦难民救济和工程处咨询委员会（Advisory Commission on the United Nations Relief and Works Agency for Palestine Refugees in the Near East）是联大现有专门委员会中唯一的咨询性专门委员会，是根据1949年第四届联大通过的第302（IV）号决议设立的。决议规定这一咨询性专门委员会的主要任务是与地方政府一起实施针对巴勒斯坦难民的救济事宜，并与近东地区各级政府商议后续的预防措施。[2] 联合国近东巴勒斯坦难民救济和工程处咨询委员会最初成立时只有4名成员，当前涵盖了27名成员与3名观察员。这一咨询性专门委员会采用两年一次的会议制度，讨论联合国近东巴勒斯坦难民救济和工程处重要事项，并为其提供专业的咨询性建议。

此外，联大还设立了联合国国际贸易法委员会（United Nations Commission on International Trade Law）与联合国巴勒斯坦和解委员会（United Nations Conciliation Commission for Palestine）。前者主要处理会员国之间存在的国际贸易法律差异，以促进更为广泛的贸易流通；后者则负责调查研究调停巴以冲突的可行性建议。[3]

总之，联大长期设立常设机构基本可以分为主要委员会、下属理事会、专门委员会三类。每一类机构都具有不同的权限与职能，六大主要委员会同联大系统最为接近，可以直接分担联大审议的会议议程，是每一届

---

[1] 联合国大会：《联合国建设和平架构审查》，A/RES/70/262，2016年4月27日，第3—4页。
[2] 联合国大会：《援助巴勒斯坦难民》，A/RES/302（IV），1949年12月8日，第21—23页。
[3] 联合国大会：《设立联合国国际贸易法委员会》，A/RES/2205（XXI），1966年12月17日，第1—10页。

联大处理各种议题的关键"助手";理事会则拥有较大的权力,拥有一定的独立决策能力;专门委员会则更为专业,对具体的全球性、区域性问题更有发言权。常设制度基本保障了联大参与全球治理的能力,但联大广泛的职权范围使得这些常设制度不可能满足自身需要。为了解决这一问题,联大在其参与全球治理的过程中设立了更多临时性的特设机构,以拓展自身的治理范围,发挥全球治理功能。然而,仅仅讨论机制的构成还不足以明晰联大全球治理功能的制度保障,本书以下内容将基于联大现有的机制体系,阐述其运作程序,特别是有关联大议事制度的运行方式。

第三节 保障治理成效的议事制度

联大的议事制度主要包含会议形式和表决机制两个部分,其具有联合国系统其他机构不具备的优势。当前联大特有的会议形式不仅可以囊括所有的联合国会员国,还可以纳入国际组织和地区组织的代表,乃至个人代表。联大的决策机制包含两种形式,即全体一致与唱名表决。联大努力争取以全体一致的形式通过相关决议,但如果存在分歧,将采用更具效率的唱名表决方式。联大的议事制度是保障其治理成效的重要手段,在塑造治理主体间的平等地位的同时,还推动治理主体间的有效交流,尽可能地使治理主体间就不同的治理议题达成有效共识。本节则基于《宪章》和《大会议事规则》这两份文件,阐述联大的议事和表决机制的主要内容,在此基础上讨论二者的作用,以进一步明晰联大实现其全球治理功能的制度基础。

一、联大议事制度的构成

联大的议事制度包含议事和表决两方面的相关机制。二者的运行规则都基于《宪章》和《大会议事规则》相关内容的规定。其中《宪章》限定了联大的职能与权力,并规定了联大在联合国与国际法中的地位;《大会议事规则》则详细规定了联大各种程序的运行办法,对联大履行《宪章》赋予的使命起着至关重要的作用。《大会议事规则》正式出台于1947年的第二届联大,并于1948年1月1日正式生效。在后续历届联大会议上,《大会议事规则》进行了多次修改,当前联大使用的《大会议事规则》包括了截至 2007 年 9 月联大通过的全部有关其修正和增订条款。由于联大议事程序复杂,《大会议事规则》必须规定到方方面面,其涵盖内容必然也会异常丰富,包含了联大的会议形式、议程设置、代表团、主席团、工作语言、会议记录、表决机制等诸多方面。虽然《大会议事规则》的内容是对《宪章》未涉及领域的有效补充,但仍然不是完美的,仍需要后续联大继续修改。以下内容将阐述联大这两种议事制度的具体内容,为后文分析其对联大参与全球治理的影响奠定基础。

(一) 联大的会议机制

联大拥有两种会议形式,分别是常会与特别会议,其中特别会议还包含紧急特别会议。

其一是常会。常会是联大最主要的会议形式,每一届联大都包含不同时长的常会,联大的主要审议与讨论环节基本都涵盖在常会阶段内。联大常会具有固定的开幕时间。当前有关联大常会开幕日期最新的规定是 2003 年 3 月 13 日第 57 届联大第 57/301 号决议所修正的。这份决议决定自当年的第 58 届联大起,"大会常会每年在 9 月从至少有一个工作日的第一个星期起算的第三个星期的星期二开始举行"。[①] 按照现有规则,联大常会并没有固定的闭幕日期。根据 1952 年 12 月 21 日第七届联大会议通过的第 689B 号决议,联大应于每届会议正式开始时,按照总务委员会的建议确定常会的闭幕日期。[②] 然而,联大会议日程众多,加之可能加入新的临时日程,使得联大常会常常拖到第二年中期,闭幕日期也很可能会一延再延。

联大常会通常在美国纽约的联合国总部举行,但按照《大会议事规则》规定,联大仍可按照前一届联大会议的相关决定,或联合国会员国半数以上的请求,在其他地点举行。虽然这一权利属于任何一个联合国会员国,但要求联大在联合国总部以外的地点举行常会的话,必须在这届联大常会开幕日期的 120 天以前提出。一旦出现这种情况,秘书长有义务立即将此项请求及其本人的建议通知联合国其他会员国。"如果

---

① 联合国大会:《对大会议事规则第 1 条的修正及一般性辩论的开始日期和期间》,A/RES/57/301, 2003 年 3 月 13 日, 第 2 页。

② 联合国大会:《限制大会经常届会期间的办法》,A/RES/689 (VII), 1952 年 12 月 21 日, 第 53 页。

会员国过半数在通知发出后30天内表示赞成此项请求,该届会议即应在所请求的地点举行。"①

常会的会议临时议程由秘书长草拟,在会议召开60天前分发给各个会员国。根据《大会议事规则》的规定,临时议程应包括如下项目:秘书长的联合国工作报告;安全理事会、经济及社会理事会、托管理事会、国际法院、联大各附属机构以及应向联大提出报告的各专门机构的报告;前一届联大决定列入的项目;联合国其他主要机构提议列入的项目;联合国会员国提议列入的项目;涉及财政年度预算和决算报告的项目;秘书长认为需要向联大提出的项目;非会员国国家根据《宪章》第35条第二项规定提议列入的项目。②

其二是特别会议。联大的特别会议是联大为了审议重要或突发问题而临时开设的会议,其包含特别会议与紧急特别会议两种形式。当前联大、安理会及联合国会员国都可以请求召开特别会议。在联大方面,只要联大认为有必要就可以自定时间召开特别会议。后两者请求召开特别会议的条件则略有不同,只要安全理事会或联合国会员国过半数成员提出请求,秘书长就有义务在收到通知后的半个月内召开特别会议。如果是少数会员国申请召开特别会议,那么秘书长则有义务将这一请求通知其他会员国,并询问是否赞同这一请求,如果超过半数的会员国在收到通知的一个月内明确表示赞同,那么联大也应按照这一请求召开特别会议。

除了特别会议,联大还可以召开紧急特别会议。第五届联大在1950年11月3日通过的第377号决议规定,一旦发生有碍和平的国际危机且安全理事会因不能达成大国一致而无法发挥主要职能时,且国际危机没有处于联大开幕期内,那么联大可以根据安全理事会任何7个理事国或联合国一半会员国的认可,在一天之内召开紧急特别会议处理危机。1965年12月8日,第20届联大通过决议将安理会申请召开紧急特别会议的国家数目由"7"改为"9"。③ 这一改动至今仍然有效。类似上述情况,如果是少数会员国申请召开紧急特别会议,秘书长也应做类似的通知及询问工作,而且通知工作应迅速展开,不能迟于会议开幕前12小时。

---

① 联合国大会:《大会议事规则》,A/520/Rev.19,第1页。
② 联合国大会:《大会议事规则》,A/520/Rev.19,第4页。
③ 联合国大会:《联合国宪章第二十三条、第二十七条及第六十一条之修正案生效后须对大会议事规则所作之修正》,A/RES/2046(XX),1965年12月8日,第105页。

特别会议的临时议程基本要与申请特别会议的议程相同,但具体程序上会因申请者的不同而有所区别。安全理事会请求召开的特别会议要求在会议开幕14天以前将临时议程分送各会员国;应过半数会员国的请求或过半数的会员国对任何会员国的请求表示赞同而召开的特别会议,则应在会议开幕前10天将临时议程分发各会员国。

(二) 联大的决策机制

联大的决策机制是其议事制度的另一个组成部分,也是更为重要的组成部分。在讨论联大会议决策机制之前,有必要阐述联大各个国家代表团的构成。参与联大决策机制的主体是主权国家派往联大的会议代表团,会员国派驻联大会议的代表团通常拥有不超过5名的会议代表和不超过5名的会议副代表。副代表在经代表团团长指定后,可代行代表职务。此外,每个代表团还可以根据实际情况派驻所需的顾问专家团人员。各代表团成员名单与代表的全权证书应由该国国家元首、政府首脑或外交部长颁发,并应在会议开幕前一周递交秘书长,然后由联大下属的全权证书委员会审查。在表决机制上,联大制度沿袭了国际联盟中的国联大会制度,设立一国一票的表决制度,重点体现国家主权一律平等的理念。基于此,每个得到资格的代表团都在每一次的联大全会的表决中拥有一票的表决权。

联大表决所需的多数票分为两种情况,即重要问题与其他问题。重要问题的表决通过,需要出席并参加表决会员国总数的三分之二赞成,重要问题一般包括涉及国际和平与安全问题、选举安全理事会非常任理事国、选举经济及社会理事会与托管理事会的理事国、准许新会员国加入联合国、中止会员国权利、开除会员国、关于施行托管制度问题以及预算问题等。其他问题的表决通过只需要简单多数的通过,即出席并参加表决会员国总数的二分之一赞成。需要注意的是,《联大议事规则》对出席并参加表决的成员国做了详细的限定,只有投赞成票或反对票的成员国才被纳入这一概念的范畴,投弃权票的成员国被认为没有参加表决。[①]

在实际决策过程中,联大通常采取两种不同的决策形式,即全体一致与唱名表决。全体一致是联大在冷战后开始频繁采用的决策形式。尽管联合国大会遵循多数原则,但在实际表决中联大鼓励全体一致,即争取就各

---

① 联合国大会:《大会议事规则》,A/520/Rev.19,第22页。

个决议草案达成会员国之间的普遍共识,至少是不反对或弃权的表态。联大主席也可以在与各国代表团协商并达成一致后,提议不经表决通过该项决议草案。① 虽然全体一致的表决原则并不是联大首创,但其在联大推动自身的全球治理上具有重要意义。当前有关联大决策机制的研究较少关注全体一致这一决策形式,对于其重要性和普遍性认识不足。

然而,处在表决阶段的各会员国并不总能达成全体一致,一旦会员国之间出现分歧,联大将迫不得已会采取唱名表决的决策形式。联大唱名表决的具体方式与采用时机都要会员国代表明确提出。唱名表决的流程从主席抽签决定的成员国开始,按成员国国名英文字母的次序进行唱名。当成员国的国名被点到时,该成员国代表必须回答"赞成""反对"或"弃权",直到所有成员国均被点到为止。联大有时也利用电子表决系统,通常只要求会员国代表以举手或起立的方式进行表决,联大的电子表决系统会进行投票数据记录。此外,当前学术界对联大弃权票的意义十分关注,各自的理解也存在一定差异。比如,美国政治科学学者柯蒂斯·西格诺里诺(Curtis S. Signorino)和杰弗里·里特(Jeffrey M. Ritter)在纳入联大投票数据计算 S 值时,将弃权票看作中间情况,表示赞成与反对之间的中性意义;相反,贝里等人则认为弃权更接近于反对,因为联大的投票结果并不具有强制力,即使国家投赞成票也不会付出巨大的政治成本,因此国家选择弃权就可以间接表达对投票议题的不赞成态度。②

最终的表决结果也按成员国国名英文字母的次序列入会议表决记录。虽然使用唱名表决的方式仍是会员国代表的权利,但联大还是建议成员国会议代表尽量避免采用,更多采用简单的表决方式,"大会用机械设备进行表决时,应以无记录表决代替举手或起立表决,以记录表决代替唱名表决。任何代表都可请求进行记录表决。进行记录表决时,除非有代表提出请求,大会应免去成员国唱名的程序;但表决的结果应以唱名表决的同样方式列入记录"。③

---

① M. J. Peterson, *The UN General Assembly*, London: Routledge, 2006, p. 72.
② Curtis S. Signorino and Jeffrey M. Ritter, "Tau-b or Not Tau-b: Measuring the Similarity of Foreign Policy Positions," pp. 128 – 129; Michael A. Bailey, Anton Strezhnev, and Erik Voeten, "Estimating Dynamic State Preferences from United Nations Voting Data," p. 3; Erik Voeten, "Clashes in the Assembly," p. 193.
③ 联合国大会:《装置表决机械设备:修正大会议事规则第 89 条及第 128 条》,A/RES/2323(XXII),1967 年 12 月 16 日,第 87 页。

无论采取何种表决方式，一旦当联大主席宣布表决开始时，除了与表决的实际进行有关的程序问题外，任何会员国代表都不能打断表决程序的进行。联大主席有权准许代表解释其投票理由，但解释时间以 10 分钟为限，要求代表发言力求简短，只可以解释投票理由，不能乘机重开辩论。

联大表决的对象一般是联大的提案与修正案。联大在对提案进行表决时，一般按照提案的顺序逐个进行表决。联大在表决完一项提案后，可决定是否表决下一项提案。如存在针对同一问题的多个提案，也要按顺序进行表决，并且一旦靠前的提案获得通过，那么针对这一问题的其他提案可以按照前述规定免于表决。修正案是对联大提案增删或部分修改的动议。联大对提案的修正案进行表决时，会优先表决修正案再表决提案。当针对某项提案存在多个修正案时，联大会优先就实质内容距离原提案最远的修正案进行表决，继而表决次远的修正案，直至所有修正案均经表决。如果修正案彼此之间存在矛盾内容，那么一项修正案的通过则意味着大会已经否决了与之矛盾的其他修正案，其将不再付诸表决。所有修正案付诸表决后，联大则应表决更新后的提案。如果表决的结果是赞成与反对的票数相等，联大则应在 48 小时内进行第二次表决。如第二次表决仍是赞成和反对票数相等的结果，该提案则视为被否决，不予通过。

当前有关联大的表决机制，特别是唱名表决是当前国内外学界重点研究的问题。有关联合国大会决策机制的研究旨趣最先源于美国学术界，科学方法的大量使用与丰富，投票数据的累积使美国在这一研究领域处于绝对领先地位。美国国务院官方建立的文件数据库中包含自 1946—2014 年美国国务院国际组织局向国会提交的名为《美国参与联合国》（United States Participation in the United Nations）的年度报告，每一年的这份报告都会将重要的联大决议的内容搜集编纂，以提交美国国会审议。自 1985 年后，《美国参与联合国》报告还附加名为《联合国表决情况》（Voting Practices in the United Nations）的报告，其详细记录了每年联合国大会和安理会的表决情况。上述两份文件不仅详细记录了美国在联合国的投票表决情况，并且每年仍在更新数据。其中最吸引学界关注的就是记录美国联大投票数据与具体提案的表决情况，其给该领域的研究提供了基本数据材料，具有极高的参考意义。

西方学术界通常利用联大决策的相关数据研究国家之间的外交政策的相似程度。外交政策相似程度也常被称作外交政策的趋同（convergence），这一概念源于对国内公共政策的研究，表示政策的变化过程，包括政策目标、内容、工具、结果、类型5个方面的内容。[1] 外交政策相似程度则是这一概念的延伸，专门用来衡量两个国家之间国家利益的重合程度，并用来解释国际关系中的常见现象。然而，较为准确地操作国家之间的外交政策相似程度相当困难，不仅各个国家的外交政策关注点存在差异，彼此间的利益关系更是异常复杂。国内外学术界目前不得不通过观察国家在某些共有特定问题领域的集体行为，以解读各个国家利益偏好的相似程度。联合国大会投票数据就是考察国家间外交政策相似程度的标准之一。[2]

联合国自1945年成立以来，就设立了全体会员国参与且具有一致表决权的联合国大会。在这一制度设计下，联合国大会可以被看作是世界上绝大多数国家的集体行为，而联大投票情况也可以被看作是这些国家就某些世界性议题的集中利益表达，通过对联大投票众议题、多国家、长时段的观察，也有机会发现多数国家利益偏好的变化。[3] 这些优势使其十分便于考察国家间外交政策的相似程度，这一标准也很快就得到学界应用。著名的S值在建立相似性分值模型时就加入了联大表决数据，但其在应用时并没有具体区分投票所针对的议题，国家就一些议题上的投票差异不能简单地视为利益分歧，这也是S值的缺陷之一。[4] 联大决策数据很适合研究中国的外交政策。考虑到中国是坚持不结盟政策的国家，无法利用同盟关系来考察外交政策相似程度，学术界因此更倾向于采用联大投票数据来考察中国同他国外交政策相似性的变化情况。因此，相关研究就利用中国在联合国大会投票行为的相关数据，考察中国同其他国家外交政策的相似程度。可以说，联大决策机制推动的国家间外交政策趋同，不仅有利于外交政策的研究，也对全球治理的理论与实践研究具有重要的启示意义。

---

[1] Colin J. Bennett, "What Is Policy Convergence and What Causes It?" *British Journal of Political Science*, Vol. 21, No. 2, 1991, pp. 218 - 219.

[2] 其他常用的操作标准是τb系数和S值，参见 Bruce Bueno De Mesquita, "Measuring Systemic Polarity," *Journal of Conflict Resolution*, Vol. 19, No. 2, 1975, pp. 187 - 216; Curtis S. Signorino and Jeffrey M. Ritter, "Tau-B or Not Tau-B: Measuring the Similarity of Foreign Policy Positions," *International Studies Quarterly*, Vol. 43, No. 1, 1999, pp. 115 - 144。

[3] Erik Voeten, "Clashes in the Assembly," *International Organization*, Vol. 54, No. 2, 2000, pp. 185 - 186.

[4] Michael A. Bailey, Anton Strezhnev, and Erik Voeten, "Estimating Dynamic State Preferences from United Nations Voting Data," *Journal of Conflict Resolution*, first published on August 17, 2015, pp. 3 - 4.

二、联大议事制度的作用

本书以上内容简要阐述了联大议事制度的基本内容。可以说联大的会议机制与决策机制都会对联大的全球治理功能产生不同的影响。具体来说，当前联大主要的两种会议机制与决策机制在四个层面保障了联大的全球治理功能，其一是注重治理主体之间的平等地位；其二是推动治理主体之间的交流；其三是塑造治理主体之间的共识；最后是确保以合法性的方式保障联大的治理程序。下面将分别阐述联大议事制度对其参与全球治理体系与全球治理功能的作用。

（一）注重治理主体间的平等

在整个联合国系统中，联大的议事制度相对更具平等性。在成员构成上，联大可以纳入全球的国家行为体与重要的国际组织。联大的会议机制要求所有国家尽可能参与联大会议的每一个阶段，并邀请相关的国际组织乃至个人参与到相关的会议议程中来。

在决策程序上，联大也更关注参与治理的主体之间的平等。可以说，联大的决策机制相比较于安理会的决策机制更具平等性。一是二者表决程序的差异。联大的表决需要每一个会员国的投票，即使是全体一致的决议方式，也要求每一个会员国赞成，只是忽略了投票的过程。安理会的表决则仅限于当时的15个常任理事国与非常任理事国，其代表性远远落后于联大。同时，安理会的5个常任理事国都拥有否决票，一票就可以否决任何决议草案。可以说，这5个常任理事国在安理会关注的议题上具有相当大的权力，但联大并不设置否决票，决议通过与否完全依照赞成的票数，每一个国家的投票权都是平等的。二是针对议题的差异。联大与安理会表决针对的议题存在差异。联大针对的议题领域非常广泛，只要在《宪章》范围内，无论政治、经济、社会、法律、财政等问题，都可以在大会中讨论并表决得出决议。安理会则更多是处理国际危机的和平与安全议题，虽然这些问题更具紧迫性，但涉及的国家范围通常较为有限。总之，安理会与联大都拥有自身的表决机制，但二者存在差异，虽然安理会更强调效率与执行力，但联大相较于安理会更具备平等性，也更容易获得国际社会的全面支持与理解。

(二) 推动治理主体间的交流

联大议事机制的作用之一就是推动治理主体间的有效交流。无论是会议机制还是表决机制，都会给予治理主体之间充足的机会与时间，表达对自身关注议题的看法，从而实现彼此的有效交流。

在这一方面，联大的会议机制发挥的作用更大。比如，参与联大的国家与非国家行为体往往都可以利用一般性辩论增进相互之间领导人的交流。一般性辩论是联大常会的一项主要工作，也是常会开幕后经历的主要阶段。联大的一般性辩论每年只举行一次，一般于9月第三个星期的星期二正式开始。[1] 一般性辩论通常由成员国代表，甚至是该国国家领导人亲自参与，这使得一般性辩论成为联大会议最高规格的常会。各个国家代表团也通常期望在这一阶段宣扬本国的外交政策立场，进而扩大自身的国际影响力。近年来，中国国家领导人也经常参加联大的一般性辩论，并做主旨发言，习近平总书记就曾在2015年9月28日第70届联大的一般性辩论上发表重要演讲。根据曾经参与联大一般性辩论的外交人士回忆，虽然每个国家都可以在这一阶段发表主旨演讲，但每个国家真正可以吸引的观众却是有限的，只有如美国、俄罗斯（苏联）、中国的发言才会出现会场上座无虚席的情形。[2]

大国领导人的直接参与使得联大的一般性辩论深受世人关注。联大更是不断调整一般性辩论的规则，不断满足会员国的参与要求与热情。根据当前《大会议事规则》及相关决议的规定，联大在拟订一般性辩论发言名单时遵循下列原则：一般性辩论持续时间应为两个星期，给予各个国家的领导人和重要政府官员充足的交流时间；在一般性辩论环节限定每个国家代表的发言时间，以使得更多的国家有机会发言；秘书处会根据现有惯例拟订发言名单，以尽量满足各个会员国的要求；每一天的发言名单都应全部完成，绝不延迟到次日发言等。一般性辩论通常具有时间限制，每次发言一般维持在20分钟以内。除一般性辩论外，在全体会议和各主要委员会发言时限定为15分钟。这种制度安排充分保证了参会成员都可以表达自身的观点，有利于推动彼此之间的交流与理解。

---

[1] 联合国大会：《对大会议事规则第1条的修正及一般性辩论的开始日期和期间》，A/RES/57/301，2003年3月13日，第2页。

[2] 君言：《且说联大"一般性辩论"》，《世界知识》2000年第20期，第36—37页。

(三) 塑造治理主体间的共识

从本质上说，联大议事制度包含的一系列规则是希望联大决议可以充分有效地实施。由于联大决议并不具备强制性，会员国之间的共识就对联大决议的实施至关重要。联大在其会议机制中推动治理主体间充分的交流，其目的也是希望会员国之间，至少是主要会员国之间在一些问题上达成一致。在一般性辩论中，联大可以通过高级别的领导人会议实现国家元首之间的会晤，在这一阶段对某些议题达成共识。在一般性辩论之后，联大才会召开各主要委员会的实质性会议，讨论如何以实际手段和政策推动一般性辩论所达成的国家间共识。只要涉及紧急事项或具有重大政治性的事件，联大会跳过各主要委员会审议的环节，直接在全体会议上审议该议程。

联大塑造治理主体间的共识更为有效的方式是其决策机制，其可以推动会员国之间就将要表决的决议草案形成不同程度的共识。不同于联大会议注重自身治理行为的公平与平等，联大决策机制更强调治理的合法性与效率。协商一致的决策方式就是努力使得参与决策的会员国可以达成一致意见，共同推动某项决议的实施，并且联大自冷战后时代以来，以协商一致的方式通过的决议数量不断增加，使得联大塑造国际共识的能力进一步加强。

虽然推动各方共识是好现象，表明参与联大的治理主体可以团结一致对付全球挑战，但近年来联大在这一功能上有些过犹不及，协商一致往往转变成为最终目标。具体说来，联大的某项决议草案往往在正式表决前，努力争取各区域集团乃至全体会员国的同意，并在此过程中不断更改草案内容，以调和各方的利益诉求，最终使得草案流于空泛，缺乏一定的执行力，"很多所谓决定只是反映各种迥然不同意见之间最低程度的共同点"。①

(四) 确保治理程序的合法性

联大保证治理成果的合法性的主要议事手段是利用会议机制中的审核功能，集体审核联合国各个部门的报告，并利用相关的决策手段确保这些

---

① 联合国大会：《大自由：实现人人共享的发展、安全和人权》，A/59/2005，2005 年 3 月 21 日，第 38 页。

问题后续的治理合法性。

  联大的重要任务之一就是审核联合国各个部门提交的报告。一般来说，联合国各个部门提交的报告都是为应对各种不同的全球性问题提出的解决方案，具有十分重要的意义。在这一过程中，每个会员国都有权听取并提出自身的修改建议。联大会议通过这种形式强化未来联大通过决议的合法性。可以说，当前每一届联大都是包含各种治理主体的多边会议，这种会议形式有助于增强联大参与全球治理的合法性。

  以秘书长对联合国工作的报告为例，每届联大都必须审议的就是秘书长对联合国工作的报告。一般来说，秘书长的报告至少包括四个部分的内容，即导言、报告主体、工作展望、附件。导言部分的功能类似摘要，在整体上阐述了秘书长报告要阐明的问题。报告的主要部分是秘书长针对相关问题的论述，包含对这一问题的背景、发展、相关各方的态度、自身的建议等等内容。报告要求内容全面、资料丰富、分析透彻，以便联大的讨论与审议。秘书长报告还应列入未来一年联合国的工作展望，着重阐述下一年联合国的工作计划与特定目标。在报告的结尾处，秘书长还要撰写报告的附件。附件的内容是联合国系统所有机构开展活动的主要方案和费用。附件撰写方式要求简单明晰，可以最快速度使得各会员国全面了解其内容。秘书长报告一般要在联大正式开幕的前一个多月按照不同的工作语言进行分发。联大应在一般性辩论结束后的全体会议上审议秘书长工作报告，联大主席及一名相关副主席应在联大审议工作中组织进行非正式协商，以讨论联大可能需要采取的后续落实行动。联大也可以将报告拆分，将其中的章节分别交给主要委员会进行更详细的审议。秘书长也可以在联大进行"关于联合国工作报告"的议程项目时参会，口头介绍该报告。

  除了审议秘书长的工作报告外，联大还可以审议联合国其他主要机构的报告，这其中最为重要的任务就是审核安全理事会、国际法院、经济及社会理事会三个机构的报告。虽然联大没有管辖安理会的权力，但是联大可以设置题为"安全理事会的报告"会议议程，专门在全体会议上审议安全理事会的年度工作报告。联大审议安全理事会报告的时间也是在一般性辩论结束后举行的全体会议上，同样也需要联大主席及一名相关副主席在联大审议工作中组织进行非正式协商，以讨论联大可能需要采取的后续行动与内容。此外，安全理事会也有义务编纂每月的工作方案分发给联大成员国，以供其参考。有关联大审议经济及社会理事会报告的工作规范源于

1996年5月24日第50届联大通过的第50/227号决议。经社理事会的报告基本涵盖其年度工作总结与在发展治理中的协调组织工作。此外，联大还可以审议国际法院的报告，以支持其作为联合国主要司法机关的地位，并推动国际法的逐步发展和编纂。

  以上内容讨论了联大议事制度对其全球治理功能的保障作用。虽然联大的议事制度并不复杂，但其对全球治理的理论与实践研究具有重要意义。综合前述几节的内容可以发现，联大具有的一系列机制赋予并不断强化其参与、拓展多个全球治理领域的能力，有助于其成为当前世界主要的全球治理主体。然而，联大全球治理功能并不是完善的，仍具有一定局限性。本书的以下内容将针对联大全球治理的局限展开讨论，并阐述联大自身与学术界对改进其全球治理功能的努力与实践。

第五章　联大全球治理功能的局限及其改进

虽然联大在全球治理体系中已经取得一系列成绩，但其全球治理功能并不完善，仍存在诸多亟需改进的问题。联大全球治理功能最主要的局限有三点，分别是：治理成效不佳、治理效率低下、部分决议存在争议。联大的治理成效问题是当前联大全球治理功能存在的首要不足，其严重制约联大参与各个全球治理领域的能力；联大全球治理功能的局限还体现在其治理效率上，由于现阶段存在议程繁琐、运行机制复杂落后、缺乏有效监督等问题，联大的治理效率饱受诟病；同时，联大部分决议还存在一定争议，无法得到国际社会的普遍认同，甚至造成极其恶劣的影响。基于对上述三点局限的讨论，本章还将讨论联大全球治理功能的改进，包括联大的尝试举措、当前的改进路径、未来的努力方向三个部分。

第一节　治理成效不佳

联大的治理成效问题是当前联大全球治理功能存在的首要不足。笔者认为，造成这一现象的原因有两个，分别是联大决议难以得到有效落实和联大与安理会之间存在权责不清问题。《宪章》没有给予联大足够的法律地位，致使联大的决议效力仅具备建议性质，而缺乏一定的强制力度。同时，联大与安理会存在共管的交叉领域，二者权责分配不清，造成联大治理成效的欠缺。

一、决议难以有效落实

联大形成相关决议是其工作的一项重点，但执行联大决议具有相当的重要性，其对于联大的权威、全球治理功能的有效性和效率也具有深刻影响。当前，联大决议的执行情况不容乐观，诸多决议几乎沦为一纸空文。虽然联大几乎每年都会以协商一致或唱名表决的方式通过各种有关全球治理的决议，但这些决议更多是有关联大的规范性文件，所包含的诸多改进主张缺乏实际可操作的措施与政策，使得大多数决议尚未或无法得到全面落实，执行情况不容乐观。

当前联大决议难以有效落实的根源是《联合国宪章》对联大的限定。根据《宪章》的规定，联大的决议不具备强制力度，仅是建议性质，没有法律约束力。虽然联大每年都会通过大量决议，并要求成员国采取联大决定的一系列措施，但如果成员国没有按照决议执行，联大也没有任何强制或制裁措施。联大这类决议数量众多，较为突出的当属有关美国对古巴的禁运问题的决议。

美国对古巴的禁运源于冷战时期，自古巴革命胜利后，美古关系日趋恶化，美国公开反对新成立的古巴政府，古巴也针对性地采取了反美政策，并没收了美国在古巴的资产。古巴导弹危机后，两国关系彻底走入敌对状态，美国不断采取针对古巴的制裁封锁措施。这种严厉的制裁实施至今已有半个世纪，除了经济、商业和金融封锁外，美国对古巴的制裁还囊括一系列禁令和单方面强制性措施，《托里切利法案》（Torricelli Act）与《赫尔姆斯—伯顿法案》（the Helms-Burton Act）就是美国针对古巴采取的最具标志性的制裁封锁手段。

《托里切利法案》也称为《古巴民主法案》，是1992年美国老布什总统签署通过的法案，主要内容是禁止美国公司同古巴进行贸易；禁止别国经美国港口同古巴进行货物往来；制裁进口古巴糖类商品的国家等。①《赫尔姆斯—伯顿法案》则是1996年美国克林顿政府签署颁布的法案，主要内容包括禁止美国公司同古巴进行贸易；拒绝同古巴进行贸易的外国公司人员进入美国；禁止进口含有古巴原材料制成品的外国商品；阻止国际金融组织向古巴提供任何贷款等。②综合法案主要内容可以看出，两个法案都主要是针对与古巴存在贸易的其他国家，美国试图利用自身影响力，将

---

① Trevor R. Jefferies, "The Cuban Democracy Act of 1992: A Rotten Carrot and a Broken Stick," *Emory International Law Review*, Vol. 16, No. 1, 1993, pp. 259–268.

② 金泽虎:《试析赫尔姆斯—伯顿法产生的原因及其影响》,《世界经济与政治》1997年第5期，第73页。

大多数国家纳入自身制裁古巴的外交战略中,从而完成对古巴现政权的全面封锁,希望采用这一手段推动古巴经济与社会的全面崩溃。①

美国这两部法案不仅长期造成古巴经济形势的恶化,更是公然违反《联合国宪章》,以自身国内法律粗暴干涉别国的国家主权,致使古巴遭受严重的经济与金融危机,发展几乎陷于停滞,同时上述两个法案还以强制手段迫使其他国家及其管辖下的各种组织或个人服从美国的国内政策,并对全球贸易和航行自由造成极大的冲击。② 这些都造成上述两部法案一经美国政府宣布实施就引起世界范围内的谴责之声,美国的传统盟友与周边邻国也愈发走到反对美国制裁古巴的立场上来。可以说,美国封锁古巴的根本目的不是出于国际公理,而是野蛮侵犯独立国家主权,违反国际法与《联合国宪章》及指导国家间和平关系的规范和原则,是遏制古巴人民生产生活的恶劣行径。这些已经是全球性共识,得到绝大多数国家和国际组织的认同。③

国际社会很早就开始利用联大作为合作平台,共同谴责美国对古巴的封锁制裁,并向美国施加压力,希望其取消上述两部法案。1992年11月24日,第47届联大第70次全体会议共同审议了这一问题。与会代表大多认为,制裁古巴并不是美国内政或美古双边关系问题,而是触及国际法、国家主权规范等更为深刻的问题,基于此,他们普遍支持古巴的立场,要求美国解除封锁。④ 当天联大就通过了名为《必须终止美利坚合众国对古巴的经济、商业和金融封锁》的决议,要求美国遵守《宪章》和其承诺遵守的国际法规范,并采取必要措施撤销或废止违反这些国际义务的行为。⑤ 需要注意的是,虽然要求美国废除制裁古巴的决议得到通过,但当时只有59个国家表示支持,71国家投了弃权票。这一表决结果表明,当时的国

---

① Andreas F. Lowenfeld, "Congress and Cuba: The Helms-Burton Act," *The American Journal of International Law*, Vol. 90, No. 3, 1996, pp. 419–434.

② Joy Gordon, "Economic Sanctions as 'Negative Development': The Case of Cuba," *Journal of International Development*, Vol. 28, No. 4, 2016, pp. 473–484.

③ 有关各国政府和联合国系统各机关对于这一问题观点的最新表述,参见联合国大会:《必须终止美利坚合众国对古巴的经济、商业和金融封锁:秘书长的报告》,A/70/120,2015年7月30日,第1—152页。

④ 联合国大会:《联合国大会第四十七届会议第七十次全体会议正式记录》,A/47/PV.70,1992年11月24日,第1—41页。

⑤ 联合国大会:《必须终止美利坚合众国对古巴的经济、商业和金融封锁》,A/RES/47/19,1992年11月24日,第27页。

际社会在这一议题上还没有形成有效的集体共识。然而，随着联大逐年讨论这一议题，之后投赞成票的国家数量逐年递增。截至当前，联大已经连续24年审议这一问题并以压倒性多数通过相关决议，要求美国立即停止对古巴的封锁。可以说，每一次联大有关这一问题的表决都是对古巴政府和人民巨大的支持和声援，比如最近的2015年10月27日第70届联大第40次全体会议在表决名为《必须终止美利坚合众国对古巴的经济、商业和金融封锁》的决议时，获得191票赞成、0票弃权，只有美国和以色列投了反对票。

近年来，美国对古巴的制裁形势也在发生变化。2014年底美古两国领导人同时宣布启动两国关系正常化的进程。不久后，美国国务院就宣布将古巴从"支持恐怖主义国家"的名单中移除。虽然国际社会大多认为美国本就不应将古巴列入所谓的"国际恐怖主义赞助国"名单，但此举仍消除了两国关系正常化中的主要障碍。2015年1月15日，美国财政部和商务部又对赴古巴旅行、电信和汇款、农产品等问题提出新的政策，进一步放宽了针对上述领域的限制。2015年7月20日，美国与古巴终于建立了外交关系，并在对方国家首都重新开设了使馆。8月14日，美国国务卿约翰·福布斯·克里（John Forbes Kerry）正式代表美国访问古巴，并参加美国驻古使馆的升旗仪式，这也是自1945年以来美国国务卿首次访古，具有极大的政治意义。上述事件表明美古关系正朝着正确方向发展，但截至当前这些发展仍较为有限，只是修改了与实施封锁有关的某些方面政策。

虽然联大可以连续24年通过相同的决议谴责美国对古巴的制裁，一再呼吁美国尽早结束对古巴的单方面经济、商业和金融封锁，同时奥巴马总统也在其任期内不断推动美古关系走向良性发展的轨道，但从其在联大发言可以看出，美国仍旧我行我素，近期解除对古巴全面封锁与制裁的可能性非常小。缺少强制力度的联大决议只能增加国际舆论与道德影响，无法在美国拒绝执行的情况下推进决议的实施。同时，上文阐述的两部法案究其本质是美国国会制定的国内法律，即使美国总统期望改善美古关系，美国国会也没有推动废除封锁法案。可以说，美国国内政治分权的特征也使得终止这两部法律的工作存在巨大的困难与挑战。

总之，联大决议很难避免效力不足的问题，特别是涉及到有关大国国家关键利益的决议，其效力就更加难以得到保证。比如上文中提及的美国，除了封锁古巴外，还经常反对有关巴以问题的决议，致使其难以得到有效实施。联大每年都会谴责以色列,但以色列并无行动,如果这一问题转交由安理会处理,大多也会因为美国的否决致使其继续拖延。联大实现其全球治理功能的有效方式之一就是通过相关的联大决议。这些决议大多承载了当时的国际社会对某些全球性问题达成的治理共识。如果这些决议无法得到有效落实,必然会严重影响联大最终的全球治理成效。避免相关决议退化成为一纸空文已经刻不容缓。联大在这一问题上必须采取的措施就是继续评估联大各项决议的执行情况,确定其欠缺有效执行的根本原因,以提升其治理成效。

二、与安理会权责不清

除了联大决议难以有效落实这一因素外,造成联大治理成效不足的另一个重要原因是联大与安理会存在权责分配不清的问题。造成这一问题的根源是《宪章》在赋予联合国各个机构的职权时,没有详细界定其各自的职权范围,更没有明确说明彼此的从属关系。联合国在设计之初就有意避免国联的缺陷,造成联合国大会与安理会的职权同国联大会与行政院的职权存在很大差异,出现新的问题。

具体来说,《宪章》赋予联大的职权更多带有审议与建议性质,比如《宪章》第四章第十条规定联合国大会可以讨论《宪章》"范围内之任何问题或事项",或关于《宪章》"所规定任何机关之职权",并有权向联合国会员国和安全理事会提出建议。[①] 可以说,第十条规定了联大的基本职能,确定了其在联合国的重要地位,但联大本身具有的权力较为有限,只可以有效处理自身职权范围内的问题并产生相关决议,对一些国际问题提供有效的审议与建议。

相反,《联合国宪章》则赋予了安全理事会如下的权力与职能。首先,安理会具备的最主要职能就是维护国际和平与安全,打击各种威胁或侵略行径,调停管理各种类型的国际冲突,主动塑造地区和世界的稳定。除了这一主要职能外,安理会还在选择联合国秘书长、国际法院的法官等联合国重要官员方面具备一定的职能,主要是以较高的效率向联大推荐上述职

---

① 《联合国宪章》,联合国网,http://www.un.org/zh/charter-united-nations/index.html(最后访问时间:2017年2月20日)。

位的合适人选。① 可以说，安理会是当前联合国唯一拥有权力采取军事强制行动以维护国际和平的机构，这使其决议具有执行力度和约束力度，可以对会员国甚至非会员国产生实质性的影响。

对比联大的职权，可以看出联大与安理会存在一定的交叉领域，存在权责分配不清问题。这使得两个机构可以彼此"入侵"对方的职权领域，进而削弱双方的职能与成效。当然，在联合国的发展历史中，多数是安理会侵蚀联大的职能，特别表现在联大主导的发展议题上，安理会也在这一领域开始发挥作用，这一点导致当前诸多发展中国家的不满。这一问题不仅使得后续各个成员国基于不同的立场产生激烈的斗争，也在一定程度上不断削弱联大的全球治理功能。

这一点在联大参与治理安全议题上也有着明显的体现。依据《宪章》规定，维护国际和平与安全主要是安理会的职权范围，但联大也对这一问题拥有处理权限。这一问题出现的根源是中小国家同大国在联合国权力斗争的结果。《宪章》在制定期间，曾计划将维护国际和平与安全的职能全部集中于安理会，这使得握有否决权的五大国可以在这一问题上拥有极大的权力，导致中小国家普遍不满，要求赋予联大在这一问题上的权力，以制衡安理会，最终旧金山联合国制宪会议的结果则是双方妥协，联大可以讨论宪章范围内的任何问题，即大会可以参与维护国际和平与安全问题的治理，但当安理会处理某一具体国际和平与安全问题时，联大不经安理会的请求则不得提出任何建议。②

综合既有档案材料，可以发现联大曾经几次试图增加自身的权力，并且都是获取安理会的部分权力。比如，1950年联大的第377号决议就是较为成功的一次，而联大失败的尝试就是1947年小型联大问题与1996年联大对安理会的审查权问题。

（一）1947年的小型联大

设立小型联大（The Little Assembly）源于联大自身的制度建设。旧金山立宪会议期间，以澳大利亚为首的中小国家就对安理会的决策机制，特别是对大国的否决权持质疑和反对的态度，并期望加大联大的权力，以平

---

① 《联合国宪章》中有关安全理事会的条款，参见安全理事会网站，http：//www.un.org/zh/sc/（最后访问时间：2017年2月20日）。

② 许光建主编：《联合国宪章诠释》，山西教育出版社1999年版，第107页。

衡五大国在安理会的否决权。虽然最终谈判的结果实现了妥协，联大增加了一部分权力，但自联合国成立以来，内部就一直存在改革联合国决策机制、加大联大权力的声音。在1946年第一届联大上，相关国家提出了有关改组和精简联合国的提案。

进入1947年后，美国与苏联的关系日渐紧张，冷战的出现取代了二战期间大国合作的状态。同期刚刚成立不久的联合国就要面对大国冷战的交锋，美国依靠盟友众多牢牢掌握着联合国大会，而苏联则熟练运用安理会赋予的否决权不断否决美国的提案，整个联合国沦为两个超级大国激烈对抗的场所。在这种情况下，美国则试图将安理会的部分权力转移至自身可以掌控的联大，以绕过苏联的否决权。1947年第二届联大第111次全会通过了关于成立联大"临时委员会"（Interim Committee）的决议。其可由全体会员国各派一名代表组成，任务是在大会休会期间调查研究有关安全与和平的问题，执行联大职权，并向下一届联大会议提出报告。① 由于其具有的特殊性质，这一机构因而也被称做"小型联大"（The Little Assembly）。

小型联大的存在间接有利于更容易获得联大多数的西方国家集团，同时，"小型联大的设立，扩大了大会在维持国际和平与安全方面的职能，从而遭到了当时以苏联为代表的若干会员国的反对"。② 同年的11月21日，第123次全体会议通过的117号决议，授权了小型联大"研究安全理事会之投票问题"。③ 1949年4月14日，第三届大会第195次全体会议审议了临时委员会的报告书，并通过了第267号决议，认为程序性问题不应适用否决权，号召安理会理事国慎用否决权。④ 正是小型联大的存在使得安理会及大国否决权遭到一定程度的削弱，也间接削弱苏东国家集团在联合国的影响力，因为当时的苏联更多依靠安理会的否决权同美国周旋，因此苏联一直反对这一机构的设立。由于苏东国家的强烈反对，小型联大并没有发挥美国预期的作用，最终走向失败。⑤

---

① 联合国大会：《大会临时委员会的设立》，A/RES/111（Ⅱ），1947年11月13日，第6—7页。
② 梁西：《国际组织法》，武汉大学出版社1993年版，第110页。
③ 联合国大会：《依宪章第一百零九条召集全体会议修正否决权及大会第一届第二期会议有关否决权使用的决议案》，A/RES/117（Ⅱ），1947年11月13日，第10页。
④ 联合国大会：《安全理事会报告书》，A/RES/267（Ⅲ），1949年4月14日，第3—4页。
⑤ 有关小型联大更为详细的内容，参见Douglas W. Coster, "The Interim Committee of the General Assembly: An Appraisal," *International Organization*, Vol. 3, No. 3, 1949, pp. 444–458。

（二）1996年大会对安理会的审查权问题

虽然联合国系统间的权力分配在冷战结束后已经趋于固定，但一部分发展中国家仍在寻求加大联大的权力。这一努力的标志性事件就是联大对安理会的审查权问题。这一事件发生在1996年召开的第51届联大，当时联大正在试图改进安全理事会报告程序，赋予联大有权定期审查安理会的工作情况，但这一问题却引发大国与中小国家的激烈争论。

在当年12月17日举行的第87次全体会议上，哥伦比亚代表不结盟国家提出了改进安理会工作方法与透明度的"哥伦比亚提案"，这份决议草案的主要内容是鼓励安全理事会应及时向联大提交有关其工作实质性、分析性和资料性说明的报告，报告应包括如下内容：安理会有关其职权范围内的一些问题进行的全体协商等相关资料；列入安全理事会各附属机关的决定、建议或工作进展；安全理事会在决策时对属于联大和安理会范围问题的讨论等等内容。[1]

与会的发展中国家认为，《宪章》中的若干条款已经明文规定联大可以接受并审查安理会相关报告，以往安理会向大会提交的报告缺乏实质内容，联大这一权力已经流于形式，而"哥伦比亚提案"有助于提高安理会工作的合法性与透明度。大国则强烈反对上述观点，认为这一决议草案与联合国利益相左，将伤害联大与安理会的权力平衡。比如，法国代表认为决议草案的观点不能体现《宪章》原意，联大与安理会只是联合国的两个主要机构，不存在任何附属关系，且决议草案中很多内容不具现实操作性，其"将毫不犹豫地对A/51/L.64（决议草案）投反对票"。[2]

虽然这次联大全会讨论了这一议题，但没有形成共识，以不结盟国家为代表的发展中国家一方认为安理会应及时有效地向联大提交工作报告，决议草案更是明示安理会在一定程度上要接受联大的限制。最终这次会议以唱名的方式表决了第51/193号决议，结果是111票赞成、41票弃权，法国、俄罗斯、英国、美国四国投了反对票。虽然这一决议得到多数国家赞成通过，但大国的反对使这份决议的后续实施增加了一定的难度。

---

[1] 联合国大会：《安全理事会的报告：哥伦比亚决议草案》，A/51/L.64，1996年12月13日，第1—2页。

[2] 联合国大会：《联合国大会第五十一届会议第八十七次全体会议正式记录》，A/51/PV.87，1996年12月17日，第2页。

第五章 联大全球治理功能的局限及其改进

虽然后续联大也在常会讨论中经常谈及安理会与大会的关系问题，这一问题也经常出现在多届联大的决议中，但时至今日，联大与安理会的关系仍没有得到理顺，大部分发展中国家认为安理会必须遵守联大的决议，但大国特别是以美国为首的大国则认为安理会与联大是联合国体系下的平级机构，不存在任何从属关系。虽然联大已经通过若干份有关安理会需要向联大提交工作报告的决议，但"安全理事会一直未向大会正式提交任何专题报告。只有安全理事会各任主席所提供的月度评估在某种程度上述及专题"。① 此外，联大还经常讨论包括安理会决策的透明度问题。发展中国家希望借助增加联大监督安理会的权限，以实现安理会决策的透明度。目前联大在广大发展中国家票数占优势的情况下，通过了多项有关安理会的决议，要求安理会定期向大会做报告。

总之，当前联大全球治理功能的局限之一就是其治理成效上的不足。造成这一现象的第一个原因是联大通过的决议难以得到有效落实。正如新加坡前外交部长尚穆根·贾古玛（Shunmugam Jayakumar）在联大一般辩论中所说："我们年复一年讨论的决议数量激增，但与当前的实际脱节。"② 第二个原因则是联大与安理会存在权责不清的现象。联合国最为主要的两个一级机构就是安理会与联大，二者都是联合国的枢纽机构，但二者的地位存在巨大差异。联大针对的议题领域非常广泛，只要在《宪章》范围内，无论政治、经济、社会、法律、财政等问题都可以在联大讨论并表决得出决议。然而，现实的情况是联大很难划定具体的职权范围，联大与安理会的权责存在很多交叉领域，二者在职权上并不完全排他，不仅拥有各自专属的事务，更有平行共管的领域。这使得本该联大发挥作用的领域很容易被转移到安理会的议程中。此外，安理会还存在越权问题，特别是在联大主导的发展议题上，安理会正在逐渐侵蚀联大的作用与职能，这也是发展中国家认为需要改变的问题。未来联大甚至是安理会的改进措施，就是适当尊重其各自的领域授权，从而使联合国最为主要的两个机构之间建立彼此加强和相辅相成的关系。当然上述问题已经是联大能力不足的症结，涉及的利益方过多，改进的过程也是步履维艰。

---

① 联合国大会：《联合国大会第六十八届会议第五十九次全体会议正式记录》，A/68/PV.59，2013年12月4日，第6页。
② 联合国大会：《联合国大会第六十六届会议第二十八次全体会议正式记录》，A/66/PV.28，2011年9月27日，第8页。

第二节　治理效率低下

　　联大全球治理功能的局限还体现在其治理效率问题上。即使联大可以顺利解决其决议落实等方面的问题，还是会因自身的治理效率低下而使其全球治理功能大打折扣。纵观近年来有关改进联大的决议，大多已经注意到联大议程过多、工作方法落后等问题，削减联大的工作量并改进相关机构的工作方法一直是各成员国的共识，但这一问题至今也没有得到妥善解决。由于要处理非常多的全球性问题，联大只能不断增加自身的工作量，其近年来的会议议程数量急剧增多，每年都要通过约300项决议和决定，此外还包含诸多其他的文件处理审议工作，这种不断增加的工作量也必然会耗费大量的人力与财力资源。同时，联大现有的议事规则复杂多变，其附属机构的庞杂更是不断降低其参与全球治理的效率。此外，联大运行过程中缺乏一定的透明度与有效的监察机制也是造成其治理效率低下的一个重要原因。

一、会议议程繁琐

　　联大治理效率低下的首要表现就是其会议议程的繁琐。联大的议事制度是保障其治理成效的重要条件。联大的本质是各个成员国举行大范围国际会议的平台，只有在会议举办的过程中，联大才可以审议各种全球性问题，参与不同领域的全球治理。然而，当前联大要处理的会议议程过于繁琐，并且长期得不到议程的合理化有效精简，使联大无法集中注意关键问题，致使其无法有效发挥自身应有的全球治理功能。

　　联大是联合国的主要审议机关，可以讨论《宪章》范围内的任何问题，这使得联大可以涉及的议题数量与种类异常丰富。然而，联大并不是随时都处于工作状态，依照《大会议事规则》的规定，联大在每年9月第三个星期的星期二开始举行，一般持续到当年的12月底，如联大在这期间没有讨论完全部议程，将会在第二年继续开会审议。可以说，联大的主要会期就是9—12月这3个月的时间，在这3个月内，联大要尽可能完成对诸多议程的审议，这是十分艰巨的任务。同时，各会员国代表不可能完全准备好有关各个议程的参考材料，甚至一些小国都无法做到派出足够的代表，以参与联大各个议程的讨论。可以说，《宪章》赋予了联大可以广泛参与各种全球性问题的治理，但联大本身却因时间有限，不具有相应的能力，无法有效参与如此众多的议题，造成联大会议议程繁琐。

表5—1　2000年后历届联大议程决议数量表

联大届次	年份	议程数量	决定数量	决议数量
第55届联大	2000	167	77	285
第56届联大	2001	176	83	512
第57届联大	2002	166	98	338
第58届联大	2003	164	81	316
第59届联大	2004	157	66	314
第60届联大	2005	156	66	300
第61届联大	2006	154	66	300
第62届联大	2007	163	60	300
第63届联大	2008	153	67	400
第64届联大	2009	168	65	400
第65届联大	2010	161	55	400
第66届联大	2011	175	74	300
第67届联大	2012	170	71	400
第68届联大	2013	175	65	310
第69届联大	2014	172	80	327
第70届联大	2015	174	72	305
第71届联大	2016	174	—	277

注：联大相关机构尚未统计第71届联大的会议决定数量。
资料来源：联合国大会官网。

纵观近年来所有改进联大的决议，大多涉及联大议程过多的问题，削减联大的工作量，提高其工作效率一直是各个成员国的共识，但这一问题至今也没有得到妥善解决，多年来联大议程急剧增多（参见表5—1）。仅统计2000年后历届联大的议程、决定、决议的数量，就可以发现联大近20年来几乎每届都要审议大量议题，范围涵盖世界现存问题的方方面面，并且每年都要通过约300项决议和决定，此外还包含诸多其他的文件处理审议工作，这种不断增加的工作量必然会耗费联大大量的人力与财力资源，甚至导致一些议程没有时间顺利进行。比如，联大在20世纪70年代初一直将名为"防止危害或杀害无辜生命或损害基本自由的国际恐怖主义的措施和由于困苦、挫折、怨愤和失望、以致有人不惜牺牲人命，包括自己的生命在内、以求实现彻底改革的恐怖主义和暴力行为的根本原因的研究"的项目议程列入第28、29和30届会议议程中，但由于联大常会议程项目众多，"每次都由于时间不够无法进行审议"，这一议程一拖再拖，直到1976年的第31届联大才开始正式审议这一议程。[1]

可以说。联大治理效率低下的一个主要原因就是其要讨论的议程过于广泛，内容包罗万象，很多问题往往是机械性的重复。这使得联大往往耗费过多的时间与精力处理繁琐的议程，一部分更具实质性的问题和议程得不到更多关注，严重影响联大的全球治理功能。

联大的议程改革也是未来需要努力的方向之一。当前很多国际组织要么采用有限时间处理有限主题的方式，以促进这些主题的进一步推进与解决，要么采用多次会议的办法，在一年中举办多次的短期会议，各自处理不同的会议主题。这些方法最主要的优势就是节省会议成本，虽然形式不同，但上述两种方式的核心是集中专门时间讨论固定主题，一些无关讨论主题的专家与顾问可以不参加会议，从而避免全员参与过分冗长的会议周期。可以说，联大未来改进的努力方向就是采用分期会议的形式，在不同的会议期间内，组织有限的专业人士讨论固定的会议主题。

二、运行机制复杂

联大工作效率低下的第二个表现是其运行机制过于复杂。联大运行的

---

[1] United Nations General Assembly, Measures to Prevent International Terrorism Which Endangers or Takes Innocent Human Lives or Jeopardizes Fundamental Freedoms, and Study of the Underlying Causes of Those Forms of Terrorism and Acts of Violence Which Lie in Misery, Frustration, Grievance and Despair and Which Cause Some People to Sacrifice Human Lives, Including Their Own, in an Attempt to Effect Radical Changes: Report of the 6th Committee, A/31/429, 14 December, 1976, p. 1.

重要基础文献是《大会议事规则》,虽然其已经成为当前国际组织运行的典范,但涵盖的内容过于复杂繁琐。《大会议事规则》正式出台于1947年的第二届联大,并于1948年1月1日起正式生效。在后续的联大会议上,《大会议事规则》进行了多次修改,当前联大使用的《大会议事规则》则包括截至2007年9月联大通过的有关修正和增订条款。由于联大议事程序复杂,《大会议事规则》必须规定到方方面面,详细规定了联大的会议形式、议程设置、代表团、联大主席、工作语言、会议记录、表决机制等诸多方面。目前已经涵盖18个部分、163条具体条款,以及解释性说明、附件等内容。除了《大会议事规则》的限定外,联大既有一些附属机构的决定也成为联大的运行规则,指导一部分《大会议事规则》外的联大运行领域。

除了联大整体运行规则复杂外,影响其运行机制的第二个因素就是当前联大的附属机构数量过于众多。联大之所以可以成为当前世界主要的全球治理主体之一,就是因为其具有一系列机制赋予并不断强化其参与多个全球治理领域的能力。除了秘书处、六大主要委员会、下属理事会外,联大也通过一部分决议而拥有一系列管理委员会、专门委员会、常设委员会、特设委员会、专设工作组、特设工作组等附属机构。此外,联大还拥有如外聘审计团、争议法庭、上诉法庭、联合检查组、海洋和海洋法问题不限成员名额非正式协商进程等其他机构。这其中特设委员会与特设工作组是联大经常设立的附属机构,二者在广度与深度上不断拓展联大全球治理的范畴,但也不可避免地带来机构庞杂的问题。更为严重的是,在可见的未来,联大为了拓展自身功能、扩大活动范围,必然会再度增加附属机构,致使这一趋势难以得到有效遏制。

由于运行程序繁琐,加之分支附属机构庞杂,联大内部工作程序极其复杂,治理效率低下。仅以秘书处印发工作为例,秘书长就曾向联大撰写专门报告,指出每一届联大所需的报告数量太多,"报告数量多如牛毛,往往重复,造成的影响很零碎",仅第56届联大会议就需要提交500多份文件。[①]"光是堆积如山的报告数量就成为本组织难以更好地为会员国服务的一个重大问题,因为它削弱了秘书处进行有重点、有增加值的分析的能

---

① 联合国大会:《加强联合国:进一步改革纲领》A/57/387,2002年9月9日,第14页。

力,各国代表团对这些报告难以消化和采取行动"。①

当前联大针对工作方法的改进还主要集中在其下属的主要委员会。联大已经主动将原本的 7 个主要委员会缩减为 6 个,并不断提出工作方法的改进方向(如表 5—2 所示)。除了主要委员会外,联大还没有对其附属机构做进一步的精简,但在工作方法方面,联大则积极推动本系统的改进。比如,针对联大在审查大会事务和会议事务部后,要求其主动调整工作方法、职能和生产力水平等。② 当然,上述只是联大少数机构有关运行机制的改进,目前联大也仍在推动全系统运行机制的改革。未来的联大必须做到以下两点:第一,必须在联合国系统各部分树立强大的问责和创新风气,废弃过时的办事方式,减少浪费和调动工作人员积极性,以便加强联合国系统为会员国提供的服务。第二,鼓励加强联合国系统内的政策一致性,以加强联合国对全球治理的指导作用。③

表 5—2 联大主要委员会工作方法改进表

主要委员会	工作方法的改进
第一委员会	分三个阶段审议项目 不与第四委员会同时举行会议
第二委员会	举行有秘书处、会员国、各机构代表和外部专家参加的小组讨论和互动对话 从第 58 届会议起,第二和第三委员会的主席团举行联席会议
第三委员会	举行了有秘书处和会员国参加的互动对话
第四委员会	举行有秘书处和会员国参与的互动对话 在题为"联合国近东巴勒斯坦难民救济和工程处"的项目下通过的决议数目从 7 项减至 5 项 不与第一委员会同时举行会议
第五委员会	协调员在提交提案之前举行非正式协商 各实务部门在届会开始之前为各国代表团举行研讨会或情况介绍会

---

① 联合国大会:《文件管制和限制:秘书处的说明》,A/58/CRP.7,2004 年 5 月 6 日,第 1 页。

② 相关更为详细的内容,参见联合国大会:《改进大会事务和会议事务部的工作情况:秘书长的报告》,A/57/289,2002 年 8 月 9 日,第 1—17 页。

③ 联合国大会:《联合国大会第六十六届会议第八十八次全体会议正式记录》,A/66/PV.88,2011 年 12 月 16 日,第 6 页。

续表

主要委员会	工作方法的改进
第六委员会	就组织事项举行会前非正式协商 在会议的第一作出若干组织决定 有计划地举行关于国际法委员会报告的辩论，以使辩论更有所侧重并增加互动环节 在就项目举行正式辩论之后留出时间举行非正式协商 在各特设委员会的工作结束后成立一个委员会工作组 分发各个附属机构、专家机构和特设委员会的工作结果，以供在同一日历年度内审议和采取行动 在委员会的网站上发布相关信息

资料来源：联合国大会：《关于各主要委员会的做法和工作方法的历史和分析说明：秘书处的说明》，A/58/CRP.5，2004年3月10日，第20页。

三、缺乏监督机制

联大治理效率低下的第三个表现是缺乏有效的监督机制，导致其容易出现腐败现象。虽然联大在联合国体系中并不具备最高的权力，但由于其涉及的问题领域广泛，参与人员众多，其也存在一定的权力寻租空间，加之联大众多的管理人员多由会员国依照一定方法选取产生，拥有独立地位，不必向联合国秘书处等机构负责，因而联合国系统无法对其进行有效监督。

近年来联大最为著名的腐败事件就是第58届联大主席受贿逃税案。2015年10月6日，美国相关的司法部门指控第58届联大主席约翰·阿什（John Ashe）涉嫌受贿腐败，指出其在任期间曾经接受全球可持续发展基金会和新建业集团的贿赂，并被以逃税罪名正式起诉。这一事件震惊了整个联合国，10月8日，潘基文秘书长明确表示不会容忍在联合国内或以联合国名义的任何形式的腐败行为，并将启动联合国内部监督事务厅程序，审查联合国与"全球可持续发展基金会"和新建业集团之间的往来互动，以及联合国从二者收取资金的使用情况。①

---

① 联合国大会：《前联大主席被指控卷入受贿案 潘基文重申不容忍任何形式的腐败行为》，http://www.un.org/chinese/News/story.asp?NewsID=24879。

除了详细调查阿什受贿的具体细节外，联合国也认识到现有的联大主席及主席办公室的运作程序并不充分，缺少相关的决策透明度和有效的监督与追责机制。联大主席基本由联合国成员国任命，其职能与职权独立，无需向联合国秘书长和秘书处负责，导致秘书处无法有效发挥对其的监督作用，容易造成联大主席的腐败。2015年10月23日，联合国成立专责小组，负责审查大会主席办公室的运作情况，特别是为联大主席的供资和人员配置情况，并就促进加强主席办公室的透明度和问责机制提出了改进方法和建议，从而开启了针对联大主席办公室运作情况的审查进程。次年3月，专责小组完成自身任务，审查了大会主席的权力、地位、作用、任务；主席办的经费筹措方法；主席办的人员配置等方面，建议联大以实际手段增强主席办公室运作的透明度、问责制和效率，如制定联大主席承诺遵守的核心行为原则；要求联大主席：在任职和卸任时公布财务情况；在网站上公布其所开展活动的诸多细节；提供捐款流向的详细情况等18项具体建议。① 截至当前，联大对主席及其办公室机制提出一系列改进措施（如表5—3所示）。这些措施大多仍处于继续执行的状态，正在逐步加大联大主席及其办公室的决策透明度。

总之，虽然联大的权力和影响力不及安理会，但由于其是联合国多边合作的重要机制，一旦出现腐败等问题，无疑会对联合国的声誉和形象造成极大的负面影响，进而影响其参与全球治理的公平性与合法性。基于此，联大主席受贿逃税案应成为联大改进自身透明度与监察体系的契机，努力完成这一角度的改进，从而进一步完善自身的全球治理功能。

表5—3 联大增进主席工作透明度的政策措施表

决议文件	规定案文	执行实体	执行现状
第69/321号决议，第46段	鼓励联大主席继续实行定期向会员国通报包括公务差旅在内各项活动的做法	联大主席	持续执行

---

① 联合国大会：《大会主席办公室的运作：秘书长所设专责小组的意见和建议》，A/70/783，2016年3月22日，第1—15页。

续表

决议文件	规定案文	执行实体	执行现状
第69/321号决议，第48段	鼓励联大当选主席与主席理事会交流意见，以使当选主席能从前任主席的最佳做法和经验教训中受益，将此作为加强联大主席办公室机构记忆工作的一部分	联大主席	持续执行
第69/321号决议，第49段	请联大卸任主席向其继任者递交一份任期工作总结并简要介绍经验教训和最佳做法，同时鼓励其在三个月过渡期间有系统和建设性地进行相互间的经验交流	联大主席	持续执行
第69/321号决议，第56段	请联大主席在第七十届联大上与秘书处合作，向特设工作组提交关于大会主席作用、任务和活动的报告	联大主席，大会和会议管理部	在2016年4月7日第五次会议上，特设工作组听取了大会主席、主席办公室主任、秘书长办公厅主任以及主管大会和会议管理事务副秘书长的相关情况通报
第58/126号决议，附件，第7段	每年6月，联大当选主席在考虑到会员国提供的意见并经与现任主席和秘书长协商后，将提出一个或多个全球关注的问题，提请各会员国在即将举行的大会一般性辩论期间就其发表评论。还应将会员国所提供的意见编成摘要，分发给会员国。上述关于提出问题提请评论的建议将不损害各会员国完全独立地决定本国一般性辩论发言内容的主权	联大主席	持续执行

资料来源：联合国大会：《振兴大会工作特设工作组的报告》，A/70/1003，2016年8月2日，第54—56页。

第三节 部分决议存在争议

联大实现其全球治理功能的主要手段就是利用自身的议事制度通过相关决定或决议,以影响国际舆论与国际道义,推动相关领域问题的解决。虽然联大绝大部分的工作成果都对全球社会带来了不同程度的积极影响,但在联大发展的历史过程中,其也制定并通过了一些极具争议的决议,有些甚至带来了极其恶劣的国际影响。由于这类决议存在一定的争议,其往往无法由联大以全体一致的方式决策通过,而是采用投票表决的方式,是在缺乏国际社会有效的认可的情况下强行通过的决议,必然无法得到国际社会的普遍认同。这也是联大全球治理功能的第三点局限。以下内容将主要讨论4个存在争议的联大决议内容。

一、制定巴以分治协议

巴以分治协议是1947年第二届联大通过的第181号决议,针对的是当时愈演愈烈的巴勒斯坦问题,其也是联大早期通过的非常具有争议性的决议。在当时的历史条件下,联大没有充分顾及阿拉伯人的立场,促使中东局势特别是巴勒斯坦问题至今仍是影响该地区稳定的主要因素。

巴勒斯坦问题是联大建立初期处理的重要地缘政治问题。这一问题具有复杂的历史根源,阿拉伯人和犹太人都曾在该地区生活聚居,很难准确划分各自的居住范围。二战结束后,阿拉伯人和犹太人双方都期望在巴勒斯坦地区建立属于自己的国家,但在如何实现这一目的,双方的立场差异非常明显,进而导致对峙情绪不断上涨,地区形势也日趋紧张。在英国承认无力处理这一问题后,便决定放弃委任统治,将其提交至联合国,交由国际社会处理。1947年4月2日,英国驻联合国代表正式书面通知赖伊秘书长,要求将巴勒斯坦问题列入联合国议事日程,并建议尽早召开联大特别会议讨论这一问题。[①] 联合国按照英国的建议设立了历史上第一届特别联大会议,以提出解决巴勒斯坦问题的草案,提交下一届联大审议。经过

---

① 联合国大会:《巴勒斯坦问题》,A/286,1947年4月3日,第1页。

反复讨论,第一届特别联大于1947年5月15日通过了名为《巴勒斯坦问题特别调查团》的决议,决定"设置特别调查团,并着该调查团就巴勒斯坦问题拟具报告,备供大会下届常会审议"。① 该调查团包含澳大利亚、加拿大等11个国家,具有调查巴勒斯坦问题的一切权力,并负责得出研究报告,以提交第二届联大审议。

该调查团经过努力工作,汇集了多方建议与信息,并整理出非常完整的调查报告。该报告首先认可的观点是巴勒斯坦的委任统治应尽早结束;巴勒斯坦在经过联合国负责的过渡期后应尽早独立;尊重当地存在的各种宗教,并坚守保护难民等原则。但在具体建议上该报告给出了两种,分别是澳大利亚等7国的分治方案与印度等三国的联邦制方案。② 1947年11月29日,第二届联大第128次全会则基于这一调查报告,表决通过了分治的建议,其即为影响深远的第181号决议。决议规定:1948年8月1日前英国必须尽快结束对该地区的委任统治;并在该地区实行分治措施,分别建立阿拉伯和犹太两个国家;详细规定了两个国家各自覆盖的领土范围;耶路撒冷市作为独立主体,由联合国直接管理等事项。③

第181号决议通过后,犹太一方表示接受,但阿拉伯一方则表示强烈反对。阿拉伯联盟7个国家的总理和外交部长于1947年12月8—17日在埃及开罗召开会议,并联合发表声明称,联合国大会通过的分治决议违背了"公理和正义的原则"和民族自决原则,意味着阿拉伯人将"被置于犹太复国主义者的奴役之下并由恐怖主义者摆布"。④ 由于第181号决议有诸多不合理的分治决定,阿犹双方的裂痕不断加深,阿犹之间的全面冲突一触即发。1948年举行的第二届特别联大则试图利用美国的托管建议,平息紧张形势,但随着英国委任统治的结束,犹太人随即宣布独立,成立以色列国。同时,第一次中东战争终于全面爆发,阿犹双方的仇恨日益加深,巴勒斯坦地区甚至整个中东成为现代世界战乱最为频发的地区,至今仍难

---

① 联合国大会:《巴勒斯坦问题特别调查团》,A/RES/106(S-1),1947年5月15日,第2页。
② 联合国大会:《联合国巴勒斯坦问题特别调查团提交大会之报告书》(第一卷),A/364(SUPP),1947年9月3日,第36—54页。
③ 联合国大会:《巴勒斯坦的将来政府》,A/RES/181(II),1947年11月29日,第61—71页。
④ 《阿拉伯联盟反对联合国关于巴勒斯坦分治的决议的声明(摘要)》,载于国际关系研究所编:《巴勒斯坦问题参考资料》北京,世界知识出版社1960年版,第93—94页。

以得到根本解决。

制定第181号决议是当时联大参与的重要国际事务，但由于其没有重视阿拉伯人的利益诉求，这一决议成为地区冲突爆发的"催化剂"，后续该地区多数国际冲突大多根源于巴勒斯坦问题。[1] 当然，联大并没有因此结束对这一问题的审议，联合国大会也一直是审议这一问题的重要机构。冷战期间联大的主要工作之一就是解决巴勒斯坦问题，继续推动巴以和平进程。随着联大中发展中国家数量不断增长，其逐步摆脱了西方大国的控制，政策越发坚定地维护发展中国家，表现在巴勒斯坦问题上就是联大通过的决议基本是在声援巴勒斯坦一方。比如，1974年第29届联大第2296次全体会议通过了3236号决议，正式承认巴勒斯坦人民享有重返家园与财产不可剥夺的权利、自决权利、国际独立和主权的权利、不受外来干预的权利等。[2] 后续大会才承认了巴勒斯坦解放组织的国际地位，并于1975年的第30届联大决议成立由20国构成的"联合国巴勒斯坦人民行使不可剥夺权利委员会"（United Nations Committee on the Exercise of the Inalienable Rights of the Palestinian People）。该委员会被联大授权可与任何国家和政府间区域组织联系，对方也可以听取巴解组织的建议和提议，以审议并向大会建议进一步实行3236号决议的执行方案。[3] 次年7月，该委员会初步完成审议工作并向联大提出报告。该报告经过调研讨论后向联大提出如下建议：分两个阶段逐步恢复1967年6月战争和1948年战争后巴勒斯坦人民失去的重返家园和收回土地财产的权利；以色列完全撤出其在1967年所占领土，并在联合国的监督和帮助下，实现巴勒斯坦人民自决权利、国家独立和主权权利。[4] 针对这一报告，联大后续又通过了一系列确认与执行该报告所列建议事项的决议。然而，有关该委员的报告与大会相关的决议并没有在安理会层面获得执行，致使以上的会议成果在具体实施环节大打折扣。

进入20世纪80年代后，以色列不仅没有撤出所侵占的领土，反而不顾国际社会的强烈反对，计划正式吞并耶路撒冷，并积极在国内制定法律拟定耶路撒冷为首都。此举遭到世界大多数国家的谴责，联合国安理会也

---

[1] Joseph Nevo, "The Arabs of Palestine 1947–48: Military and Political Activity," *Middle Eastern Studies*, Vol. 23, No. 1, 1987, pp. 3–38.
[2] 联合国大会：《巴勒斯坦问题》，A/RES/3236（XXIX），1974年11月22日，第5页。
[3] 联合国大会：《巴勒斯坦问题》，A/RES/3376（XXX），1975年11月10日，第4—5页。
[4] 联合国大会：《巴勒斯坦人民行使不可剥夺权利委员会的报告》，A/31/35（SUPP），1976年7月21日，第16—19页。

在联大决议的督促下,在1980年4月底召开了第2220次会议讨论这一问题。在此次会议上,绝大多数国家赞同巴勒斯坦人民的立场,并重申以色列应撤出其1976年6月以来占领的包括耶路撒冷在内的领土,承认巴勒斯坦人民行使不可剥夺权利委员会报告中提及的有关巴勒斯坦人民的权利,但这次会议的决议草案因美国的否决而没有获得通过,巴勒斯坦问题再度陷入停滞。①

在这种情况下,作为巴勒斯坦人民行使不可剥夺权利委员会主席的塞内加尔常驻联合国代表,援引联大1979年通过的第34/65号决议A的第8段,即在安理会无法审议或做出决定时提出适当建议,要求联大依照第377号决议召开新一届的紧急特别会议讨论巴勒斯坦问题。② 1980年7月22日,联大顺利召开了第七届紧急特别联大会议,审议巴勒斯坦问题,并决议重申巴勒斯坦人民的法定权利,要求以色列撤出1976年6月以来占领的包括耶路撒冷在内的阿拉伯领土,并要保证相关地域上的财物完整无缺,还要求以色列必须遵循联合国之前的决议,所有单方面改变耶路撒冷地位的政策均为无效,如以色列拒不履行,则建议安理会可以审议这一情况,并依照《联合国宪章》第七章有关内容采取必要措施。③

第七届紧急特别联大会议一直持续到1982年,反复召开了四轮会议。虽然在美国的庇护下,以色列没有遵守相关决议,并继续侵犯中东国家领土,制造了一系列危机事件,但在包括这届联大在内的各届联大都谴责了以色列的侵略行径,不断强调巴勒斯坦的独立地位和独立权利。虽然联大的第181号决议没有达到解决巴以问题的目的,但联大在后续过程中逐步调整了立场,不断帮助解决巴勒斯坦一方出现的各种问题。截至今天,每一届联大仍在讨论审议巴勒斯坦的相关问题,在巴勒斯坦建国、解决当地的人权问题、处理难民方面发挥不可替代的作用。④

---

① 联合国安理会:《第2220次会议临时逐字记录》,S/PV.2220,1980年4月30日,第1—46页;联合国安理会:《突尼斯:决议草案》,S/13911,1980年4月28日,第1—2页。
② 联合国大会:《巴勒斯坦问题:决议A》,A/RES/34/65,1979年11月29日,第25页;联合国大会:《1980年7月1日塞内加尔常驻联合国代表致信秘书长》,A/ES-7/1,1980年7月21日。
③ 联合国大会:《巴勒斯坦问题》,A/RES/ES/7/2,1980年7月29日,第2—3页。
④ 有关联大参与处理巴勒斯坦问题更为详细的内容,参见 Dietrich Rauschning, et al., *Key Resolutions of the United Nations General Assembly*, 1946-1996. Cambridge, U.K.: Cambridge University Press, 1997.

二、推动"保护的责任"

冷战期间的维和行动大多由安理会组织协调,联大则负责监督维和行动的发展情况和提供维和所需的财政经费等问题,但第377号决议赋予了联大维和的功能,1956年联大正式通过决议派出联合国第一支紧急部队。除了这次维和行动外,其余的联合国维和行动基本也都由安理会主导,联大只提供辅助的职能。随着冷战的终结,国际社会潜藏的矛盾逐渐爆发出来,安理会主导的维和行动进一步增加。虽然联大在联合国维和行动的功能没有发生明显变化,但其却推动了维和行动的规范化,并在国际社会引起巨大反响和争议,这一规范就是著名的"保护的责任"。

"保护的责任"这一理念源于2001年12月加拿大的干预和国家主权委员会(International Commission on Intervention and State Sovereignty)同名的研究报告。次年的7月26日,加拿大常驻联合国代表将该报告全文提交到了联合国,并在该年的第57届联大上进行审议。[1] 这份报告强调主权国家有责任保护本国人民,一旦因各种原因使国家不愿或无力保护本国人民,那么国际保护的责任要大于不干预原则,这种责任包含三个方面,分别是:预防责任、作出反应的责任及重建的责任。对三者共同的要求是既要消除危机本身,还要在军事干预后提供恢复、重建等任务,避免伤害重新出现。[2] 2005年9月20日第60届联大会议的重要文件《2005年世界首脑会议成果》第138段和139段着重阐述了《保护的责任》的相关内容,强调"每一个国家均有责任保护其人民免遭灭绝种族、战争罪、族裔清洗和危害人类罪之害","如果和平手段不足以解决问题,而且有关国家当局显然无法保护其人民免遭种族灭绝、战争罪、族裔清洗和危害人类罪之害,我们随时准备根据《宪章》,包括第七章,通过安全理事会逐案处理,并酌情与相关区域组织合作,及时、果断地采取集体行动"。[3] 可以说,这

---

[1] 联合国大会:《2002年7月26日加拿大常驻联合国代表给秘书长的信》,A/57/303,2002年8月14日,第1—75页。

[2] Jennifer Welsh, Carolin Thielking and S. Neil Macfarlane, "The Responsibility to Protect: Assessing the Report of the International Commission On Intervention and State Sovereignty," *International Journal: Canada's Journal of Global Policy Analysis*, Vol. 57, No. 4, 2002, pp. 489–512.

[3] 联合国大会:《大会第五十九届会议提交大会高级别全体会议的决议草案:2005年世界首脑会议成果》,A/60/L.1,2005年9月20日,第25—26页。

份文件正式将"保护的责任"这一理念展示到联大平台上,也是后续联大将其作为新型国际规范向国际社会推广的重要基石。

根据联合国大会相关文件的表述,施行"保护的责任"是为了解决主权国家内发生的大规模人道主义危机,特别是联合国在卢旺达大屠杀中的失败,促使联合国将目光放到主权国家内部。2009年1月12日,联合国秘书长潘基文向第63届联大提交了名为《履行保护责任》的秘书长报告。这份报告则将着眼点放到如何落实《2005年世界首脑会议成果》中提及的"保护的责任",并避免这一理念遭到各国或国家集团的滥用。报告认为,履行"保护责任"要基于三个支柱,即国家的保护责任、国际援助和能力建设与及时果断的反应,并详细说明了每一个支柱可以采取的政策与做法,以及进一步取得进展的途径。①

随后不久,联大就召开专门的集体会议讨论秘书长这一报告。虽然会议上一部分国家支持这份报告的内容,愿意通过更为深入的国际合作消除危害人类的种族灭绝等罪行,但一部分国家也认为这份报告并不完善,相关概念没有得到准确界定,如果贸然通过"保护的责任",很可能就会成为别国武力干涉他国内政的借口,比如当时的大会主席尼加拉瓜代表就认为,当前并不是制定"保护的责任"的时机,一些国家难以接受这一概念的原因"在于我们的集体安全制度尚不健全,致使'保护责任'概念不能像其倡导者们希望的那样运作,因为发展中国家对出于人道主义原因使用武力的做法普遍缺乏信任"。"考虑到大会迄今未能商定恐怖主义或侵略的定义,大会近期内不大可能商定'公正理由'和'适当意图'的定义。""我们是不是首先需要建立一个更加公正和平等的世界秩序,包括在经济和社会意义上,并且改革安全理事会,使之不再导致形成一种区别对待的国际法体系,任由强者选择保护谁或不保护谁?"② 正是由于各个会员国对于《履行保护责任》这一报告存在巨大争议,对于这一问题联大只通过了继续审议保护责任问题的决议。③

之后的历届联大秘书长都提交了相关报告,进一步充实了保护责任的内容,致力于推动这一原则从言辞转化为具体行动,但由于可能的滥用,

---

① 联合国大会:《履行保护责任》,A/63/677,2009年1月12日,第1—29页。
② 联合国大会:《联合国大会第六十三届会议第九十七次全体会议正式记录》,A/63/PV.97,2009年7月23日,第3页。
③ 联合国大会:《保护责任》,A/RES/63/308,2009年9月14日,第51337页。

联合国大会每一次的审议过程都会出现质疑的声音,联大至今仍没有形成有关"保护的责任"的国际共识。虽然联大内部就"保护的责任"争论不休,但当前安理会已经通过了一些决议,利用"保护的责任"为借口,执行了对外干涉。在2011年的利比亚内战中,西方国家凭借安理会第1973(2011)号决议,以"保护的责任"为借口第一次系统地对一个主权国家实践这种人道主义干涉。① 在西方压倒性的军事力量下,利比亚政权很快发生更迭,但其国内秩序的混乱程度仍没有减轻。

"保护的责任"在当前的国际社会中仍颇具争议,特别是其已经演变成为西方国家干预国际危机的主要借口与依据。以中国为代表的发展中国家应在联大后续对"保护的责任"审议的过程中,深化认识这一规范理念,并积极采取有效措施,以预防其被进一步滥用。②

三、决定调查并起诉叙利亚境内的"罪行"

当前日益严峻的叙利亚局势已经成为世界瞩目的焦点,联大近年来也在其会议议程中增加了有关叙利亚局势的临时议程。然而,联大在审议这一议程时并没有产生国际一致认可的决议,没有对缓和叙利亚局势做出实质性贡献,相反联大经常就这一议程形成尖锐分明的两类观点,造成严重的分歧。当前这一分歧最为集中的体现就是联大最近通过的非常具有争议性的第71/248号决议。

综合既有文献材料,可以发现联大自2011年第66届后,每一年都要审议有关叙利亚内战的局势,但相关决议的内容明显更为针对叙利亚现政府。比如,2016年12月9日第71届联大通过名为《阿拉伯叙利亚共和国局势》的决议,要求叙利亚内战各方停止武装冲突,允许联合国等人道主义机构在其境内开展人道主义援助,并要采取一切适当步骤保护平民和非战斗人员,特别强调"叙利亚当局负有保护叙利亚民众的首要责任"。③ 在类似决议的基础上,2016年12月21日,第71届联大增加了临时议程,

---

① Simon Chesterman, "Leading From Behind: The Responsibility to Protect, the Obama Doctrine, and Humanitarian Intervention After Libya," *Ethics & International Affairs*, Vol. 25, No. 3, 2011, pp. 279–285.

② 陈小鼎、王亚琪:《从"干涉的权利"到"保护的责任"——话语权视角下的西方人道主义干涉》,《当代亚太》2014年第3期,第97—119页。

③ 联合国大会:《阿拉伯叙利亚共和国局势》,A/RES/71/130,2016年12月9日,第4页。

审议并表决列支敦士登等国提交的新决议草案。其主要内容就是决定在联合国的主持下设立一个独立机制，以协助调查和起诉自 2011 年 3 月以来在叙利亚境内违反国际人道主义法和国际人权法的行为，并邀请秘书长在本决议通过后的 20 个工作日内拟订这一独立机制的职权范围，在决议通过后的 45 天内向联大报告本决议的执行情况。[①]

这份决议草案引起联大内部的巨大争议。以列支敦士登等提案国为代表的一派，认为叙利亚持续了 5 年半的内战，出现了无视最基本国际人道主义法规则的现象，给叙利亚本国以及该地区造成巨大的灾难。同时安理会成员之间也出现严重分歧，无法采取有效一致的行动。在基于第 71/130 号决议的基础上，列支敦士登等国选择了别的路径，"提议设立国际公正独立机制，该机制将与调查委员会密切合作，收集、整理、保存和分析违反国际人道主义法行为和侵犯、践踏人权行为的证据，编制档案，以便协助和加速进行未来刑事诉讼，无论此类诉讼将在何时何地进行"。[②] 叙利亚、俄罗斯等国的代表则强烈反对这一观点，他们认为列支敦士登等国提出的决议草案缺乏公正性与合法性，内容充满伪善，开启了联大干涉主权国家内部事务的先例。

由于对提案的观点分成针锋相对的两种观点，叙利亚问题根本无法以协商一致的形式通过，联大最终对其进行了表决。最终这一提案以 105 票赞成、15 票反对、52 票弃权的结果得以通过，成为第 71/248 号决议。这份决议不仅内容存在巨大争议，其本身也存在程序问题。根据《宪章》第十二条的规定："当安全理事会对于任何争端或情势，正在执行本宪章所授予该会之职务时，大会非经安全理事会请求，对于该项争端或情势，不得提出任何建议。"[③] 叙利亚等国家也以这一法条为标准反对这一决议草案的讨论与表决，但这一提案只是与安理会当前的讨论议题相似，这次全体会议的联大主席也宣布："根据大会的惯例，并根据法律顾问办公室此前表达的意见，第十二条并不妨碍大会对安全理事会议程上的项目作一般性审议、讨论和提出建议，特别是在安理会和大会面前

---

① 联合国大会：《协助调查和起诉自 2011 年 3 月以来在阿拉伯叙利亚共和国境内犯下国际法所规定最严重罪行者的国际公正独立机制》，A/RES/71/248，2016 年 12 月 21 日。
② 联合国大会：《联合国大会第七十一届会议第六十六次全体会议正式记录》，A/71/PV.66，2016 年 12 月 21 日，第 19 页。
③ 《联合国宪章》，联合国网，http://www.un.org/zh/charter-united-nations/index.html（最后访问时间：2017 年 2 月 20 日）。

的项目不尽相同时。"① 然而，这一提案的本质只是对叙利亚问题进行了"包装"，淡化其安全议题的属性，从而利用《宪章》的模糊之处，绕过安理会的职责，利用联大通过了这一决议。虽然这一手段确实获得一定成功，但也必然破坏了联合国的运行规则，更无视叙利亚本国的民意，不仅不利于叙利亚内战的早日结束，而且更加剧了国际社会的分裂。

本书这一节阐述了联大发展的历史过程中制定的一些极具争议的决议，这些决议的共同特征是给国际社会带来了极其恶劣的负面影响，严重影响了联大的全球治理功能，造成成员国之间的严重分歧，有些甚至可能会影响世界秩序的稳定。

第四节　联大全球治理功能的改进

虽然联大的全球治理功能存在局限，但当前世界尚无不存在任何局限或局限较少的全球治理主体，并且联大本身也可以深刻认识到自身的不足之处，并努力着手改进工作。本书这一节将阐述联大为改进自身全球治理所做的工作与未来可能的努力方向。

一、联大的尝试改进举措

联大改进自身参与全球性问题的能力一直是联合国改革的重要问题之一，也是持续时间较长的问题之一。早在旧金山立宪会议上，部分国家就已经要求提高联大的权力，加大其议事能力，以平衡安理会设置的大国否决权。虽然此后联大的权力与职责产生了一定的变化，或加强或削减其在不同方面的能力，但直到1991年联合国才正式将联大改革列入大会议程，并在改进目标上达成一致，即将改进大会程序和工作方法作为加强与振兴大会的第一步，以强化联大作为联合国主要的审议、决策和代表机构的地位。

1991年12月12日，第46届联大第70次全体会议讨论了有关振兴大

---

① 联合国大会：《联合国大会第七十一届会议第六十六次全体会议正式记录》，A/71/PV.66，2016年12月21日，第27页。

会工作的决议草案。虽然该草案得到一致通过,成为联大第46/77号决议,但决议内容非常简单。决议首先强调有必要提高联大的能力,发挥其应有的作用,但在决议的后半段只强调了联大主席可以履行的职务和承担的责任。① 1993年的第47届联大第109次全体会议则正式着手改革联大,一方面调整联大主要委员会的结构,将原有的特别政治委员会和非殖民化委员会合二为一,成为新的第二委员会;另一方面则决定在第48届联大设立非正式不限成员名额的工作组,以继续全面综合地审议大会振兴的议题,并向联大提出可行性建议,这一工作组也是振兴大会特设工作组的前身。② 值得注意的是,虽然这只是联大改革进程的第一步,但由于联大涉及的成员国过多,改革不可能照顾到方方面面。正如这次全体会议中斐济代表的发言,其代表亚洲集团虽然同意删减主要委员会,"但对临时解决办法并不满意,因为分配不公平"。③ 1994年第48届联大则在7月29日通过了更为详尽改进联大的建议,包括:加强联大同其他主要机关,特别是安全理事会的合作和有效关系;减少秘书长报告的数量,尽量减少秘书长的工作量;制定《大会议程合理化的准则》,并使其作为《大会议事规则》的附件;制定了6个主要委员会主席的选举分配办法等。④

1996年召开的第51届联大则将工作重点转移到安全理事会报告程序的改进上。当年12月17日举行的第87次全体会议讨论了这一议题,但这次会议没有形成共识,以不结盟国家为代表的发展中国家一方认为安理会应及时有效地向联大提交工作报告,决议草案更是明示安理会在一定程度上要接受联大的限制;而以法国为代表的大国则认为上述观点不能体现《宪章》原意,联大与安理会只是联合国的两个主要机构,不存在任何附属关系,并且决议草案中很多内容不具现实操作性。⑤ 最终这次会议以表决的方式通过了第51/193号决议,但法国、俄罗斯、英国、美国投了反对票,这给决议的后续实施增加了一定的难度。这份决议的主要内容是鼓励安全理事会应及时向联大提交有关其工作实质性、分析性和资料性说明的报告,并吁请安理会再向联大提交报告应包括如下内容:安理会有关其职

---

① 联合国大会:《大会工作的振兴》,A/RES/46/77,1991年12月12日,第36页。
② 联合国大会:《大会工作的振兴》,A/RES/47/233,1993年8月17日,第1—4页。
③ 联合国大会:《第109次会议临时逐字记录》,A/47/PV.109,1993年8月17日,第6页。
④ 联合国大会:《大会工作的振兴》,A/RES/48/264,1994年7月29日,第1—5页。
⑤ 联合国大会:《联合国大会第五十一届会议第八十七次全体会议正式记录》,A/51/PV.87,1996年12月17日,第1—24页。

权范围内的一些问题进行的全体协商等相关资料；列入安全理事会附属机关，特别是各制裁委员会的决定、建议或工作进展；说明安全理事会在决策时对属于大会和安理会范围问题的讨论；进一步加强报告内关于安理会为改进其工作方法所采取的步骤的章节；列入根据《宪章》第五十条收到的请求及安理会就此采取的行动的资料；并"邀请安全理事会通过适当的程序或机制，定期就它已采取的或正在考虑的旨在改进其向大会提出报告的步骤向大会说明最新的情况"。①

次年的第 51 届联大第二阶段会议则在审议"加强联合国系统不限成员名额高级别工作组"的报告后，通过决议认可了其工作成果。这份决议附件的内容全面加强了联合国系统，所列的具体措施对于加强联大同联合国其他部分的联系做出了重要指示，有利于联大履行职能，发挥应有的作用。具体包括大会审议秘书长、安理会、经济及社会理事会、国际法院等部分的报告；联大会议时间、一般性辩论等有关的议事规则；秘书长的工作规范等内容。② 值得注意的是，虽然这份决议也涉及联大同安理会关系的内容，但这一部分较为笼统，远不及第 51/193 号决议的规定，有关决议草案的讨论也不存在争议，决议以一致同意的方式得以通过。③

自 1991 年底至 21 世纪初是联大开启改进自身功能的阶段，也是联大尝试各种改进路径的时期。由于会员国之间的分歧，这一阶段的联大并没有在改进自身功能上取得显著进展，但在进入 21 世纪后，联大逐渐确定了改进路径，逐步完善了自身的全球治理功能。

二、当前的改进路径

进入 21 世纪后，联大重启振兴改进进程。2001 年 9 月 7 日，第 55 届联大第 111 次全体会议通过的第 55/285 号决议，再一次为联大的发展做出重要贡献。第 55/285 号决议在基于上述文件的成果上，在联大议程、审议报告、工作安排、总务委员会、联大主席的作用、加强使用现代技术这 6 个方面提高了大会的工作效率并优化了联大的工作流程，特别是有关改进

---

① 联合国大会：《安全理事会的报告》，A/RES/51/193，1996 年 12 月 17 日，第 53—54 页。
② 联合国大会：《加强联合国系统》，A/RES/51/241，1997 年 7 月 31 日，第 1—12 页。
③ 联合国大会：《联合国大会第五十一届会议第一零五次全体会议正式记录》，A/51/PV.105，1997 年 7 月 31 日，第 11—17 页。

大会议程的方面，决议为了继续精简联大议程并使之合理化，将一部分议题改为两年审议一次，这些议题集中在"联合国同区域和其他组织的合作"下的合作项目，同时还包含以下项目：南大西洋和平与合作区；联合国系统支持各国政府努力促进和巩固新的民主政体或恢复民主的政体；联合国改革的措施和提议；海地境内的民主和人权情况；联合国经济、社会及有关领域的结构改革与恢复活力；消除以强制措施作为政治和经济胁迫的手段。①

到了2002年第57届联大期间，联大的改进与振兴工作同联合国整体改革的进程统一起来。这期间有关联大的改进工作集中在大会事务和会议事务部的工作上，重点关注其其重新定位、全系统效益、全球管理一体化、优化技术的利用、缓解文件工作问题这5个方面，争取将大会事务和会议事务部转变成为反应更迅速、更有效率与成绩的联大服务部门。② 当年12月20日，第57届联大第79次全体会议上，联大决议审议这一报告，对报告中提及的实际措施加以讨论与商定。③

自2003年第58届后，联大的改进路径基本确定，并一直持续至今。这也标志着联大全球治理功能的改革迈入稳步发展的轨道。虽然联大相关常会一直将联大改进同联合国整体改革放到一起讨论，但改进联大已经成为这期间独立的议程，几乎每一届联大都有相关决议产生。这一期间联大的改进工作基本围绕以下4个路径展开，即联大的作用和权威；主要机构的工作方法；秘书长和其他行政首长的遴选和任命；联大主席办公室的职责与权力。由于每一届联大基本都会涉及这些议题，无法逐个区别阐述，以下将按照时间顺序对这些路径的改进议程进行梳理。

联大最初形成的两条改进路径是联大的作用和权威与主要机构的工作方法，二者同时形成于2003年底至2004年7月召开的第58届联大。这届联大先后通过了两个决议，决定采用多个方面推进的方法，以增强联大的权威和作用，并改进其工作方法。2003年12月19日通过的第58/126号决议附件详细阐明了实现这些目标的具体手段。在增强联大的权威和作用

---

① 联合国大会：《大会的振兴、提高大会的效率》，A/RES/55/285，2001年9月7日，第1—5页。
② 联合国大会：《改进大会事务和会议事务部的工作情况：秘书长的报告》，A/57/289，2002年8月9日，第1—17页。
③ 联合国大会：《加强联合国：进一步改革纲领》，A/RES/57/300，2002年12月20日，第3页。

方面，各个会员国首先一致同意安理会应按照第51/193号决议的要求，定期就国际关注的热点问题，向联大提供有实质内容、具有分析性的详细工作报告，以供联大审议；其次也同意联大主席应同安全理事会和经济及社会理事会举行定期会晤，以加强三个机构彼此间的合作、协调和互补，并于每年6月提出若干全球关注的问题，提请各会员国在后续联大的一般性辩论上发表有关评论；再次，联大还要求秘书处新闻部应在现有资源范围内更好地宣传联大的工作和决定；最后各会员国和秘书处也应考虑通过具体措施监测大会决议的后续行动。在改进联大主要机构的工作方法方面，各个会员国重点关注加强总务委员会的效力；调整主要委员会工作日程；增加更多互动式辩论；缩短大会议程；精简大会决议的冗余内容；减少大会审议的文件数量等方面。[1] 次年7月大会第二阶段通过的第58/316号决议则深化并具体确立了第51/193号决议的内容，安排了后续有关重新排列联大工作的计划；调整联大议程安排；精简联大议程；优化主要委员会的工作方法；加强总务委员会的作用；减少联大审议的文件等方面的改进工作。[2]

2005年召开的第59届联大则在第58/316号决议的框架下继续推进这一议程。在这届会议的讨论中，大部分发展中国家与一些发达国家一致认可了第58/126号和第51/193号两份决议的作用，但也指明其还存在未能充分涉及的领域，如联大文件数量、决议执行情况与效力问题等等。[3] 会议最终审议通过了第59/313号决议，正式确立了后续联大要从自身的作用和权威、联大主席、全体会议和各主要委员会的议程和工作方法、联大文件等方面继续推进联大的改革。在联大的作用和权威问题上，这份决议进一步依照《宪章》规定，细化安理会与联大的关系，详细规定了安理会各个时期应向联大提交的报告种类；在联大主席作用和领导权问题上，决议拓展了联大主席可以使用的会议资源，以使得主席更有效地履行其职能；在联大议程和工作方法上，联大决定设立工作组，进一步调研改进自身会议议程和工作方法的手段，并进一步强调常会的发言时间、会议记录、表

---

[1] 联合国大会：《大会工作的振兴》，A/RES/58/126，2003年12月19日，第1—5页。
[2] 联合国大会：《振兴大会工作的进一步措施》，A/RES/58/316，2004年7月1日，第1—6页。
[3] 联合国大会：《联合国大会第五十九届会议第十八次全体会议正式记录》，A/59/PV.18，2004年10月4日，第2—22页。

决方法等问题;关于精简文件数量的问题,第59/313号决议主要的改进措施是缩减文件资料的使用,尽量以简报、附件、表格等形式提供给有需要的会员国。①

振兴大会特设工作组于次年向联大提交了调研报告,其中包含振兴大会特设工作组于2006年9月1日,第11次会议上完成联大决议草案。②2006年9月8日,第60届联大在略作修改后通过了这份草案,成为联大第60/286号决议。这份决议除了继续强调原有的加强联大作用和权限与完善联大的工作方法外,还决定在秘书长的选拔上加强联大的影响力,"鼓励大会主席在无损《宪章》第九十七条所规定各主要机关作用的情况下,与会员国协商,确定经个别会员国认可的潜在候选人,并将协商结果通报全体会员国,然后送交安全理事会"。③虽然这一决议是以全体一致的方式通过的,但联大的改进工作已经开始出现波澜,如日本代表就在全体会议中表示,联大已经在振兴改进方向投入大量时间与精力,但收获的成果却越来越小,建议以后减缓这一项目议程。④

根据第60/286号决议的要求,秘书长在第61届大会之前提交了有关大会振兴的工作报告。这份报告详细阐述了这期间联大改进的工作成果,特别是在报告附件中列表阐明了联大第58/126号、第58/316号、第59/313号及第60/286号决议的实际执行情况。⑤虽然大多数成员国认可了秘书长的报告,但随后举行的第61届联大只是通过决议让秘书长继续就上述决议的执行情况向第62届大会报告,并正式设立振兴大会特设工作组,"以评价和评估相关决议的执行情况,确定以何种方式特别是在过去各项决议的基础上增进大会的作用、权威、成效和效率,并向大会提交关于这个问题的报告"。⑥在这之后,每一届联大都会审议振兴大会特设工作组提交的工作报告,并逐步将其机制化。

---

① 联合国大会:《加强和振兴的联合国大会》,A/RES/59/313,2005年9月12日,第1—4页。
② 联合国大会:《振兴大会特设工作组的报告》,A/60/999,2006年9月5日,第1—9页。
③ 联合国大会:《振兴大会》,A/RES/60/286,2006年9月8日,第3页。
④ 联合国大会:《联合国大会第六十届会议第九十九次全体会议正式记录》,A/60/PV.99,2006年9月8日,第1页。
⑤ 联合国大会:《大会工作的振兴:秘书长的报告》,A/61/483,2006年10月2日,第1—18页。
⑥ 联合国大会:《振兴大会的作用和权威以及加强其业绩》,A/RES/61/292,2007年8月2日,第1页。

2006年前后联大的改进工作陷于停滞，第62届与第63届联大只是审议了振兴大会特设工作组提交的工作报告，并没有通过具有更多实质内容的2006年决议。这种情况直到2010年的第64届联大才得到改善。这届联大通过的第64/301号决议增添了一部分新措施，以进一步推动联大的改进。比如在加强联大的作用和权威方面，联大呼吁秘书长可以就其近期的工作情况向联大提交非正式通报；联大主席可以通过信函向会员国通报非正式会议的结果；邀请会员国向新设立的联大主席办公室信托基金捐款；联大主席定期向会员国通报其近期活动的情况等。[1]

2011年9月12日，联合国第65届大会正式将全球治理这一概念引入有关联大改进的工作文件中来。根据这一决议内容，联大拥有《宪章》规定的包括全球治理在内的各种全球事项上的作用和权威，本届联大一般性辩论的主题也定为"重申联合国在全球治理中的核心作用"。[2] 之后有关联大改进工作的决议也都普遍将联大同全球治理的发展联系了起来。这之后的历届联大逐步推进了联大改进的议程，如第66届联大决定增加秘书处向所有常驻代表团通过传真发放重要官方信函和通知的工作，精简联大议程项目，将一部分文件改为每两年审议一次、每三年审议一次、集中审议和予以取消；第67届联大则决定将一部分重点放到主要委员会工作方法的改进上，如确保工作中彼此充分协调，避免重叠和重复利用各自的"快讯"（Quick Place），以增加工作的便利程度，并分享与各自工作方法有关的经验与教训；第68届联大则设立名为"大会工作的振兴"的多语言官方网站，并决定提前选举安全理事会非常任理事国与经济及社会理事会的理事国；第69届联大则重新加强安理会定期向联大报告的机制，并更加细化了联大相关机构的工作方法；第70届联大则在《2030年可持续发展议程》文件的基础上，开启联大相关参与发展治理的机构改进，以加强彼此的协同、提高一致性并减少机构重叠的现象，并决定在加强联大主席办公室机构效率的同时，也强化其问责制和透明度的建设。[3]

---

[1] 联合国大会：《振兴大会工作》，A/RES/64/301，2010年9月13日，第1—2页。
[2] 联合国大会：《振兴大会的工作》，A/RES/65/315，2011年9月12日，第1页。
[3] 联合国大会：《大会工作的振兴》，A/RES/66/294，2012年9月17日，第1—5页；联合国大会：《振兴大会工作》，A/RES/67/297，2013年8月29日，第1—5页；联合国大会：《振兴大会工作》，A/RES/68/307，2014年9月10日，第1—6页；联合国大会：《振兴大会工作》，A/RES/69/321，2015年9月11日，第1—8页；联合国大会：《振兴大会工作》，A/RES/70/305，2016年9月13日，第1—10页。

以上即为近年来联大改进工作的发展轨迹。基于会议文件与记录可以看出，几乎所有会员国都认同联大的改进势在必行，必须按照《宪章》有关的各项决议和宣言的内容，恢复并加强联大的权力与审议、规范和决策的功能，从而促进大会的民主参与性质，确保联合国的国际合法性，提高其全球治理功能。这期间联大也在这种共识的推动下，使改进工作取得一系列成果，如增加联大在选拔秘书长过程中的权力；增加了联大主席的权力；提高了联大等机构的决策透明度等。然而，在实际改进过程中，各个会员国对这一问题的关注程度存在明显差异，以古巴、巴基斯坦、埃及为代表的不结盟组织的发展中国家对这一问题十分关注，也多次在联大正式的会议讨论中一针见血地指出联大改革的症结所在，期望增加联大的权力，但一部分大国和发达国家则没有发展中国家的热情，更倾向在不损害安理会特权的前提下，稳步推进联大的改进议程。双方的这种政策倾向的差异也使得联大改革议程进展缓慢，导致一部分早已审议的问题迟迟得不到根本性的改进。综合来说，出现上述问题的根本原因是一部分成员国缺乏政治意愿，不期望联大在全球治理中发挥主导作用。正如第63届联大会议主席所论断的："振兴是一个政治问题，而不是一个技术性问题。"[①]

三、其他的努力方向

以上本书回顾了联大既有的改进措施，也是当前联大正在努力推动的改进工作。除了这些努力外，学界也存在一些有关联大其他努力方向的讨论。这些观点基本处于假设阶段，并没有得到实施，但一旦联大在未来在这些方面有所改进后，这些思想观点将更具有重要的启发与指导意义。

其一是扩大联大的权力。适度扩大联大的权力是提高联大参与全球治理能力的一条可能的路径。现有联大权力与职能的规定都是基于二战结束后的制度安排，即将维护国际安全与和平的重要职能归于安理会，特别是常任理事会中的五大国，而联大只作为审议机构处理其他类型的问题。虽然后续联大在其发展过程中不断调整其权力与职能，但其本质仍是雅尔塔体系的产物，权力与职能远逊于安理会。这种情况使得一些学者开始寻求

[①] 联合国大会：《联合国大会第六十三届会议第一零五次全体会议正式记录》，A/63/PV.105，2009年9月14日，第25页。

加大联大的权力。其观点是当前的世界已经和战后阶段截然不同，联合国中发展中国家的数量已经远超发达国家，同时新时代要处理的全球性问题早已大大超过少数大国的能力，全球化时代必然要求国际社会要以公平公正的方式进行紧密的合作，在这种情形下加大联大权力是必然的选择。比如，中国社科院研究员高华认为应将联大作为联合国最高权力机关，使其掌握联合国全部的立法、财政、人事等重大事务的最终决定权，实现与安理会的权力平衡。① 就目前的现实情况来看，提高联大的权力是必须的，但改变《联合国宪章》的重要条款，实现联大同安理会权力平衡的目标还过于理想，很难在实践中落实。

其二是增加联大的效能。既然提高联大权力较难以实现，有的学者就尝试从增加效能的角度改进联大。比如，美国学者托马斯·弗朗克（Thomas M. Franck）就认为联大既有的成员系统和投票机制存在缺陷，如中国和冰岛这样的国家实力悬殊，但在联大却具有相同的投票权，这种情况非常不合理，联大既有的一国一票制度非常不利于联大决议的顺利实施。同时一部分国家的联大代表也很难真正反映其本国的民意，解决上述问题的根本办法是建立"两院制"的联大系统，联大的上议院仍由主权国家构成，并反映当前的主权平等原则；下议院则由各个国家依据其人口数量和比例直接选举产生，联大决议必须得到两院多数赞成才能生效，这样既能保留联大现有的架构与规范，也能增添新的且更具合法性与执行力的机构，以缓解联大决议流于形式的弊端。② 除了两院制外，国外还有学者提出三院制等更为复杂、更为乌托邦式的构想。虽然这类构想重视民众的普遍参与，以提高联大的合法性，但联大终究是政府间的国际合作机制，一旦加上民众制度性普遍参与，联大的性质将会发生不可预料的改变，也可能产生更为棘手的问题。③

其三是强化联大的法律职能。除了纳入平民参与的观点外，学界还存在一种改进思路，即增进同主权国家立法机关的联系。提出这一理念的是国际法学家路易斯·宋恩（Louis B. Sohn），其认为联大是当前联合国的立法机构，类似

---

① 高华：《加强联合国大会权力刍议》，《新视野》1995 年第 6 期，第 61—63 页。

② Thomas M. Franck, "United Nations Based Prospects for a New Global Order The United Nations System: Propects and Proposals for Reform," *New York University Journal of International Law and Politics*, Vol. 22, No. 4, 1989/1990, pp. 615–617.

③ 饶戈平：《联合国大会改革议论中的几个问题》，《中外法学》1991 年第 6 期，第 31 页。

"议会"的地位，这种定位使得加强其功能和影响的可行方式之一，是同各个成员国的立法机关加强联系。① 这种改进措施一方面拥有现实基础，目前一部分成员国代表团中往往包含若干任职于各自国家立法机关的官员或专家，只是当前的联大会议机制不能完全发挥这部分人员的积极作用。另一方面，这一措施也拥有积极意义，这部分人员的积极参与会使其加深对联大的了解，也有助于相关决议得到成员国国内的认可，从而加强联大决议的执行力度。基于此，联大完全可以组织召开专门会议，使得这部分立法人员可以积极参与并发挥自身的专业所长。这样既能大幅提高会议的质量，也使得会议决议的后续推进拥有了更多的现实基础。必须承认的是，这一措施也存在一定的困难，这其中之一就是成员数量，联大包含太多的会员国，如何制定合适的会议日程并吸引大多数成员国立法人员的积极参与是联大要面对的一项难题。同样，联大议程的广泛性也使其远远超出这些人员的知识范围，一旦超出其专业范围，这种改进措施的有效力度就会大打折扣。

以上简要阐述了既有学界对改进或改革联大的讨论。可以看出，这些观点目前还缺少一定的现实基础，难以真正成为联大改进的方向，但其一系列主张必然带有一定的启示意义，为后续有关联大改进的研究提供了必要的参考材料。

总之，现阶段的联大全球治理功能并不完善，仍存在诸多局限。本书这一章则采用大量篇幅详细讨论了联大全球治理功能存在的主要局限。在这一基础上，本书还讨论联大全球治理功能的改进，包括联大的尝试举措、当前的改进路径、未来的努力方向三个部分。虽然当前联大的改进工作并不尽如人意，但其作为当前重要的国际机制，联大的改进必须谨小慎微，在基于国际共识的基础上，逐步完善自身职能，逐渐加强其参与全球治理的能力与后续的治理成效。

---

① Louis B. Sohn, "Important Improvements in the Functioning of the Principal Organs of the United Nations that Can be Made without Charter Revision," *The American Journal of International Law*, Vol. 91, No. 4, 1997, pp. 657–658.

第六章 以联大参与治理国际恐怖主义为案例的分析

随着全球化的加速发展，国际社会本已存在的恐怖主义问题越发严重。虽然恐怖主义的起因与表现多种多样，但当前世界已经形成的共识是彻底消除国际恐怖主义问题必须依靠国际社会共同携手合作。联大从很早的时期就参与了这一领域的治理。可以说在冷战结束前，国际恐怖主义治理进程基本由联合国大会主导。近年来联大每年都至少通过一项名为《消除国际恐怖主义的措施》决议，并逐步构建了较为完善的国际恐怖主义治理功能。由于职权的广泛性和参与主体的多元性，联大在国际恐怖主义治理上具有重要地位，其审议消除国际恐怖主义的措施十分重要。可以说，联大参与国际恐怖主义治理可以有效反应联大的全球治理功能。本章以此领域作为案例，详细讨论联大全球治理功能在这一领域的具体体现，分别是：联大对国际恐怖主义治理议程的推动与设立的机制；联大在国际恐怖主义治理议程上制定的标准；联大同其他国际恐怖主义治理主体之间的协作。

第一节 联大对国际恐怖主义治理议程的推动

国际恐怖主义问题在冷战中后期逐渐恶化，随着大量恐怖袭击事件的发生，大多数国家意识到这一问题的严重性。联大也在这一时期正式着手审议这一议题，并开启了国际恐怖主义领域的治理议程。为了保障这一治理功能的顺利运行，联大又先后建立了若干机制。这些机制也成为联大推动国际恐怖主义治理议程的工具，并为后续联大的治理成效提供了重要支撑。

一、倡导国际恐怖主义治理议程

联大全球治理功能之一就是倡导新的全球治理议程，国际恐怖主义治理领域也不例外。早在二战之前，国际联盟就曾制定过针对恐怖主义的国际公约，只是因成员国之间的分歧，这一公约最终没有通过。冷战后，国际恐怖主义形势日趋严峻，联合国也开始注意到这一问题。较之于安理会，联大是更早开始注意恐怖主义问题的联合国主要机构。早在20世纪70年代初，联大就开始审议涉及治理恐怖主义活动的相关问题。1970年11月25日，第25届联大第1914次全体会议讨论了有关劫持或干预航空飞机的问题，并通过了谴责空中劫持的第2645（XXV）号决议。这份决议除了相关谴责内容外，还组织各个会员国采取主动措施，组织、防范、镇压相关危及航空安全的犯罪行为，并号召各个会员国加入或批准相关的国际公约，以国际合作的形式遏制这一类犯罪行为。[1] 同时，这届联大在10月24日第1883次全体会议上通过的第2625（XXV）号决议，即《关于各国依联合国宪章建立友好关系及合作之国际法原则之宣言》，也曾提及"每一国皆有义务避免在他国发动、煽动、协助或参加内争或恐怖活动，或默许在其本国境内从事以犯此等行为为目的之有组织活动，但本项所称之行为以涉及使用威胁或武力者为限"。[2] 由于其较早倡议反对恐怖主义的活动，这一文件也因此成为后续大会和安理会治理恐怖主义频繁引用的文件之一。虽然这期间的联大已经提及了"恐怖活动"这一概念，但并没有将此列为重要问题，没有专门议程对其进行审议，只是在审议相关问题时或多或少地提及类似概念。

1972年发生的慕尼黑惨案彻底改变了这种情况。1972年9月5日，在联邦德国举办第20届奥运会期间，恐怖组织绑架了多名以色列籍的运动员为人质，以此作为要挟。由于当时以色列政府强硬拒绝恐怖分子提出的要求，加之联邦德国政府营救不利，致使人质全部遇害。慕尼黑惨案在当时是震惊世界的大事件，其在很大程度上影响了当时国际关系的发展走向。

---

[1] 联合国大会：《空中劫持或干预民用航空旅行》，A/RES/2645（XXV），1970年11月25日，第381—383页。

[2] 联合国大会：《关于各国依联合国宪章建立友好关系及合作之国际法原则之宣言》，A/RES/2625（XXV），1970年10月24日，第370页。

这一事件对联大的影响就是其正式开启了针对国际恐怖主义的治理议程。[①]

1972年12月18日第27届联大专门讨论国际恐怖主义问题，这次会议议程直接使用了"国际恐怖主义"这一概念，并以唱名表决的方式通过了联大第一个有关打击恐怖主义的决议，即第3034号决议，从而开启了联大治理恐怖主义的进程。决议认为当前各国需要合作防止恐怖主义事件的发生，研究其发生根源，尽快拟定公正与和平解决的方法，并成立一个由35名国家代表组成的"专设国际恐怖主义委员会"，负责审议秘书长组织制定的有关国际恐怖主义治理的可能途径。[②] 自第27届联大起，几乎日后的每一届联大都会审议有关恐怖主义的议程，并通过诸多决议深化联大在这一领域的治理能力。在后续的审议过程中，联大诸多决议都对其恐怖主义治理议程影响重大，重点体现在通过了诸多重要的国际宣言与国际公约上，这些都将在下文仔细阐述。除了开启这一治理领域外，联大还为治理恐怖主义建立了若干机制，使自身治理功能得到进一步保障。

二、设立国际恐怖主义治理机制

由于联大每年常会的会期有限，需要审议的议题众多，不可能将过多精力用于审议有关恐怖主义治理议程。基于这种情况，联大为实现这一领域的有效治理，先后建立了一些机构，以承担联大的一部分工作。这些机构有的已经完成自身任务，不再设立；有的则持续至今，并一直承担相应的任务。这些机构先后取得应有的治理成果，是联大恐怖主义治理功能的重要保障。

（一）国际恐怖主义特设委员会

国际恐怖主义特设委员会，早期也被称为专设国际恐怖主义委员会，其是联大早期建立的恐怖主义治理机制。1972年的慕尼黑惨案以及之前发

[①] John Dugard, "International Terrorism: Problems of Definition," *International Affairs*, Vol. 50, No. 1, 1974, pp. 67–81.

[②] United Nations General Assembly, Measures to Prevent International Terrorism Which Endangers or Takes Innocent Human Lives or Jeopardizes Fundamental Freedoms and Study of the Underlying Causes of Those Forms of Terrorism and Acts of Violence Which Lie in Misery, Frustration, Grievance and Despair And Which Cause Some People to Sacrifice Human Lives, Including Their Own, in an Attempt to Effect Radical Changes, A/RES/3034 (XXVII), 18 December, 1972, pp. 148–149.

生的恐怖主义袭击，都使得联大无法忽视日益频繁的国际恐怖主义活动，但当时的国际社会还不了解恐怖主义的产生根源与行为逻辑。针对这种情况，1972年12月18日第27届联大专门讨论国际恐怖主义问题，并以唱名表决的方式通过了联大第一个系统讨论国际恐怖主义的决议，即第3034号决议，从而开启了联大治理恐怖主义的进程。这份决议认为，当前各国需要合作防止恐怖主义事件的发生，并研究其发生根源，尽快拟定公正与和平的解决方法，更为重要的内容是规定成立一个由35名国家代表组成的"国际恐怖主义特设委员会"，负责审议秘书长组织制定的有关国际恐怖主义治理的可能途径，并向后续的联大会议提交研究报告。[1]

国际恐怖主义特设委员会不仅是联大最早设立的治理恐怖主义的专设机制，也是整个联合国治理这一问题的早期机制，其成立标志着联合国开始重视国际恐怖主义问题，并积极组织国际社会寻求解决这一问题的办法。然而，国际恐怖主义特设委员会的后续工作进展并不顺利。一方面，这一委员会的工作曾陷于停顿。委员会按照决议要求，在第28届联大会议之前就提交了相关报告，但当时的联大并没有进行审议。特设委员会需要联大的审议并再度决议授权才可以继续进行工作，一旦缺少必要的授权就会使其工作陷于停滞。直到1976年12月15日，第31届联大才最终审议了提交到第28届联大的报告，并采纳了第六委员会的建议，决定国际恐怖主义特设委员会继续进行第3034号决议赋予其的工作任务。另一方面，由于恐怖主义刚刚得到全球层面的关注，各个会员国对其看法存在一定差异，国际社会无法达成对这一问题的有效共识。这一点体现在国际恐怖主义特设委员会向第28届联大会议提交的报告中。在这份报告中，委员会提及在其进行完一般性辩论后就将委员会分为三个小组，分别研究讨论国际恐怖主义的定义、产生的根源、预防措施三个方面，但在讨论中委员会各个成员对上述问题的理解与观点存在差异，第一阶段的会议只能尽可能记录这些分歧，留待后续的会议继续讨论。[2] 虽然国际恐怖主义特设委员会是较早治理恐怖主义的联大机制，但由于上述两个原因，其开展的治理工

---

[1] United Nations General Assembly, Measures to Prevent International Terrorism Which Endangers or Takes Innocent Human Lives or Jeopardizes Fundamental Freedoms and Study of the Underlying Causes of Those Forms of Terrorism and Acts of Violence Which Lie in Misery, Frustration, Grievance and Despair And Which Cause Some People to Sacrifice Human Lives, Including Their Own, in an Attempt to Effect Radical Changes, A/RES/3034 (XXVII), 18 December, 1972, pp. 148–149.

[2] 联合国大会：《国际恐怖主义专设委员会报告书》，A/9028，1973年，第1—43页。

作面临巨大挑战。

自第32届联大起,国际恐怖主义特设委员会开始得到每两届联大一次的审议,工作进入正轨。在提交至第32届联大的报告中,特设委员会再度总结了会员国对于恐怖主义的认识与观点。会员国的关注点主要集中在以下问题:国际恐怖主义这一概念应指代哪些行为?这一问题也决定了国际社会应谴责或取缔哪些类型的国际恐怖主义;恐怖主义根源为何?一些会员国强调要继续这一问题的研究,以集中治理特定类型的恐怖主义威胁,如果先采取一些局部措施,只会加深现有成员国之间的分歧;国家可以起到何种作用?一些成员认为国家有权力针对国际恐怖主义行为采取必要的措施,可以取缔本国境内涉及恐怖主义行为的组织或团体;有无必要缔结保护个人使其免受来自任何方面威胁的公约;如何进行国际合作?研究国际恐怖主义的根本原因,并实施各种有效遏制恐怖主义的措施。[1]

基于上述问题,国际恐怖主义特设委员会又在其1979年4月17日提交第34届联大审议的报告中,给予联大如下有关治理国际恐怖主义问题的措施建议:联大应明确谴责一切形式的国际恐怖主义行为;注意特设委员会报告内有关国际恐怖主义根源的研究;促请所有国家单方面或与其他国家及联合国合作,共同致力于消除国际恐怖主义,如协调国内法规和国际公约的相关条款、执行所承担的国际义务等;呼吁所有国家履行其各项国际法义务,主动消除各种可能涉及恐怖主义的活动;呼吁还没有加入现有与治理恐怖主义问题有关国际公约的国家加入,如《关于飞机上犯罪行为和某些其他行为的公约》《关于制止非法劫持航空器公约》《制止不利于民用航空安全的非法行为的公约》《关于防止和惩处侵害应受国际保护人员包括外交代表的罪行的公约》;促请所有国家进行更密切的合作,特别是有关国际恐怖主义信息情报、签订专门条约等;请秘书长根据各会员国提供的资料编制相关国内法律汇编;考虑制订有关引渡或起诉从事恐怖主义活动人员的相关国际公约与法律;应与安理会一道注意一切可能引起国际恐怖主义的情况,包括殖民主义、种族主义以及牵涉外国占领的情况,以便发挥二者维和国际和平与安全的职能。[2]

---

[1] 联合国大会:《国际恐怖主义特设委员会的报告》,A/32/37(SUPP),1977年4月28日,第4—5页。

[2] 联合国大会:《国际恐怖主义特设委员会的报告》,A/34/37(SUPP),1979年4月17日,第118—119页。

1979年12月17日，第34届联大第105次全体会议通过决议，采纳了国际恐怖主义特设委员会在这份报告中的建议事项，并将上述建议事项作为决议的主要内容加以确认，要求秘书长注意报告内各项建议的执行情况，并向第36届联大会议做出报告。[1] 至此，联大没有再恢复国际恐怖主义特设委员会这一机制，后续相关工作由秘书长与其他机制代替。

虽然国际恐怖主义特设委员会存在的时间并不长，但却具有重要历史意义。其一，国际恐怖主义特设委员会是联大治理恐怖主义机制的开端，虽然其在发展中曾陷于停顿，但在后续发展中也取得重要成果。其二，国际恐怖主义特设委员会也奠定了后续联大治理恐怖主义的模式，委员会在1979年的报告中所提及的建议更是成为后续联大相关决议的重要内容。然而，由于国际恐怖主义特设委员会存在的时间并不长，加之当时的国际环境所限，其影响与地位并不突出。

（二）起草反对劫持人质国际公约特设委员会

顾名思义，这一特设委员会是联大为制订反对劫持人质国际公约而设立的。由于慕尼黑人质危机等类似事件频发，联大认为有必要组织会员国缔结一项相关国际公约，尽可能制止类似事件再度发生。1976年12月15日，第31届联大第99次全体会议通过决议，决定设立由35个会员国组成的起草反对劫持人质国际公约特设委员会，委员会成员由联大主席分配，负责搜集成员国提出的提议和建议，以尽早草拟出这一国际公约的文本。[2] 最终这一委员会由阿尔及利亚、巴巴多斯、加拿大、智利、也门、丹麦、埃及、法国、西德、几内亚、伊朗、意大利、日本、约旦、肯尼亚、莱索托、利比亚、墨西哥、荷兰、尼加拉瓜、尼日利亚、菲律宾、波兰、索马里、苏里南、瑞典、叙利亚、苏联、英国、坦桑尼亚、美国、委内瑞拉、南斯拉夫35国构成。

虽然起草反对劫持人质国际公约特设委员会在1976年后立即着手公约

---

[1] United Nations General Assembly, Measures to Prevent International Terrorism Which Endangers or Takes Innocent Human Lives or Jeopardizes Fundamental Freedoms, and Study of the Underlying Causes of Those Forms of Terrorism and Acts of Violence Which Lie in Misery, Frustration, Grievance and Despair and Which Cause Some People to Sacrifice Human Lives, Including Their Own, in an Attempt to Effect Radical Changes, A/RES/34/145, 17 December, 1979, pp. 301 – 302.

[2] 联合国大会：《起草一项反对劫持人质的国际公约》，A/RES/31/103，1976年12月15日，第223—224页。

起草工作，但由于时间的限制，其在最初两年没有完成预期工作。这两年内联大也先后通过决议延长其工作时限，依旧按照第31/103号决议相关内容履行其任务，并邀请各成员国政府在这一公约的起草期间提出自己的建议和补充。① 1979年3月20日，起草反对劫持人质国际公约特设委员会完成了其向第34届联大提交的报告。在这份报告中，特设委员会完成了大会交付的任务，草拟了反对劫持人质的国际公约，并建议大会做进一步审议和通过。② 当年召开的第34届联大在12月17日第105次全体会议上一致通过决议，认可了起草反对劫持人质国际公约特设委员会的工作，并通过了《反对劫持人质国际公约》，开放给各会员国签字和批准或加入。③

在完成这一公约起草的工作后，特设委员会完成了自身使命，不再继续得到联大授权。虽然这一委员会存在的时间不长，但其成功制定了《反对劫持人质国际公约》，成为当前世界治理国际恐怖主义国际法体系的重要组成部分。

（三）大会第51/210号决议所设特设委员会

大会第51/210号决议所设特设委员会（Ad Hoc Committee established by General Assembly resolution 51/210）是由联大建立的用来治理国际恐怖主义的特设委员会。由其名称可以看出，这一特设委员会根据联大第51/210号决议成立。

表6—1 第51/210号决议所设特设委员会参与起草的联大文件

年份	联大决议	联大报告	第六委员会工作组报告
2015年	第70/120号决议	无	A/C.6/70/SR.27（oral）
2014年	第69/127号决议	无	A/C.6/69/SR.28
2013年	第68/119号决议	A/68/37号报告	无

---

① 联合国大会：《起草反对劫持人质国际公约特设委员会的报告》，A/32/39（SUPP），1977年9月27日，第1—6页；联合国大会：《起草一项反对劫持人质的国际公约》，A/RES/32/148，1977年12月16日，第250页；联合国大会：《起草一项反对劫持人质的国际公约》，A/RES/33/19，1978年11月29日，第249—250页。

② 联合国大会：《起草反对劫持人质国际公约特设委员会的报告》，A/34/39，1979年3月20日，第1—29页。

③ 联合国大会：《反对劫持人质国际公约》，A/RES/34/146，1979年12月17日，第302页。

续表

年份	联大决议	联大报告	第六委员会工作组报告
2012 年	第 67/99 号决议	无	A/C. 6/67/SR. 23
2011 年	第 66/105 号决议	A/66/37 号报告	A/C. 6/66/SR. 28
2010 年	第 65/34 号决议	A/65/37 号报告	A/C. 6/65/L. 10
2009 年	第 64/118 号决议	A/64/37 号报告	A/C. 6/64/SR. 14（oral）
2008 年	第 63/129 号决议	A/63/37 号报告	A/C. 6/63/SR. 14（oral）
2007 年	第 62/71 号决议	A/62/37 号报告	A/C. 6/62/SR. 16（oral）
2006 年	第 61/40 号决议	A/61/37 号报告	A/C. 6/61/SR. 21（oral）
2005 年	第 60/43 号决议 第 59/290 号决议	A/59/766 号报告 A/60/37 号报告	A/C. 6/60/L. 6
2004 年	第 59/46 号决议	A/59/37 号报告	A/C. 6/59/L. 10
2003 年	第 58/81 号决议	A/58/37 号报告	A/C. 6/58/L. 10
2002 年	第 57/27 号决议	A/57/37 号报告 A/57/37 号报告（增编1）	A/C. 6/57/L. 9
2001 年	第 56/88 号决议	A/56/37 号报告	A/C. 6/56/L. 9
2000 年	第 55/158 号决议	A/55/37 号报告	A/C. 6/55/L. 2
1999 年	第 54/110 号决议	A/54/37 号报告	A/C. 6/54/L. 2
1998 年	第 53/108 号决议	A/53/37 号报告	A/C. 6/53/L. 4
1997 年	第 52/165 号决议	A/52/37 号报告	A/C. 6/52/L. 3

资料来源：联合国大会官网数据整理。

这份决议不仅完善了联大治理恐怖主义的重要文件——《消除国际恐怖主义措施宣言》，还成立了这一特设委员会。根据该决议的内容，该委员会负责拟订有关制止恐怖主义爆炸事件与核恐怖主义行为的国际公约，以补充现有的国际文书；再研究如何发展出应对国际恐怖主义的综合性公约法律框架。[1]

根据特设委员会的性质，这类机构必须每年经联大审核，并通过决议授权下一年份的工作。这一特设委员会通常的工作是召开一到两周时间的年度会议，会议时间安排在年初。这之后，特别是在联大会议的常会阶

---

[1] 联合国大会：《消除国际恐怖主义的措施》，A/RES/51/210，1996 年 12 月 17 日，第 381 页。

段，这一特设委员会的工作就纳入大会第六委员会的工作组框架之下。根据第 51/210 号决议的规定，这一特设委员会对所有会员国和专门机构开放，会议的决策形式则是坚持全体一致的原则。可以说，大会第 51/210 号决议所设特设委员会是当前联大治理国际恐怖主义问题最重要的附属机制（如表 6—1 所示），现今联大大部分有关国际恐怖主义议题的重要文件是这一委员会参与起草的。在可见的将来，该特设委员会仍将是联大参与国际恐怖主义治理的重要机制。

大会第 51/210 号决议所设特设委员会最近召开的一次会议是 2013 年 4 月 8—12 日在美国纽约联合国总部召开的第 16 届会议，这次会议主要讨论了有关国际恐怖主义全面公约草案的一部分条款，以促成国际社会对国际恐怖主义的定义、反恐原则等问题形成共识。[①] 然而，由于诸多问题的存在，这次会议并没有取得实质进展，只是特设委员会各方交换了意见，并建议联大后续召开高级别会议继续讨论这一公约草案。

（四）联合国反恐中心

联合国反恐中心这一机构源于 2006 年联大通过的《联合国全球反恐战略》，这一文件曾建议联大创建一个国际反恐中心，以加强国际反恐斗争的努力。此后，联大又多次重申了这一主张。直到 2011 年 9 月 19 日，沙特政府主动签署了有关资助设立联合国反恐中心的《供应协定》，表示将通过自愿捐款的方式，为设立联合国反恐中心提供为期三年的经费，以支持落实并推进《联合国全球反恐战略》。[②] 根据沙特政府驻联大代表的解释，沙特资助联合国反恐中心是因其认识到当今的国际社会正面临金融危机，并且联合国经费资源紧张，沙特政府决定提供资金支持，以帮助联合国执行其全球反恐战略。[③] 2014 年 8 月，沙特政府再次向联合国反恐中心捐赠了 1 亿美元。当前联合国反恐中心的主要职责是制定国家和区域的反恐战略执行计划；促进国际反恐合作；与联合国反恐执行工作队各工作组进行有效协作；帮助会员国加强反恐能力建设等。

---

① 祁怀高：《新时期联合国参与全球治理：作用分析与应对思考》，《联合国研究》2014 年第 1 期，第 93 页。
② 联合国大会：《联合国反恐中心》，A/RES/66/10，2011 年 11 月 18 日，第 1 页。
③ 联合国大会：《联合国大会第六十六届会议第六十次全体会议正式记录》，A/66/PV.60，2011 年 11 月 18 日，第 7—8 页。

除了上述机构外,联大也在不断建立新的机制,以加强在这一问题领域的治理能力。比如,2015年12月14日,第70届联大第75次全体会议在审议"消除国际恐怖主义的措施"这一项目时,决定建议第六委员会在次年第71届联大会议期间设立一个工作组,专门负责完成有关国际恐怖主义全面公约草案的进程,并讨论大会第54/110号决议涵盖的联合国高级别会议项目。[①]

总之,虽然当前世界对恐怖主义的瞩目起始于美国的"9·11"事件,但恐怖主义的兴起与大量恐怖袭击事件的发生却远远早于"9·11"事件,比如1972年发生于联邦德国奥运会期间的慕尼黑惨案中,多名以色列运动员遭到恐怖分子杀害。也正是在这一年,联大正式审议了这一议题,并开启了这一领域的治理议程。为了保障联大这一治理功能的顺利运行,联大又先后建立若干机制,如大会第51/210号决议所设特设委员会,这些机制成为联大参与国际恐怖主义治理的制度保障,并为后续联大的治理成效提供了重要支撑。

第二节 联大治理国际恐怖主义的标准

联大的一项全球功能就是制定全球治理标准。这一功能在国际恐怖主义治理领域的体现就是联大先后通过了反恐行动计划与制定了5项国际公约。自1972年以来,联大几乎每一年都利用常会审议有关国际恐怖主义的议程,并将其确定为下届联大常会将要审议的议程,逐步推动相关反恐行动计划和国际公约的制定工作。可以说,当前联大通过的反恐行动计划和国际公约已经成为这一领域治理行动的重要标准,也是相关国际法与国际规范必须参考的重要文件。

一、反恐行动计划

反恐行动计划是联大为推进国际恐怖主义治理而通过的国际合作标准,几乎每一个反恐行动计划在强调国际合作的同时,都有自己关注的侧

---

① 联合国大会:《消除国际恐怖主义的措施》,A/RES/70/120,2015年12月14日,第6页。

重点，这些反恐行动计划也基本成为其他治理机制援引的标准文献。这一部分将详细阐述联大自审议恐怖主义问题以来制定的重要反恐行动计划。

（一）《消除国际恐怖主义措施宣言》

《消除国际恐怖主义措施宣言》（Declaration on Measures to Eliminate International Terrorism）是联大制定的第一个全方位的反恐行动计划，其形成的第一个基础文件是1991年12月9日第46届联大通过的第46/51号决议。该决议后半部分邀请秘书长征求各会员国就国际恐怖主义治理的立场和建议，并就加强联合国及有关专门机构在制止国际恐怖主义的方法和方式上提出自身的意见。[1]《消除国际恐怖主义措施宣言》形成的另一个基础是各会员国的共识，这些共识是由秘书长搜集整理的，形成的报告涵盖主要国家与国际组织的立场和建议。基于1993年12月9日第48届联大通过的题为《消灭国际恐怖主义的措施》的第48/411号决定。这一会议决定源于第48届联大第73次全体会议审议的第六委员会的建议，并决定邀请秘书长就"消灭恐怖主义行为的具体措施、就增强联合国和有关专门机构打击国际恐怖主义的作用的方式方法并就第六委员会内审议该问题的方式，征求各会员国的意见"。[2] 1994年1月24日，秘书长根据第48/411号决定的相关内容完成了这一报告，其后又进行了多次补充，报告主体翔实记载了多个国家的建议和立场，全面表达了其就消灭恐怖主义行为的具体措施与增强联合国和有关专门机构打击国际恐怖主义的作用和方式方法。[3]

基于上述内容，1994年12月9日召开的第49届联大第84次全体会议一致通过了第49/60号决议。这一决议的附件即为上述会议与文件的成果——《消除国际恐怖主义措施宣言》。《消除国际恐怖主义措施宣言》的第二和第三部分是其核心内容，从国家和联合国两个方面阐述了消灭恐怖主义的措施。在有关国家方面，《消除国际恐怖主义措施宣言》要求各个主权国家切勿组织、怂恿、便利、资助、鼓励或容忍任何形式的恐怖主义活动；确保按照相关法律规定，逮捕、起诉或引渡从事恐怖主义活动的相

---

[1] 联合国大会：《消灭国际恐怖主义的措施》，A/RES/46/51，1991年12月9日，第343—345页。

[2] 联合国大会：《消灭国际恐怖主义的措施》，A/48/411，1993年12月9日，第367页。

[3] 联合国大会：《消灭国际恐怖主义的措施：秘书长的报告》，A/49/257，1994年1月24日，第1—87页；联合国大会：《消灭国际恐怖主义的措施：秘书长的报告（增编）》，A/49/257ADD.1，1994年9月2日，第1—6页。

关人员；在双边、区域和多边多个层次上展开治理恐怖主义的跨国合作；积极交换预防和打击恐怖主义的情报；推动相关国际公约的制定；不将从事恐怖主义活动的人员纳入庇护的范畴。联合国等政府间国际组织层面也拥有打击和消灭恐怖主义行为的义务，特别是联合国秘书长，其必须利用现有资源协助上述行为体执行《消除国际恐怖主义措施宣言》，要主动收集当前有关这一领域各项国际协定的现状和执行情况数据；汇编预防与消除有关恐怖主义的国际法律和规章；审查现有关于国际恐怖主义的现行国际法律文书，以进一步发展这一领域的国际公约的法律框架；审查联合国系统协助各国组织打击国际恐怖主义罪行有效途径等。[①]

可以说，联合国大会核准的《消灭国际恐怖主义措施宣言》是为治理恐怖主义做出的一项重要贡献，使其在审议国际恐怖主义问题方面迈出一大步。通过这一文件，联大可以与国际社会的步伐一致，对恐怖主义行为进行更有系统、有组织的斗争。各个成员国也可以在这一宣言的基础上，制定适合本国的反恐行动计划。然而《消灭国际恐怖主义措施宣言》也存在一些不足，很快就得到联大的补充和修正。

（二）《补充1994年〈消除国际恐怖主义措施宣言〉的宣言》

1996年12月17日，第51届联大以协商一致的方式通过了第51/210号决议。这份决议在借鉴之前文件的基础上，决定增加名为《补充1994年〈消除国际恐怖主义措施宣言〉的宣言》的附件，以补充《消灭国际恐怖主义措施宣言》。这份补充宣言重点阐述了之前宣言较少涉及的难民与恐怖分子之间的关系，建议各个会员国应根据本国法律和国际法的有关规定，在给予寻求庇护者难民地位之前，确保其未曾参加任何恐饰主义行动，在给予其难民地位之后，也要确保其不会从事恐饰主义行为，并鼓励各会员国即使在没有相关引渡条约的情况下，也要在本国法律允许的范围内，提供引渡涉嫌从事恐饰主义活动的人员。[②] 这份补充宣言进一步细化了治理国际恐怖主义的措施，有利于打击利用难民和庇护手段逃脱法律制裁的恐怖分子，但这些补充规定仍明显不够。一些会员国在审议这一决议

---

① 联合国大会：《消除国际恐怖主义的措施》，A/RES/49/60，1994年12月9日，第385—387页。

② 联合国大会：《消除国际恐怖主义的措施》，A/RES/51/210，1996年12月17日，第382页。

草案时就明确表示，宣言与后续的补充宣言都缺乏对恐怖主义的明确界定，并且联大及其相关机构也没有将其纳入后续工作，这对完成全球反恐治理任务来说是个极大的阻碍。①

（三）《联合国全球反恐战略》

联大参与国际恐怖主义治理过程中做出的最主要成果就是2006年第60届联大通过的《联合国全球反恐战略》（The United Nations Global Counter-Terrorism Strategy）。这一联大重要决议的形成也具有深刻背景。《联合国全球反恐战略》的出台首先离不开秘书长的努力。2006年4月27日，秘书长向联大提交的名为《团结起来消灭恐怖主义：关于制定全球反恐战略的建议》的报告，也成为大会制定《联合国全球反恐战略》的基础文件。根据秘书长的阐述，形成这份报告的最初动因是2004年9月13日威胁、挑战和改革问题高级别小组提交联大审议的报告。这份报告提及联合国需要明确提出一项有效且有原则性的反恐战略，以加强相关国家的反恐能力，并促进法制和人权。秘书长也明确表示："会认真考虑关于我应带头推动制订一个有原则的全面反恐新战略的建议，并保证提出这一战略的构想，供会员国在新的一年中审议。"②次年，秘书长在其《大自由：实现人人共享的发展、安全和人权》的报告中再次提及打击恐怖主义的战略，敦促各个会员国以及各地的民间社会组织参与其中，并强调这一战略必须全面，至少要包含5个支柱，"必须着重劝阻人们不要诉诸恐怖主义或支持恐怖主义；必须切断恐怖分子获得资金和材料的来源；必须阻止国家支助恐怖主义；必须发展击败恐怖主义的国家能力；必须捍卫人权"。③

在上述文件的基础上，2006年4月27日，秘书长向联大提交的名为《团结起来消灭恐怖主义：关于制定全球反恐战略的建议》的报告也成为联大制定《联合国全球反恐战略》的基础文件。这份报告首先阐述了恐怖主义的性质与可能的产生根源；其次，报告认为阻断经济来源、剥夺获取武器、加强网络监督、阻止恐怖分子出入境等是有效遏制恐怖主义的手

---

① 联合国大会：《联合国大会第五十一届会议第八十八次全体会议正式记录》，A/51/PV.88，1996年12月17日，第24—26页。
② 联合国大会：《一个更安全的世界：我们的共同责任——威胁、挑战和改革问题高级别小组的报告（秘书长的说明）》，A/59/565，2004年9月13日，第4页。
③ 联合国大会：《大自由：实现人人共享的发展、安全和人权》，A/59/2005，2005年3月21日，第25页。

段,这份报告也关注了少数国家支持恐怖主义的情况;再次,报告也讨论了发展中国家如何避免恐怖主义的侵蚀;最后则强调在处理和反对恐怖主义的过程中也要积极捍卫人权,从根本上铲除恐怖主义。①

各个会员国的共识也是推动这一国际反恐行动计划出台的重要因素。这一共识体现在《2005年世界首脑会议成果》中。《2005年世界首脑会议成果》也重点阐述了国际恐怖主义的治理现状,在强烈谴责所有形式和表现的恐怖主义后,其强调联大和秘书长要在第60届联大会议期间就国际恐怖主义问题制定专门的国际公约,以囊括国际社会各种力量,全面推动更为有效的反恐战略,并拟定其具体内容。②

在上述努力的基础上,2006年9月8日,第60届联大第99次全体会议通过了名为《联合国全球反恐战略》的第60/288号决议,决定在第61届联大启动这一战略,鼓励会员国、联合国和其他有关国际、区域和次区域组织,甚至是民间组织进一步完善这一战略,并决定在后续联大会议期间考察这一战略的实施效果。《联合国全球反恐战略》的附件详细阐述了实现这一战略的行动计划。这一计划包含4个组成部分。第一部分阐述消除造成恐怖主义蔓延的措施,包含尽可能利用联合国和平解决持久未决的国际冲突,促进不同文明、文化、民族、宗教之间的对话、理解及相互尊重,降低青年失业率,推进千年目标的发展等。第二部分则涉及防止和打击恐怖主义的措施,强调国家不采用任何可能支持恐怖主义的政策,并增进彼此间的协调与合作,打击各种跨国犯罪活动,考虑创建一个国际反恐中心等问题。文件的第三部分则是建立各国防止和打击恐怖主义的能力以及加强联合国系统在这方面的作用,突出非主权国家行为体打击恐怖主义的政策措施。最后的部分是确保尊重所有人的人权和实行法治作为反恐斗争根基,在推进各自有效反恐措施的同时促进和保护恐怖主义受害者的权利。上述四个部分构成《联合国全球反恐战略》的主旨内容,并涵盖了50余条治理恐怖主义的建议与措施,为整个世界的反恐斗争指明了未来努力的方向。③

---

① 联合国大会:《团结起来消灭恐怖主义:关于制定全球反恐战略的建议》,A/60/825,2006年4月27日,第1—28页。
② 联合国大会:《2005年世界首脑会议成果文件》,A/RES/60/1,2005年9月16日,第20—21页。
③ 有关这一战略的详细内容,参见联合国大会:《联合国全球反恐战略》,A/RES/60/288,2006年9月8日,第4—9页。

《联合国全球反恐战略》的通过具有划时代意义，它无疑加强了联大治理恐怖主义的能力，有利于保证全世界各个国家在打击恐怖主义的国际斗争中坚定团结一致，在一个共同战略框架中执行相关的具体措施，以有效遏制恐怖主义的蔓延趋势。这一文件也尽量弥合了国际社会有关恐怖主义治理的分歧，利用讨论和会议的形式处理这一过程中出现的重要和敏感事项。[1] 虽然这份决议草案已经是联大制定的被最多会员国接受的全球反恐战略，而且为达成共识而努力斟酌决议草案的用词，但在决议通过后，一部分会员国也表达了自身对决议的保留意见，认为这一全球反恐战略仍存在不足，本国只是为顾全反恐大局的最新进展才选择妥协，并以协商一致的方式同意了该决议的形成。[2]

基于上述分歧，《联合国全球反恐战略》在决议内容中添加了后续将修改审议的条款，建立了后续修改和完善的会议审查机制。具体来说，联大规定每两年后进行一次《联合国全球反恐战略》的实施进展审议，如发现不足则应根据现实情况加以修订。当前，《联合国全球反恐战略》已经于2008年9月、2010年9月、2012年6月、2014年6月进行四次双年度审查，并得到四次修改，进一步完善了其内容与功能。

当然，联大并没有停止努力，仍然在筹划新的反恐行动计划。目前，联大年度审议的最新成果是秘书长提交的《防止暴力极端主义行动计划》(Plan of Action to Prevent Violent Extremism)。《防止暴力极端主义行动计划》是联大在审议《联合国全球反恐战略》过程中形成的理念，其恰逢《联合国全球反恐战略》提出10周年。近年来，全球恐怖主义势力不断扩大，出现如"伊斯兰国""博科圣地""青年党"等恐怖主义组织，极端活动不断涌现，不断造成多个国家和地区的不稳定。在过去几十年间，联大等联合国机构一直为治理恐怖主义问题与消除恐怖主义的威胁采取必要措施，但是这些新出现的暴力极端主义团体则表明配合国的努力还没有达到预期效果。[3] 基于这种情况，秘书长向联大提出这一计划草案，其是"通过广泛的联合国机构间进程制定的，并依据大会和安全理事会高级别

---

[1] 张金平：《国际恐怖主义与反恐策略》，人民出版社2012年版，第298—301页。
[2] 联合国大会：《联合国大会第六十届会议第九十九次全体会议正式记录》，A/60/PV.99, 2006年9月8日，第4—13页。
[3] Susan Szmania and Phelix Fincher, "Countering Violent Extremism Online and Offline," *Criminology & Public Policy*, Vol. 16, No. 1, 2017, pp. 119–125.

会议的成果、与会员国开展的互动式情况通报会以及国际和区域会议的成果"。①

《防止暴力极端主义行动计划》的核心内容是其第四部分的行动议程，包含若干有关防止暴力极端主义的建议。建议首先要求全球社会要确立政策框架，包含在联合国相关机构、国家、区域的不同层次构建合适的防止暴力极端主义计划；在具体行动上则要注重对话和预防冲突、加强人权和法治、促进社区参与、增强青年的权能、促进性别平等、协助技能教育与就业、互联网的传播等多个方面；通过联合国特别是联大支持会员国、区域机构和社区，共同消除极端主义势力产生的根源，进而达到全面治理恐怖主义的宏伟目标。② 2016年2月12日，第70届联大第84次全体会议第一次认可了《防止暴力极端主义行动计划》，并通过决议决定进一步审议研究这一计划。③

二、国际反恐公约

联大制定恐怖主义治理标准的另一种方式就是推动制定相关的国际公约。联大1994年12月9日通过的《消除国际恐怖主义措施宣言》，鼓励各会员国"审查有关打击一切形式和面貌的恐怖主义的现有国际法律规定的范围，以期确保有一个全面的法律框架来防止和消灭恐怖主义"。④ 在这一宣言的影响下，联大加大了有关恐怖主义国际公约的编纂与修订，以推动全球合作，共同治理国际恐怖主义问题。同时，《宪章》也赋予了联大编纂国际法的职能，推动国际反恐主义领域国际法的出台就成为当时联大的一项重要任务。截至当前，联大共制定了5项有关国际恐怖主义治理的国际公约，具体如下。

一是《关于防止和惩处侵害应受国际保护人员包括外交代表的罪行的公约》（Convention on the Prevention and Punishment of Crimes against Interna-

---

① 联合国大会：《联合国全球反恐战略：2015年12月22日秘书长给大会主席的信》，A/70/675，2015年12月24日，第1页。
② 联合国大会：《防止暴力极端主义行动计划：秘书长的报告》，A/70/674，2015年12月24日，第1—19页。
③ 联合国大会：《秘书长〈防止暴力极端主义行动计划〉》，A/RES/70/254，2016年2月12日，第1页。
④ 联合国大会：《消除国际恐怖主义的措施》，A/RES/49/60，1994年12月9日，第386页。

tionally Protected Persons, including Diplomatic Agents)。最初设立这一公约的理念源于 1971 年召开的第 26 届联大。当年的 12 月 3 日，联大在审议国际法委员会的工作报告书时，决定请国际法委员会参照各国意见，尽快拟定出有关国家外交人员及其他依国际法也应受特别保护的条款草案，并提交联大审议。① 1973 年 12 月 14 日，第 28 届联大第 2202 次全体会议通过决议，认可了国际法委员会起草的《关于防止和惩处侵害应受国际保护人员包括外交代表的罪行的公约》，督促每个签约会员国制定国内相关法律，将侵害受公约保护的国际人员的行为视为犯罪，并邀请各个会员国积极缔约。② 这份决议的附件就是《关于防止和惩处侵害应受国际保护人员包括外交代表的罪行的公约》的原文，其包含 20 个条款，详细阐述了应受国际保护的人员、侵害罪行的界定、缔约国的责任、引渡条款、缔约机制等内容。

二是《反对劫持人质国际公约》(International Convention Against the Taking of Hostages)。这一公约由反对劫持人质国际公约特设委员会起草而成。1979 年 3 月 20 日，该特设委员会向第 34 届联大提交了研究报告。在这份报告中，特设委员会完成了联大交付的任务，拟定了反对劫持人质国际公约的草案，并建议联大做进一步审议。③ 当年召开的第 34 届联大在 12 月 17 日第 105 次全体会议上以全体一致的方式通过决议，认可了反对劫持人质国际公约特设委员会的起草工作，并通过了《反对劫持人质国际公约》，开放给各会员国签字和批准或加入。④ 这一公约包含 20 个条款，详细规定了劫持人质罪行的定义、缔约国的责任、管辖权的界定、引渡程序、争端仲裁机制等多个方面。

至此，这一公约也成为联大制定的有关治理恐怖主义的重要标准。在该公约出现后，国际社会有条件发展更为深层次的合作，遏制跨国性的劫持人质行为。同时，这一公约也成为这一领域的重要国际法规，时至今日，其对于劫持人质罪行的解读仍是其他相关国际法文件必须参照的

---

① 联合国大会：《国际法委员会工作报告书》，A/RES/2780（XXVI），1971 年 12 月 3 日，第 413 页。
② 联合国大会：《关于防止和惩处侵害应受国际保护人员包括外交人员和外交代表的罪行的公约》，A/RES/3166（XXVIII），1973 年 12 月 14 日，第 180—183 页。
③ 联合国大会：《起草反对劫持人质国际公约特设委员会的报告》，A/34/39，1979 年 3 月 20 日，第 1—29 页。
④ 联合国大会：《反对劫持人质国际公约》，A/RES/34/146，1979 年 12 月 17 日，第 302 页。

蓝本。①

三是《制止恐怖主义爆炸的国际公约》。《制止恐怖主义爆炸的国际公约》（International Convention for the Suppression of Terrorist Bombing）是大会根据第51/210号决议所特设的委员会得出的一项重要成果。如前文所述，大会根据第51/210号决议所特设的委员会被赋予的任务之一，就是负责拟订有关制止恐怖主义爆炸事件与核恐怖主义行为的国际公约，为这一领域的全球治理制定出有效的综合性公约法律框架。1997年3月31日，根据第51/210号决议所特设的委员会根据自身的会议讨论与部分会员国，特别是法国和俄罗斯提供的工作文件和修正案，拟定出《制止恐怖主义爆炸活动国际公约》的草案。② 1997年12月15日，第52届联大第72次全体会议审议了这一草案，并以决议的方式正式通过了这一公约，并敦促所有会员国签署和批准、接受、核准或加入该公约。③《制止恐怖主义爆炸的国际公约》共包含24个条款，首先对国家或政府设施、基础设施、爆炸性或其他致死装置、一国的军事部队、公用场所、公共交通系统等重要概念进行了界定；进而阐述了相关爆炸破坏上述内容的具体罪行标准；再阐述了缔约国要采取必要的措施与相关的管辖权、国际合作方式、引渡原则等；最后则规定了公约批准、加入、修正、推出等程序。④

《制止恐怖主义爆炸的国际公约》是第一个承认恐怖主义爆炸为罪行的国际法律文件，同其他联大通过的国际公约共同构成了联合国恐怖主义治理的国际法框架，具有十分重大的意义。⑤ 然而，该公约在联大核准的阶段并没有得到充分认同，部分会员国表示这一公约的部分条款仍存在争议，在没有得到充分讨论、达成共识的情况下，强行推动这一公约必然会

---

① Ben Saul, "International Convention Against the Taking of Hostages," United Nations Audiovisual Library of International Law, Historical Archives, 2014; Sydney Law School Research Paper No. 14/105, pp. 1 – 12.

② 联合国大会：《大会1996年12月17日第51/210号决议所设的特设委员会的报告》，A/52/37（SUPP），1997年3月31日，第1—64页。

③ 联合国大会：《制止恐怖主义爆炸事件的国际公约》，A/RES/52/164，1997年12月15日，第1页。

④ 联合国大会：《制止恐怖主义爆炸事件的国际公约（附件）》，A/RES/52/164，1997年12月15日，第2—13页。

⑤ Samuel M. Witten, "The International Convention for the Suppression of Terrorist Bombings," *The American Journal of International Law*, Vol. 92, No. 4, 1998, pp. 774 – 781.

影响其原有的影响力和可执行力。①

四是《制止向恐怖主义提供资助的国际公约》。《制止向恐怖主义提供资助的国际公约》（International Convention for the Suppression of the Financing of Terrorism）主要是由联大第六委员会草拟形成的。形成这一公约的共识基础是联大的第 51/210 号决议，其中曾呼吁所有会员国都应采取一定举措，以适当的国内政策措施消除恐怖主义组织各种筹集经费的渠道。② 这一公约的重点是"酌情考虑采取管制措施，以预防和制止涉嫌为恐怖主义目的提供的资金的流动"，"并加强关于这种资金的国际流动的情报交流"。③ 1998 年 12 月 8 日，第 53 届联大第 83 次全体会议通过的第 53/108 号决议决定，将拟订一项制止向恐怖主义组织提供资助的国际公约草案，以补充现有的相关国际文书。④ 1999 年 10 月 8 日，第六委员会工作组在经过多次会议讨论后，完成这一公约的草案，并决定提交第六委员会讨论和审议，并建议第六委员会提交联大最后审议。⑤ 同年的 12 月 9 日，第 54 届联大第 76 次全体会议正式以联大决议的方式，核准了这一公约草案。⑥《制止向恐怖主义提供资助的国际公约》正式成为联大制定的第四个有关国际恐怖主义治理的重要国际公约。

五是《制止核恐怖主义行为国际公约》。《制止核恐怖主义行为国际公约》（The International Convention on the Suppression of Acts of Nuclear Terrorism，NTC）也是大会根据第 51/210 号决议所设特设委员会制定的国际公约。这一特设委员会在 2005 年 4 月 1 日就正式拟定了制止核恐怖主义行为国际公约草案，并提交联大审议。⑦ 2005 年 4 月 13 日，第 59 届联大第 91

---

① 联合国大会：《联合国大会第五十二届会议第七十二次全体会议正式记录》，A/52/PV. 72，1997 年 12 月 15 日，第 9—15 页。

② Ilias Bantekas, "The International Law of Terrorist Financing," *The American Journal of International Law*, Vol. 97, No. 2, 2003, pp. 315 – 333.

③ 联合国大会：《消除国际恐怖主义的措施》，A/RES/51/210，1996 年 12 月 17 日，第 380 页。

④ 联合国大会：《消除国际恐怖主义的措施》，A/RES/53/108，1998 年 12 月 8 日，第 3 页。

⑤ 联合国大会：《消除国际恐怖主义的措施：工作组报告草稿》，A/C. 6/54_ L. 2，1999 年 10 月 26 日，第 3 页。

⑥ 联合国大会：《制止向恐怖主义提供资助的国际公约》，A/RES/54/109，1999 年 12 月 9 日，第 1 页。

⑦ 联合国大会：《大会 1996 年 12 月 17 日第 51/210 号决议所设特设委员会的报告：制止核恐怖主义行为国际公约》，A/59/766，2005 年 4 月 4 日，第 1—12 页；联合国大会：《大会 1996 年 12 月 17 日第 51/210 号决议所设特设委员会的报告：制止核恐怖主义行为国际公约（更正）》，A/59/766/Corr. 2，2005 年 4 月 11 日，第 1—12 页。

次全体会议以全体一致的方式通过了该公约草案，正式核准了《制止核恐怖主义行为国际公约》，并吁请所有国家签署、批准、接受、核准或加入该公约。①《制止核恐怖主义行为国际公约》由序言和28个条款组成，先对放射性材料、核材料、核设施、装置等重要概念进行了界定；进而阐述了相关罪行的具体标准；再阐述了缔约国的法律义务，包括采取必要的立法措施、国际合作方式、引渡原则等；最后则规定了缔约国收缴或以其他方式获得的放射性材料、核设施或者装置的保管、储存和归还的法律事项，以及批准、加入、修正、推出等程序。②

《制止核恐怖主义行为国际公约》是联合国大会通过的第一个旨在明确打击核恐怖主义罪行的国际公约，填补了国际恐怖主义治理相关机制的空白，为调查、起诉和引渡犯有涉及放射性材料或核装置的恐怖分子提供了国际合作的法律基础，也为预防和惩治核恐怖主义犯罪行为提供了重要的国际法依据，是联大在打击恐怖主义的全球斗争中取得的最重要成就。

以上是联大截至当前制定的所有有关打击国际恐怖主义的国际公约，其中后三者都同大会根据第51/210号决议所设特设委员会相关。这些国际公约同其他治理主体制定的国际公约一起组成当前国际恐怖主义治理的国际法体系，为全世界反恐合作提供了法律基础。除了上述最具影响的文件外，联大在参与国际恐怖主义治理过程中也制定了更多的治理标准，如确保在打击恐怖主义的同时保护人权和基本自由的法律框架，但这类治理标准还处在初步审议阶段，尚没有形成有效的法律文件。

总之，联大制定全球治理标准的功能也可以在国际恐怖主义治理领域得到鲜明体现。自1972年以来，联大已经制定并通过了一系列反恐行动计划与国际公约，成为整个世界治理恐怖主义的法律框架。③ 同时，联大也没有就此停止，其还在利用每一年的常会审议工作，继续推进国际恐怖主义的治理议程，努力推动制定有关国际恐怖主义的全面公约和《防止暴力极端主义行动计划》。虽然联大在这一领域的功能存在一定局限，但其可以选择同其他治理主体合作，共同推动国际恐怖主义的治理议程。

---

① 联合国大会：《制止核恐怖主义行为国际公约》，A/RES/59/290，2005年4月13日，第1页。
② 联合国大会：《制止核恐怖主义行为国际公约（附件）》，A/RES/59/290，2005年4月13日，第1—12页。
③ 张金平：《国际恐怖主义与反恐策略》，人民出版社2012年版，第293—294页。

第三节 联大同其他国际恐怖主义治理主体的协作

联大有关国际恐怖主义的决议都强调，联大必须依照《宪章》原则、国际法和相关国际公约的相关内容，进一步加强同各国之间及各国际组织和机构、区域和次区域组织之间的国际合作，以防止、打击和消除一切形式和表现的恐怖主义。这一要求使得联大天然就要将协作功能作为国际恐怖主义治理的重要方式。在实践中，联大也经常同联合国内外的治理机制协作，共同推进这一领域的有效治理。

一、同联合国系统内部其他机构的协作

国际恐怖主义治理更多属于安全治理议题的范畴，使得联合国系统中的多个机构必然也会积极参与这一领域的治理。除了联大外，当前联合国系统中只有安全理事会在这一议题上发挥的作用最为突出，也在这一领域颇具建树。联大也积极同安理会协作，共同推进国际恐怖主义治理议程。同时，联大也会与联合国系统内的其他机构进行协作，并常常得到令人满意的治理成效。

（一）同安理会的合作

联合国系统内参与安全治理领域的核心机构是安理会，特别是在2001年"9·11"事件爆发后，安理会已经在国际恐怖主义治理中发挥引领作用。联大在参与国际恐怖主义治理的进程中，必然会优先选择同安理会协作，共同推进国际恐怖主义治理进程。

联大自20世纪70年代以来就开始着手参与国际恐怖主义治理，安理会则在80年代后逐步参与到这一进程中来。两个机构在后续的参与进程中曾进行过少量的协作，比如，安理会也曾利用决议形式认可1970年10月24日联大通过的《关于各国依照联合国宪章建立友好关系和合作的国际法原则宣言》所强调的基本原则，即"每一国皆有义务避免在他国发动、煽动、协助或参加内争或恐怖活动，或默许在其本国境内从事以犯此等行为

为目的之有组织活动"。① 直到"9·11"事件的爆发才使得两个机构的协作程度进一步加深。

2001年"9·11"事件发生后的第二天，安理会就一致通过了第1368（2001）号决议。这份决议措辞严厉，宣布以最强烈的方式断然谴责针对美国纽约、华盛顿、宾夕法尼亚发生的恐怖主义攻击，吁请所有国家进行合作，彻底调查这次恐怖攻击的行凶者、组织者和发起者，将这些相关人员绳之以法。安理会一致表示将根据《联合国宪章》的规定，彻底打击一切形式的恐怖主义活动。② 同一天，联大也以全体一致的方式通过了相关谴责恐怖主义袭击的决议，以慰问和声援美国人民与政府。③

当年9月28日，安理会又通过了第1373（2001）号决议。除了再度强调第1368（2001）号决议的相关谴责内容外，第1373（2001）号决议全面阐述了安理会反恐的系统措施，其中非常重要的一项举措就是利用现有联大的成果，即《制止向恐怖主义提供资助的国际公约》，全力打击资助或支持恐怖主义的行为。为了推动这一决议内容的逐步实施，第1373（2001）号决议还决定设立一个由安理会全体成员组成的安全理事会委员会，以监测这一决议的执行程度，具体包括各国计划采取的有关金融、法律和技术措施，以及批准或接受相关国际公约和议定书的情况，并吁请所有国家在3个月内向该委员会报告本国执行这一决议的实际政策步骤。④ 第1373（2001）号决议是当前安理会通过的最为重要的有关国际恐怖主义的决议，其已经成为安理会参与反恐的基础文件，后续通过的安理会决议基本都符合第1373（2001）号决议设立的框架。同时，该决议也成为联大审议国际恐怖主义问题的参考文件，其设立的委员会的工作情况也一直是联大关注的焦点。

联大和安理会两个机构都是联合国参与治理国际恐怖主义的重要机构。在后续的协作中，二者互相以对方的重要文件为基础，推动自身具体

---

① 联合国大会：《关于各国依联合国宪章建立友好关系及合作之国际法原则之宣言》，A/RES/2625（XXV），1970年10月24日，第370页。
② 联合国安理会：《第1368（2001）号决议》，S/RES/1368（2001），2001年9月12日，第1页。
③ 联合国大会：《谴责美利坚合众国境内的恐怖主义攻击》，A/RES/56/1，2001年9月12日，第1页。
④ 联合国安理会：《恐怖主义行为对国际和平与安全造成的威胁》，S/RES/1373（2001），2001年9月28日，第289—291页。

问题的治理。通常的表现形式是二者决议的呼应，即双方重要的决议文件也都会包含或援引双方既有决议与文件的内容，使得二者的决议同时具备联大的国际合法性与安理会的国际强制力。

（二）同联合国内其他机构的合作

除了安理会外，联大在参与国际恐怖主义治理过程中也会与联合国系统内的其他机构进行协作。比如，联大在推动有关全面治理国际恐怖主义公约草案的进程中，不断推动国际民用航空组织和国际海事组织所制定国际公约的签署范围与生效程度，前者包括《关于在航空器内的犯罪和犯有某些其他行为的公约》《关于制止非法劫持航空器的公约》《关于制止危害民用航空安全的非法行为的公约》《补充关于制止危害民用航空安全的非法行为的公约的制止在为国际民用航空服务的机场上的非法暴力行为的议定书》《关于在可塑炸药中添加识别剂以便侦测的公约》《制止非法劫持航空器公约的补充议定书》《制止与国际民用航空有关的非法行为的公约》《修改关于在航空器内的犯罪和犯有某些其他行为的公约的议定书》；后者包括《制止危及海上航行安全非法行为公约》《制止危及海上航行安全非法行为公约的 2005 年议定书》《制止危及大陆架固定平台安全非法行为议定书》《制止危及大陆架固定平台安全非法行为议定书的 2005 年议定书》四项文件。如前文所示，联大也曾努力制定确保在打击恐怖主义的同时保护人权和基本自由的法律框架，以遏制在打击恐怖主义过程中频频发生的侵犯人权和基本自由以及违反国际难民法和国际人道主义法的行为。2005 年 12 月 16 日第 60 届联大曾经提出利用当时尚存的人权委员会与联合国人权事务高级专员的机制建设，为联大提供有关"在打击恐怖主义的同时保护人权和基本自由"的基本法律框架。[①]

虽然以上讨论了联大同单个联合国系统内其他机构的协作，但在具体的治理实践中，联大通常是与多个联合国系统内的机构协作，共同推动国际恐怖主义的治理。仅以《制止核恐怖主义行为国际公约》为例，虽然这一公约最终由联大决议通过，但在其制定过程中，联大同安理会等联合国内其他机构进行了多次协作。

[①] 联合国大会：《在打击恐怖主义的同时保护人权和基本自由》，A/RES/60/158，2005 年 12 月 16 日，第 1—4 页。

"9·11"事件爆发后,国际恐怖主义势力引起全世界的瞩目,国际社会认识到必须采取行之有效的措施,避免类似的惨剧再度发生。其中最为紧要的措施就是防止恐怖分子获得并使用大规模杀伤性武器。为了预防类似事件的发生,2002年第57届联大正式开始讨论大规模杀伤性武器与恐怖分子之间的关系,担忧使用大规模杀伤性武器的恐怖袭击出现。联大正是在这样的历史背景下开启了这一问题领域的治理实践。

联大在这一问题上最先合作的机构是联合国的裁军事项咨询委员会。2002年1月和7月,联合国裁军事项咨询委员会分别在纽约和日内瓦举行了第38届和第39届会议,集中讨论了恐怖分子发展、获取和使用大规模杀伤性武器的问题,特别是有关核武器、生物武器、化学武器恐怖主义三方面的问题。会议认为,恐怖分子获取并使用大规模杀伤性武器的可能性极高,这些威胁也是真实可靠的。这是因为恐怖分子很容易就可以获得制造大规模杀伤性武器的材料和技术。同时,其对核、生物和化学设施的攻击也将导致放射性物质、致命生物制剂或有毒化学品的大范围释放与污染,国际社会绝不能对这些问题掉以轻心。预防上述问题出现最为有效的办法就是深化多边合作,世界各国都有义务和需要防止非国家集团发展和获取大规模杀伤性武器,并应大力推动《不扩散核武器条约》《化学武器公约》《生物武器公约》等现行国际法和国际公约的适用性,利用协调一致和共同利益加强打击大规模杀伤性武器恐怖主义的国际联盟。

在具体措施上,这两届会议针对核武器恐怖主义的讨论更具参考性。咨询委员会认为,核武器恐怖主义具有4种类型:攻击或破坏核能装置;利用放射材料与常规炸药配制脏弹;盗窃或购置核材料以制造和使用核爆炸装置;劫持和使用核武器。预防核武器恐怖主义需要下列各项优先措施:针对各种类型的核设施采取有效的预防性措施;尽量消除民用核设施中高浓缩铀的使用;减少非战略核武器的研发与库存;继续加强相关国际法的谈判与修正工作。[①] 上述会议成果成为联合国秘书长的报告提交至联大审议,成为联大治理这一问题的基础文件。

除了秘书长本人外,联合国秘书处也在这一问题上积极同联大合作。2002年8月,当时新成立的隶属于秘书处的联合国和恐怖主义问题政策工

[①] 有关这两次会议的更多的内容,参见联合国大会:《裁军事项咨询委员会的工作:秘书长的报告》,A/57/335,2002年8月22日,第1—11页。

作组在向联大和安理会提交研究报告时,也提及恐怖分子有可能取得现有的大规模杀伤性武器或有关技术,联合国必须再次加强裁军领域的活动,防患于未然,消除恐怖主义行动使用大规模杀伤性武器造成的威胁。这份报告在强调恐怖主义活动这一发展趋势的同时,也援引国际原子能机构总干事的观点,即认为"偷窃核武器的可能性和恐怖主义分子拥有生产和引爆核炸药的手段和能力的可能性相对来说较小"。①

基于上述内容,2002年11月22日,第57届联大第57次全体会议以全体一致的方式第一次通过了名为《防止恐怖分子获取大规模杀伤性武器的措施》的第57/83号决议。除了确认上述文件的内容外,第57/83号决议主要是在道义上吁请全体会员国共同努力,防止恐怖分子获取大规模杀伤性武器、相关运载工具及其有关的制造材料和技术,并请求秘书长编写相关报告,说明当前国际社会针对这一问题已经采取的措施,征求各会员国有关进一步治理这一问题的意见。② 可以看出,第57/83号决议缺乏更具实质性的内容,这是因为联大才刚刚进入这一问题领域,需要进一步凝聚会员国的共识,从而推动更为实质性的政策主张。之后,每届联大都会审议这一议题,并通过相关决议,不断推动这一问题的解决。

次年的3月5日,秘书长根据第57/83号决议第二和第四段的内容,开始照会各个会员国并联系多个国际组织,以咨询相关意见,编写联大要求的报告。其间,美国、俄罗斯、印度、巴基斯坦、澳大利亚等国家与东盟、非盟、北约等重要国际组织都书面回复了秘书长,表达了自身对这一问题的意见,并积极表态愿意推动更为深层的国际合作。③ 第58届联大在审议秘书长报告及其他相关文件后,只通过了类似第57/83号决议内容的决议,要求秘书长继续咨询相关意见并推动编写报告的工作。最终特设委员会在2005年4月1日正式拟定了制止核恐怖主义行为的国际公约草案,并提交第59届联大,这样《制止核恐怖主义行为国际公约》才获得正式通过,成为联大的一项重要的国际公约。

---

① 联合国大会:《关于联合国和恐怖主义问题的政策工作组的报告》,A/57/273 - S/2002/875,2002年8月6日,第8页。

② 联合国大会:《防止恐怖分子获取大规模毁灭性武器的措施》,A/RES/57/83,2002年11月22日,第1—2页。

③ 联合国大会:《防止恐怖分子获取大规模毁灭性武器的措施:秘书长的报告》,A/58/208,2003年8月1日,第1—31页;《防止恐怖分子获取大规模毁灭性武器的措施:秘书长的报告(增编)》,联合国大会:A/58/208/Add.1,2003年9月29日,第1—15页。

二、与联合国以外治理主体的合作

除了同联合国系统内治理主体的协作外,联大在参与国际恐怖主义治理过程中也同联合国系统外的治理主体进行有效合作。这种合作源于国际恐怖主义的特征,有效的治理策略必须"推动在国家、区域和国际级别采取全面、协调、连贯的反恐对策"。[1] 2006年联大决定实施的《联合国全球反恐战略》也鼓励除会员国、联合国以外的"国际、区域和次区域组织支持《战略》的实施,包括为此调集资源和发挥各自的专长"。[2] 根据联大后续文件显示,同联大在国际恐怖主义治理上紧密联系的主体更多的是全球性的国际组织。

落实联大推动的《消除国际恐怖主义措施宣言》《联合国全球反恐战略》等重要文件需要全球性的国际组织参与合作,并利用联大自身的职能与功能领域发挥引领作用。由于这类机制数量较多,囿于篇幅,本书只介绍国际刑警组织和国际原子能机构同联大的合作。

在同联大合作的国际组织中,国际刑警组织的作用异常重要。由于国际恐怖主义分子大多也是国际刑警组织调查缉拿的对象,其在国际恐怖主义治理领域中拥有重要的地位和作用。在实践中,国际刑警组织具有广泛的情报来源和合作网络,并且其也高度关注国际恐怖主义分子。然而,国际刑警组织进行的任何活动需要更多国际法与国内法的支持,在这一方面联大的组织协调作用就要超过国际刑警组织。当前,国际刑警组织已同联合国的反恐活动紧密联系,前者会严密关注后者宣布制裁的个人和实体,并采取相关行动落实自身的反恐功能。[3]

国际原子能机构是当前世界参与核问题治理重要国际机制,其在和平利用核能、转让核技术,以及在核安全、核核查和核安保等方面都发挥着不可或缺的作用。国际原子能机构也很早就通过联大与联合国确立了合作关系。1957年11月14日,第12届联大通过了名为《联合国与国际原子能总署间关系协定》的决议,详细规定了两个机构的情报交流、人员交

---

[1] 联合国大会:《2005年世界首脑会议成果》,A/RES/60/1,2005年10月24日,第20页。
[2] 联合国大会:《联合国全球反恐战略》,A/RES/60/288,2006年9月8日,第3页。
[3] 联合国大会:《消除国际恐怖主义的措施:秘书长的报告》,A/68/180,2013年7月23日,第17页。

往、协作原则等事项。① 在这项关系协定的影响下,联大每年都可以审议国际原子能机构的报告,并注意该年度国际原子能机构得出的会议成果,以纳入联大的会议议程。由于国际原子能机构也在防范核恐怖主义上发挥着自身的应有功能,联大在参与这一领域的同时,不得不参考国际原子能机构得出的会议成果。当前联大在推动有关全面治理国际恐怖主义公约草案的进程中,必须纳入的就是国际原子能机构在1979年和2005年制定的《核材料实物保护公约》与《核材料实物保护公约修正案》,并在自身的会议议程中不断推动后者缔约方数量的增长(如表6—2所示),国际原子能机构制定的两项国际公约已经同其他公约一起构成了当代有关预防和制止国际恐怖主义的全球性法律文书,成为国际恐怖主义治理所需国际法体系的重要组成部分。

表6—2 联大决议援引的有关预防和制止国际恐怖主义的全球性法律文书

制定公约的机构	公约名称	通过年份	缔约国数量
联合国大会	《关于防止和惩处侵害应受国际保护人员包括外交代表的罪行的公约》	1973年	176
	《反对劫持人质国际公约》	1979年	172
	《制止恐怖主义爆炸的国际公约》	1997年	167
	《制止向恐怖主义提供资助的国际公约》	1999年	185
	《制止核恐怖主义行为国际公约》	2005年	88
国际原子能机构	《核材料实物保护公约》	1979年	147
	《核材料实物保护公约修正案》	2005年	70
国际民用航空组织	《关于在航空器内的犯罪和犯有某些其他行为的公约》	1963年	185
	《关于制止非法劫持航空器的公约》	1970年	185
	《制止非法劫持航空器公约的补充议定书》	2010年	7
	《关于制止危害民用航空安全的非法行为的公约》	1971年	188
	《补充关于制止危害民用航空安全的非法行为的公约的制止在为国际民用航空服务的机场上的非法暴力行为的议定书》	1988年	172

---

① 联合国大会:《联合国与国际原子能总署间关系协定》,A/RES/1145(XII),1957年11月14日,第59—63页。

续表

制定公约的机构	公约名称	通过年份	缔约国数量
国际民用航空组织	《关于在可塑炸药中添加识别剂以便侦测的公约》	1991年	147
	《制止与国际民用航空有关的非法行为的公约》	2010年	8
	《修改关于在航空器内的犯罪和犯有某些其他行为的公约的议定书》	2014年	161
国际海事组织	《制止危及海上航行安全非法行为公约》	1988年	27
	《制止危及海上航行安全非法行为公约的2005年议定书》	2005年	27
	《制止危及大陆架固定平台安全非法行为议定书》	1988年	149
	《制止危及大陆架固定平台安全非法行为议定书的2005年议定书》	2005年	23

资料来源：联合国大会官网。

除了上述两个国际组织外，联大还广泛同禁止化学武器组织、万国邮政联盟、各国议会联盟等国际组织，以及欧洲安全与合作组织、美洲国家组织、独立国家联合体、阿拉伯国家联盟、南亚区域合作联盟、非洲联盟、上海合作组织等地区组织紧密合作，共同推动对国际恐怖主义的有效治理。

最初的国际恐怖主义治理进程基本由联合国大会主导推动，逐渐形成联大、安理会等多层次、多主体的全面协作参与。联大在参与国际恐怖主义治理的进程中也可以较为全面地体现其全球治理功能，本书利用一章篇幅详细阐述了联大参与对国际恐怖主义治理的内容。然而，联大在国际恐怖主义治理上也依然存在一些局限。当前联大通过的诸多决议并不具有强制力，联大只得依靠成员国自觉加入成为缔约方。同时，这些决议的内容也过于繁琐，使成员国与相关国际组织难以全面实施。此外，联大早期有关这一领域的决议也会受到其去殖民化工作的影响，这期间的联大决议都会包含认可民族解放运动的条款，即"按照《联合国宪章》和《关于各国依联合国宪章建立友好关系和合作的国际法原则宣言》的宗旨和原则，一切处于殖民政权和种族主义政权以及其他形式的外国统治下的人民都享有自决和独立的不可剥夺的权利，并确认他们所进行的斗争，特别是民族解放运动的斗争都是合法的"。虽然这一内容有助于当时的民族解放斗争，但也容易被一些恐怖组织利用,阻碍有效的国际恐怖主义治理。同时,联大的反恐议题往往会演变为西方国家与非西方国家政治斗争的场所,双方就恐怖主义的具体定义各执一词,分歧难以消除,导致联大有关这一议题的决议影响力度较为有限。

结　语

全球治理是当前国际关系学界研究的热门问题，而有关全球治理主体功能与作用的讨论也成为重要的研究领域。在这类研究中，联合国在当前全球治理体系中的作用特别令人关注，其作为当代世界最具普遍性的国际组织可以在多个全球治理领域发挥自身的作用。然而，有关联合国全球治理功能的研究尚不完善，缺少对其主要分支机构的讨论。本书选择联合国大会作为研究对象，考察这一联合国主要机构的全球治理功能。通过前文的阐述，可以看出联大具备的各项全球治理功能，并且这些功能也对当前全球治理体系的发展至关重要。中国不仅是联合国的主要成员国，也正在积极参与全球治理，而准确认识中国在联大的全球治理中的作用，无疑会提升中国参与全球治理体系的能力与影响力。

一、联大全球治理功能的发展趋势

当今时代不断爆发的全球性问题已经不能依靠单一或少数的行为体解决，全球治理的理念与实践也由此兴起，倡导不同行为体共建有效的治理机制，共同参与全球性问题的解决。联大在参与全球治理的过程中，逐渐具备多项全球治理功能，但联大并不是一成不变的，这些功能也会在可见的未来产生一系列变化。综合联合国大会参与全球治理的背景发展与联大自身对全球治理功能局限的改进两方面内容，可以发现未来的联大全球治理功能将会在以下几个方向上发展。

（一）联大成员构成更加多元化

联大建立之初主要由各个主权国家构成，并且这些国家都是二战期间参与反法西斯战争的同盟国。在这些国家中，西方发达国家占据多数，这一现状使得当时盟友众多的美国可以操纵联大,制定出有利于自身的决议。随着发展中国家的大量产生,特别是1960年12月《准许殖民地国家和人民独立宣言》的推出,众多原西方国家的殖民地纷纷独立,加入联合国,使得联大的成员构成发生了根本变化,发展中国家逐渐成为多数,超级大国几乎不再有能力把控联大多数。当前,联大中发展中国家的数量已经远远超过发达国家,联大通过的大多数决议往往也是反映发展中国家的利益诉求。同时,联大在常会过程中也会积极促使重要国际组织等非国家行为体的代表参与到会议进程中。联大设立的专业化全球治理机制也将是这些非国家治理主体的构成部分。在可见的将来,这一趋势将日渐显著,越来越多的非国家治理主体将会积极参与到联大的治理进程中。由于非国家治理主体更多是由各领域的专家构成,未来联大专家式的治理模式将会频繁出现,其将大大影响联大全球治理功能的发展。虽然治理主体多元化有利于联大更好发挥自身的全球治理功能,但当前联大的主要构成仍是主权国家,主权国家仍将在短期内主导联大的治理进程。

(二) 更多关注全球发展议题

联大关注的所有全球性问题基本可以分为三类,即安全、发展、人权。联大在其发展过程中也不断倡导有关这三大领域的全球治理议程,并提供更新、更高的治理标准,在宏观层面引领或主导其他全球治理主体的治理目标和手段。冷战结束后,联大在安全治理方面的职能并没有增加,甚至没有再援引第377号决议,组织召开过紧急特别会议。同时,联大主导的一系列人权议程往往很难达成普遍共识,诸多决议存在一定争议。然而,在发展议程上,联大的作用却日渐突出。最为著名的就是联大在2000年9月推动的《联合国千年宣言》与之后制定的《执行〈联合国千年宣言〉的行进图》。千年发展目标已经成为21世纪初期全球所有治理主体的治理标准和奋斗目标,并激励无数人为之而奋斗。虽然2009年爆发的金融危机使得千年目标无望得到根本落实,但联大又开启了最新的2030年可持续发展议程。这一议程必然会成为联大协调各个相关行为体而制订的一项带有普遍性和包容性的发展纲领,指导整个世界未来十几年的发展方向。联大在这一领域的全球治理功能也必将得到更为全面的发展与拓展。

(三) 治理程序日趋完善

联大是当前世界最具代表性的国际合作平台,其可以囊括联合国全体会员国，并且不区分国家大小与强弱，实行一国一票的表决制度。这使其通过的相关决议更具合法性与影响力，可以在一定程度上反映出世界"舆论"或国际道义。同时，联大在实际的决策过程中，也在尽全力鼓励全体一致表决通过，争取就各个决议草案达成会员国之间的普遍共识，至少是不反对或弃权的表态。全体一致这一决策方式的初衷就是努力使得参与决策的会员国可以达成一致意见，共同推动某项决议的实施，并且联大自冷战后时代以来以全体一致方式通过的决议不断增加，使得联大塑造共识的能力与决议的合法性都在进一步加强。只有当处在表决阶段的各个会员国不能达成全体一致时，联大才会采取唱名表决的决策形式。可以说，当前的全球治理体系的内在要求就是要国际社会形成一个更为广泛、更具兼容性的全球治理机制作为全球合作的平台，联合国大会的机制构成和具有的国际合法性使其天然就可以满足上述要求。联大在后续的发展过程中也必将提升这一能力，不断完善这一方面的功能。

（四）治理观念的分歧愈发严重

以上讨论联大全球治理功能未来发展的内容都带有积极意义，但作为当前国际社会一个重要的国际组织，其全球治理功能的发展前景也存在一定的不确定性。这其中最为突出的一点就是会员国之间治理观念上的分歧。联大全球治理功能的第三点局限就是其曾通过一些极具争议的决议。这些决议往往无法使联大以全体一致的方式决策通过，而是采用投票表决的方式，在缺乏国际社会有效认可的情况下强行通过决议。虽然如冷战期间因地缘政治原因导致会员国之间的对立已经较少在当前的联大出现，但在联大未来的发展中，因各自治理观念上的差异而导致的政策分歧会不断加深，致使这一现象很可能会继续大量出现。成员国之间治理观念上的分歧源于各自国家的文化特征，特别是当全球经济社会发展出现失衡的时候，这一文化差异会愈发明显。比如，上文提及的《暂停使用死刑》决议，其在发达国家存在适合的社会文化"土壤"，大部分发达国家有能力、有意愿逐步废除本国范围内的死刑，但大部分发展中国家因自身国情，没有达到这一要求，现阶段的社会经济发展很难允许其废除死刑。联大本应照顾到这些发展中国家，应以更为缓和、渐进式的方式推动这一议程，但在实际中联大却采取略带强迫的方式，强行推动这一议程，导致会员国之间的分歧越发严重。

(五) 治理成效难以得到根本提高

除了上述提及的治理观念分歧外，联大全球治理功能的发展前景还存在一点不确定性，即联大的治理成效问题。当前联大全球治理功能最主要的局限就是其治理成效不佳。造成这一现象的第一个原因是联大通过的决议难以得到有效落实。第二个原因则是联大与安理会存在权责不清的现象。虽然联大也在努力改进自身决议效力与职能范围，但这些决议更多是有关联大的规范性文件，所包含的诸多改进主张缺乏可实际操作的措施方法与相关政策，执行情况不容乐观。由于联大自身权力的有限性，加之会员国，特别是大国与中小国家间有关联大与安理会权责分配问题的分歧，涉及的利益方过多，改进的过程也是步履维艰，联大在可见的未来也很可能无法从根本上解决这些问题。这一发展趋势也将决定联大的全球治理成效很难在短期内得到根本提高，联大全球治理功能的全面改进仍尚待时日。

在当前经济全球化的情况下，高水平的人员与信息交流必然会将整个世界紧密联系为一个命运共同体。这种共同体的有效协调与管理方式就是更为高水平、高效率的全球治理。这也意味着未来联合国大会要更加团结世界各国的智慧与力量，共同处理现行的各类全球性问题。

二、中国在联大全球治理中的合理定位

回顾中国参与联大的历程可以发现，国际形势与中国国内因素都会在很大程度上影响中国对联大全球治理的参与。由于中华人民共和国成立初期受到冷战的影响，美国不遗余力地阻止中国恢复联合国代表权。直到1971年10月第26届联大通过第2758号决议后，中国联合国代表权问题才得以正式解决，中国也可以正式参与到联合国大会涉及的各种事务之中。然而，这一时期受国内政治因素的限制，加之对联合国大会事务的不熟悉，中国并没有最大限度地发挥自身的作用。直到1978年底，中国才逐步深入联大涉及的各种全球性问题，直到遍及联大各项全球治理领域。即使当前中国已经全面涉及联大全球治理的各项议程，并可以在其中发挥作用，但当前的国际环境仍存在不利于中国参与联大全球治理的因素，比如上文提及的中国联合国外交的有限性、美国因素的影响、东西方意识形态

差异的影响。基于上述内容，中国需要扬长避短，发掘自身在联大全球治理中的合理定位，尽可能地拓展参与联大全球治理的广度与深度，并加强自身在联大的影响力。

首先，加大对联大外交的资源投入。当前中国仍是发展中国家，资源与精力都较为有限，不可能顾及方方面面。中国的联合国外交只是从属于中国的多边外交渠道，重要程度排在大国外交、周边外交、发展中国家外交之后，服务于整个中国外交的战略大局。这一定位使得联合国外交获得的国内关注程度与资源都较为有限，而中国的联大外交可以获得的资源与能力则更为有限。这种情况必然导致的结果就是中国没有足够的资源开展全方位的联大外交，致使中国在联大的影响力较为有限。当前解决这一问题的最为直接有效的办法，就是加大对联大外交的资源投入。目前中国正在积极参与全球治理体系，提供国际公共物品，可以在联大涉及的全球治理领域上投入更多的资源，提升中国在其中的影响力。同时，中国也可以培养并向联大附属机制输入相关领域的专家，增加本国在联大的工作人员与话语权，树立良好的国家形象并扩展自身的影响力。

其次，协调众多发展中国家的立场。联合国大会最初的 51 个会员国大多是西方发达国家，但自 20 世纪 50 年代以来，新独立的发展中国家不断加入，联大的成员国构成发生了根本变化，发展中国家日渐成为联大的"多数派"。这种趋势使得联大的提案与决议不再只维护西方国家的利益，发展中国家也可以利用多数票通过有利于自身的决议，获取更大的发言权与影响力。正是在这一历史条件下，联合国大会内的发展中国家团结一致，不断通过有利于自身发展的决议，如改革联合国、推动去殖民化浪潮、解决中国代表权问题、塑造国际政治经济新秩序等。然而，这一阶段过后，发展中国家就没有再出现类似的团结程度与影响力，甚至自身也出现了一定的意见分歧。中国作为发展中国家在联合国的代表，不仅要在联大全球治理进程中顾及发展中国家的利益，还要尽可能组织协调众多发展中国家，主动草拟、制定有利于自身的决议文本，成为发展中国家的"代言人"，再一次提高发展中国家在全球治理体系中的地位。

再次，发挥自身的桥梁纽带作用。中国是发展中国家在联合国的代表，是安理会五大常任理事国中唯一的发展中国家。中国既同当前其他大国存在共同利益，也在积极维护发展中国家的权益。然而，发达国家与发展中国家经常在联大中出现尖锐对立的情况，致使涉及的议题无法达成有效共识。在这种情况下，中国可以发挥自身的纽带作用，协调发达国家与发展中国家的分歧。这不仅有利于相关联大的全球治理议程得到顺利推进，也可以在实质上增加中国在联合国大会与全球治理体系中的影响力。

最后，提升中国在联大的塑造规范能力。全球治理体系中除了治理主体、客体等因素外，治理的价值规范也是其重要的构成要素。可以说，每一项新的全球治理议程都具有自身价值规范的相关内容。比如，联大在20世纪60年代推动国际体系去殖民化的过程中，就不断传播去殖民化、独立、主权等价值规范。经过联大几十年的努力，整个国际社会中的殖民行为基本消失，殖民这一概念也逐渐成为历史。虽然中国已经深入参与联大涉及的各种全球性问题，遍及联大各项全球治理领域，并已经尝试提出新的治理议程，但在提出新的治理规范方面，中国做的还很少。当前中国可以针对联大正在推动的规范，提出自身的价值主张，并努力得到国际社会的认可，从这一层面加大对联大全球治理的参与力度。

总之，本书从联合国大会的产生和发展出发，先阐述了其参与全球治理的背景历程；进而讨论了联大具备四种全球治理的功能与发挥这些全球治理功能的制度保障；接着又讨论了联大的全球治理功能的局限及其改进方面；再以联大参与治理国际恐怖主义的过程为案例，具体分析联大的全球治理功能；最后则论述了中国对联大全球治理的参与。本书认为，作为联合国主要机构之一的联合国大会具备一定的全球治理功能，但这些功能并不完善，有些功能的未来发展甚至充满不确定性。现阶段中国在联大全球治理中可以发挥一定的作用，但也存在不利于中国深入参与的因素，中国要准确认识自身在联大全球治理功能中的定位，进一步提升在联大全球治理中的影响力。

本书的研究也存在诸多未能深入讨论的领域，后续研究可以从以下三个方面拓展。一是发掘联大在具体议题中的治理作用。本书更多从整体关注联大涉及的全球治理领域，相对忽视了联大在具体治理领域的成效与作用。后续研究可以从具体某一或某些领域着手，深化联大全球治理功能的研究。二是分析联大更多的全球治理功能。本书囿于资料有限，对于联大具体全球治理功能的阐述必然存在不足之处，后续的研究可以采用更为权威可信的材料，总结联大更多的全球治理功能，以弥补本书的不足。三是将联大的全球治理功能同全球治理理论相联系。本书并没有过多关注理论层面的内容，这是本书存在的不足。后续研究可以从这一方面着手，加大对联大全球治理功能的理论探讨，在考察联大全球治理功能后，发掘其对现有全球治理理论的启示与发展。

三、从联大全球治理功能看全球治理中的国际组织

以上内容讨论了联大全球治理功能未来的发展与中国在这一进程中发挥怎样的作用，最后的部分则将分析联大全球治理功能对研究国际组织全球治理功能的启示。《天涯成比邻》一书曾详细界定了全球治理的内涵，成为后续这一领域研究发展的基础。简单来说，全球治理可以理解为各种类型的治理主体对话、协商、集体管理共同面对的世界性难题。在这一过程中，以联大为代表的国际组织将会发挥重要的组织协调作用。这是因为，包括联大在内的各种类型的治理主体都认可当前的全球社会不同类型的威胁日益严峻，如气候变化、跨境移民潮、水资源短缺、能源安全、网络安全等问题正在威胁影响世界秩序的稳定。在当前高度相互依存的世界中，没有任何国家能够单独解决其所面临的挑战。只有改变以往国际关系中流行的管理世界事务的方式，努力发掘并利用各种多边主义措施才可能制定和执行有效的政策与措施，也才可能解决共同面对的问题。这一点也是全球治理理念信奉的核心之所在。

本书第二章详细阐述了联大全球治理功能的构成，讨论了联大在参与全球治理方面可以发挥的积极作用。事实上，分析联大的全球治理功能可以对讨论国际组织的全球治理功能提供部分启示。同联大类似，当前发展较为成熟的国际组织普遍也拥有成熟的制度框架，设立了多个服务于自身职能的附属机制，保证其可以得到一定的人力与财力支持，有利于其实施自身的纲领和目标，可以处理自身管辖范畴内的安全、经济、社会、文化、科技等各个方面的问题。同时，其也具有独立的国际地位，理论上不受国家权力的管辖，可以直接行使国际法上的权利和义务。

国际组织在具体议题上的专业性使其在参与全球治理方面拥有巨大的优势。这些组织建立的初衷就是为了解决一系列特殊的世界问题，其成员也囊括了专门研究这些问题的官员与学者。在后续的功能发挥上，这些国际组织也可以各司其职，发挥自身最大的作用。这种作用更多体现为制定规范、规则和行动计划。本书之前的内容也讨论了当前联大制定的全球治理标准，更利用其参与治理国际恐怖主义为案例，具体讨论了联大在这一

问题领域制定的行动计划和反恐公约。事实上，大部分国际组织在参与全球治理的过程中大体也发挥了类似的功能。但必须强调的是，这一功能并不是可有可无，其不仅具备国际道义上的重要性，还往往会发展成为国际社会通行的做法和准则，成为真正的国际规范，指导国家等行为体的交往和互动。

虽然如联大等国际组织可以解决一部分全球公共问题，并为其他治理主体提供对话与合作的平台，但其也存在自身能力的缺陷。本书在第四章详细讨论了联大全球治理功能的不足，如治理成效不佳、治理效率低下、部分决议存在争议。事实上，这些不足也在其他国际组织上有所体现，特别是涉及"高领域"的问题时，国际组织难以发挥应有的作用。首先，国际组织的灵活性和专业性带来的弊病之一就是其强制力度的不足。除了安理会等少数的国际组织外，大多数的国际组织的决定或决议并不具备强制力度，都类似联大决议，只具备建议的性质。其次，同联大的特征类似，当前诸多国际组织普遍盛行西方的价值理念。这些国际组织基本是由美国等西方发达国家为主导在二战以后逐步构建，西方国家基本可以垄断其中的代表权与发言权，其他国家难以争取到合理有利的地位。国际组织这一现状不仅影响国际关系民主化问题，也势必冲击其参与全球治理的能力与成效。当然，当前国内外有关国际组织全球治理功能的研究更多关注具体的国际组织的作用，在理论化程度上仍然存在不足，这些也是后续可以继续发掘的研究议题。

附　录

附录1　联大有关反恐问题的决议表（2001—2016年）

决议名称	决议通过时间	决议编号	通过方式
消除国际恐怖主义的措施	2001年1月30日	A/RES/55/158	一致通过
谴责美利坚合众国境内的恐怖主义攻击	2001年9月12日	A/RES/56/1	一致通过
裁军和不扩散领域的多边合作和打击恐怖主义的全球努力	2001年11月29日	A/RES/56/24T	一致通过
消除国际恐怖主义的措施	2001年12月12日	A/RES/56/88	一致通过
人权与恐怖主义	2001年12月19日	A/RES/56/160	102票赞成通过
为反恐怖主义委员会执行安全理事会第1373（2001）号决议提供会议和支助服务	2002年6月27日	A/RES/56/288	一致通过
消除国际恐怖主义的措施	2002年11月19日	A/RES/57/27	一致通过
防止恐怖分子获取大规模毁灭性武器的措施	2002年11月22日	A/RES/57/83	一致通过
劫持人质	2002年12月18日	A/RES/57/220	一致通过
在打击恐怖主义的同时保护人权和基本自由	2002年12月18日	A/RES/57/219	一致通过
防止恐怖分子获取大规模毁灭性武器的措施	2003年12月8日	A/RES/58/48	一致通过
消除国际恐怖主义的措施	2003年12月9日	A/RES/58/81	一致通过

-247-

续表

决议名称	决议通过时间	决议编号	通过方式
在打击恐怖主义的同时保护人权和基本自由	2003年12月22日	A/RES/58/187	一致通过
国际预防犯罪中心活动框架内加强国际合作和技术援助以促进各项有关恐怖主义的国际公约和议定书的执行	2003年12月22日	A/RES/58/136	一致通过
消除国际恐怖主义的措施	2004年12月2日	A/RES/59/46	一致通过
防止恐怖分子获取大规模毁灭性武器的措施	2004年12月3日	A/RES/59/80	一致通过
人权与恐怖主义	2004年12月20日	A/RES/59/195	一致通过
在打击恐怖主义的同时保护人权和基本自由	2004年12月20日	A/RES/59/191	一致通过
在联合国毒品和犯罪问题办事处活动框架内加强国际合作和技术援助以促进各项有关恐怖主义的国际公约和议定书的执行	2004年12月20日	A/RES/59/153	一致通过
制止核恐怖主义行为国际公约	2005年4月13日	A/RES/59/290	一致通过
防止恐怖分子获取大规模毁灭性武器的措施	2005年12月8日	A/RES/60/78	一致通过
防止放射恐怖主义的危险	2005年12月8日	A/RES/60/73	一致通过
消除国际恐怖主义的措施	2005年12月8日	A/RES/60/43	一致通过
在打击恐怖主义的同时保护人权和基本自由	2005年12月16日	A/RES/60/158	一致通过
联合国全球反恐战略	2006年9月8日	A/RES/60/288	一致通过
消除国际恐怖主义的措施	2006年12月4日	A/RES/61/40	一致通过
防止恐怖分子获取大规模毁灭性武器的措施	2006年12月6日	A/RES/61/86	一致通过
劫持人质	2006年12月19日	A/RES/61/172	一致通过
在打击恐怖主义的同时保护人权和基本自由	2006年12月19日	A/RES/61/171	一致通过
防止恐怖分子获取放射性材料或放射源	2007年12月5日	A/RES/62/46	一致通过

续表

决议名称	决议通过时间	决议编号	通过方式
防止恐怖分子获取大规模毁灭性武器的措施	2007年12月5日	A/RES/62/33	一致通过
消除国际恐怖主义的措施	2007年12月6日	A/RES/62/71	一致通过
为执行有关恐怖主义问题的国际公约和议定书提供技术援助	2007年12月18日	A/RES/62/172	一致通过
在打击恐怖主义的同时保护人权和基本自由	2007年12月18日	A/RES/62/159	一致通过
联合国全球反恐战略	2008年9月5日	A/RES/62/272	一致通过
防止恐怖分子获取大规模毁灭性武器的措施	2008年12月2日	A/RES/63/60	一致通过
消除国际恐怖主义的措施	2008年12月11日	A/RES/63/129	一致通过
在反恐时保护人权和基本自由	2008年12月18日	A/RES/63/185	一致通过
防止恐怖分子获取大规模毁灭性武器的措施	2009年12月2日	A/RES/64/38	一致通过
消除国际恐怖主义的措施	2009年12月16日	A/RES/64/118	一致通过
为执行有关恐怖主义问题的国际公约和议定书提供技术援助	2009年12月18日	A/RES/64/177	一致通过
在反恐时保护人权和基本自由	2009年12月18日	A/RES/64/168	一致通过
反恐执行工作队的机构化	2009年12月24日	A/RES/64/235	一致通过
联合国全球反恐战略	2010年9月8日	A/RES/64/297	一致通过
消除国际恐怖主义的措施	2010年12月6日	A/RES/65/34	一致通过
防止恐怖分子获取放射源	2010年12月8日	A/RES/65/74	一致通过
防止恐怖分子获取大规模毁灭性武器的措施	2010年12月8日	A/RES/65/62	一致通过
在反恐时保护人权和基本自由	2010年12月21日	A/RES/65/221	一致通过
对应受国际保护人员的恐怖袭击	2011年11月18日	A/RES/66/12	一致通过
联合国反恐中心	2011年11月18日	A/RES/66/10	一致通过
防止恐怖分子获取大规模毁灭性武器的措施	2011年12月2日	A/RES/66/50	一致通过
为执行有关打击恐怖主义的国际公约和议定书提供技术援助	2011年12月9日	A/RES/66/178	一致通过

续表

决议名称	决议通过时间	决议编号	通过方式
在反恐时保护人权和基本自由	2011年12月9日	A/RES/66/171	一致通过
消除国际恐怖主义的措施	2011年12月9日	A/RES/66/105	一致通过
联合国全球反恐战略审查	2012年6月29日	A/RES/66/282	一致通过
联合国全球反恐战略审查	2012年6月29日	A/RES/66/282	一致通过
防止恐怖分子获取放射源	2012年12月3日	A/RES/67/51	一致通过
防止恐怖分子获取大规模毁灭性武器的措施	2012年12月3日	A/RES/67/44	一致通过
消除国际恐怖主义的措施	2012年12月14日	A/RES/67/99	一致通过
防止恐怖分子获取大规模毁灭性武器的措施	2013年12月5日	A/RES/68/41	一致通过
消除国际恐怖主义的措施	2013年12月16日	A/RES/68/119	一致通过
为执行有关打击恐怖主义的国际公约和议定书提供技术援助	2013年12月18日	A/RES/68/187	一致通过
在反恐时保护人权和基本自由	2013年12月18日	A/RES/68/178	一致通过
构建一个反对暴力和暴力极端主义的世界	2013年12月18日	A/RES/68/127	一致通过
联合国全球反恐战略审查	2014年6月13日	A/RES/68/276	一致通过
防止恐怖分子获取放射源	2014年12月2日	A/RES/69/50	一致通过
防止恐怖分子获取大规模毁灭性武器的措施	2014年12月2日	A/RES/69/39	一致通过
消除国际恐怖主义的措施	2014年12月10日	A/RES/69/127	一致通过
防止恐怖分子获取大规模毁灭性武器的措施	2015年12月7日	A/RES/70/36	一致通过
构建一个反对暴力和暴力极端主义的世界	2015年12月10日	A/RES/70/109	一致通过
消除国际恐怖主义的措施	2015年12月14日	A/RES/70/120	一致通过
为执行有关打击恐怖主义的国际公约和议定书提供技术援助	2015年12月17日	A/RES/70/177	一致通过
在反恐时保护人权和基本自由	2015年12月17日	A/RES/70/148	一致通过
秘书长《防止暴力极端主义行动计划》	2016年2月12日	A/RES/70/254	一致通过
联合国全球反恐战略审查	2016年7月1日	A/RES/70/291	一致通过

续表

决议名称	决议通过时间	决议编号	通过方式
防止恐怖分子获取放射源	2016年12月5日	A/RES/71/66	一致通过
防止恐怖分子获取大规模毁灭性武器的措施	2016年12月5日	A/RES/71/38	一致通过
消除国际恐怖主义的措施	2016年12月13日	A/RES/71/151	一致通过

附录2　联大历届特别会议表

会议名称	会议召开时间	会议主题	请求召开方
第一届特别会议	1947年4月28日至5月15日	巴勒斯坦	英国
第二届特别会议	1947年4月16日至5月14日	巴勒斯坦	安全理事会
第三届特别会议	1961年8月21日至25日	突尼斯	38个会员国
第四届特别会议	1963年5月14日至6月27日	联合国财政状况	联大
第五届特别会议	1967年4月21日至6月13日	西南非洲（纳米比亚）	联大
第六届特别会议	1974年4月9日至5月2日	原料和发展	阿尔及利亚
第七特别届会议	1975年9月1至16日	国际经济合作与发展	联大
第八届特别会议	1978年4月20日至21日	联合国在黎巴嫩临时部队的经费筹措	联大
第九届特别会议	1978年4月24日至5月3日	纳米比亚	联大
第十届特别会议	1978年5月23日至6月30日	裁军	联大
第十一届特别会议	1980年8月25日至9月15日	新国际贸易秩序	联大
第十二届特别会议	1982年6月7日至7月10日	裁军	联大
第十三届特别会议	1986年5月27日至6月1日	非洲	联大
第十四届特别会议	1986年9月17至20日	纳米比亚	联大
第十五届特别会议	1988年5月31日至6月25日	裁军	联大
第十六届特别会议	1989年12月12至14日	种族隔离	联大
第十七届特别会议	1990年2月20至23日	药物滥用	联大
第十八届特别会议	1990年4月23至27日	国际经济合作	联大

续表

会议名称	会议召开时间	会议主题	请求召开方
第十九届特别会议	1997年6月23至27日	地球问题首脑会议五周年特别会议	联大
第二十届特别会议	1998年6月8至10日	世界药物问题	联大
第二十一届特别会议	1999年6月30日至7月2日	人口与发展	联大
第二十二届特别会议	1999年9月27至28日	小岛屿发展中国家	联大
第二十三届特别会议	2000年6月5日至9日	2000年妇女	联大
第二十四届特别会议	2000年6月26至30日	社会发展	联大
第二十五届特别会议	2001年6月	人类住区	联大
第二十六届特别会议	2001年6月25至27日	关于艾滋病毒/艾滋病的特别会议	联大
第二十七届特别会议	2002年5月8至10日	儿童	联大
第二十八届特别会议	2005年1月24日	纪念解放纳粹死亡营六十周年	联大
第二十九届特别会议	2014年9月22日	《国际人口与发展会议行动纲领》2014年以后的后续行动的大会特别会议	联大
第三十届特别会议	2016年4月19至21日	世界毒品问题会议	联大

附录3 联大历届紧急特别会议表

会议名称	会议召开年份	会议主题	请求召开方
第一届紧急特别会议	1956年	中东问题	安全理事会
第二届紧急特别会议	1956年	匈牙利问题	安全理事会
第三届紧急特别会议	1958年	中东问题	安全理事会

续表

会议名称	会议召开年份	会议主题	请求召开方
第四届紧急特别会议	1960 年	刚果问题	安全理事会
第五届紧急特别会议	1967 年	中东局势	安全理事会
第六届紧急特别会议	1980 年	阿富汗局势及其对国际和平与安全的影响	安全理事会
第七届紧急特别会议	1980 年	巴勒斯坦问题	塞内加尔
第八届紧急特别会议	1981 年	纳米比亚问题	津巴布韦
第九届紧急特别会议	1982 年	被占领的阿拉伯领土	安全理事会
第十届紧急特别会议	1997 年	被占领的东耶路撒冷和其他巴勒斯坦地区	卡塔尔

参考文献

中文部分

一、著作

[1] 蔡拓:《全球化与政治的转型》,北京大学出版社 2007 年版。

[2] 蔡拓:《全球问题与当代国际关系》,天津人民出版社 2002 年版。

[3] 陈东晓等编:《联合国:新议程和新挑战》,时事出版社 2004 年版。

[4] 陈敦德:《胜利在 1971——新中国重返联合国纪实》,解放军文艺出版社 2004 年版。

[5] 陈鲁直、李铁城主编:《联合国与世界秩序》,北京语言学院出版社 1993 年版。

[6] 陈世材:《国际组织——联合国体系的研究》,中国友谊出版公司 1986 年版。

[7] 邓小平:《邓小平文选》(第三卷),人民出版社 1993 年版。

[8] 顾关福等:《战后国际关系》,时事出版社 2003 年版。

[9] 郭隆隆等:《联合国新论》,上海教育出版社 1995 年版。

[10] 郭树勇:《建构主义与国际政治》,长征出版社 2001 年版。

[11] 郭延军:《安全治理:非传统安全的国家能力建设》,经济科学出版社 2011 年版。

[12] 李东燕主编:《联合国》,社会科学文献出版社 2005 年版。

[13] 李东燕主编:《全球安全治理:研究与调查》,当代中国出版社 2013 年版。

［14］李铁城、邓秀杰编著：《联合国简明教程》，北京大学出版社2015年版。

［15］李铁城、钱文荣主编：《联合国框架下的中美关系》，人民出版社2006年版。

［16］李铁城：《联合国五十年》，中国书籍出版社1995年版；

［17］李铁城主编：《联合国的历程》，北京语言学院出版社1993年版。

［18］李铁城主编：《世纪之交的联合国》，人民出版社2002年版。

［19］李铁城主编：《走进联合国》，人民出版社2009年版。

［20］李伟：《国际恐怖主义与反恐怖斗争年鉴（2005）》，时事出版社2005年版。

［21］李湛军：《恐怖主义与国际治理》，中国经济出版社2006年版。

［22］梁西：《国际组织法》，武汉大学出版社1993年版。

［23］刘杰：《秩序重构：经济全球化时代的国际机制》，上海社会科学院出版社1999年版。

［24］马勇：《全球化时代的国际反恐机制》，中国社科文献出版社2009年版。

［25］人民出版社编：《邓小平团长在联合国大会第六届特别会议上的发言》，人民出版社1974年版。

［26］人民出版社编：《历史潮流不可抗拒：我国在联合国的一切合法权利胜利恢复》，人民出版社1971年版。

［27］人民出版社编：《我国代表团出席联合国有关会议文件集续集（1972）》，人民出版社1973年版。

［28］世界知识出版社编：《中华人民共和国对外关系文件集》（第1集 1949—1950），世界知识出版社1957年版。

［29］田进等：《中国在联合国——共同缔造更美好的世界》，世界知识出版社1999年版。

［30］汪波：《美国中东战略下的伊拉克战争与重建》，时事出版社2007年版。

［31］汪伟民：《联盟理论与美国的联盟战略：以美日、美韩联盟研究为例》，世界知识出版社2007年版。

［32］王杰、张海滨、张志洲：《全球治理中的国际非政府组织》，北

-255-

京大学出版社2004年版。

［33］王铁军：《全球治理机构与跨国公民社会》，上海人民出版社2011年版。

［34］王杏芳主编：《联合国重大决策》，当代世界出版社2001年版。

［35］王杏芳主编：《中国与联合国》，世界知识出版社1995年版。

［36］王逸舟：《创造性介入：中国外交新取向》，北京大学出版社2011年版。

［37］王逸舟：《全球化时代的国际安全》，上海人民出版社1999年版。

［38］王逸舟主编：《当代国际政治析论》，上海人民出版社1995年版。

［39］吴志成、薛晓源主编：《欧洲研究前沿报告》，华东师范大学出版社2007年版。

［40］吴志成：《治理创新：欧洲治理的历史、理论与实践》，天津人民出版社2003年版。

［41］许光建主编：《联合国宪章诠释》，太原：山西教育出版社1999年版。

［42］杨雪冬、王浩主编：《全球治理》，中央编译出版社2015年版。

［43］杨泽伟主编：《联合国改革的国际法问题研究》，武汉大学出版社2009年版。

［44］叶江：《全球治理与中国的大国战略转型》，时事出版社2010年版。

［45］仪名海主编：《联合国大会特别会议》，世界知识出版社2009年版。

［46］余元洲：《论联合国的新角色》，世界知识出版社2005年版。

［47］袁士槟、钱文荣主编：《联合国机制与改革》，北京语言学院出版社1995年版。

［48］苑涛主编：《中国对外贸易与世界贸易组织》，对外经济贸易大学出版社2012年版。

［49］张金平：《国际恐怖主义与反恐策略》，人民出版社2012年版。

［50］张树德：《红墙大事2——中国革命和建设过程中历史事件真相》，中央文献出版社2006年版。

［51］张树德：《中国重返联合国纪实》，黑龙江人民出版社1992年版。

［52］张学森、刘光本主编：《联合国》，上海财经大学出版社2005年版。

［53］赵磊：《建构和平——中国对联合国外交行为的演进》，九州出版社2007年版。

［54］赵理海：《联合国宪章的修改问题》，北京大学出版社1982年版。

［55］郑启荣、李铁城：《联合国大事编年（1945—1996）》，北京语言文化大学出版社1998年版。

［56］中共中央文献研究室编：《周恩来年谱（1949—1976）》，中央文献出版社2007年版。

［57］中国联合国协会编：《中国的联合国外交》，世界知识出版社2009年版。

［58］中华人民共和国外交部、中共中央文献研究室：《周恩来外交文选》，中央文献出版社1990年版。

［59］中华人民共和国外交部外交史研究室编：《周恩来外交活动大事记（1949—1975）》，世界知识出版社1993年版。

［60］中华人民共和国外交部中共中央文献研究室主编：《毛泽东外交文选》，中央文献出版社1994年版。

［61］朱立群、富里奥·塞鲁蒂、卢静主编：《全球治理：挑战与趋势》，社会科学文献出版社2014年版。

二、译著

［1］［美］奥兰·扬，陈玉刚译：《世界事务中的治理》，上海人民出版社2007年版。

［2］［美］奥利弗·威廉姆森，王健、方世建等译：《治理机制》，中国社会科学出版社2001年版。

［3］［英］巴里·布赞，刘永涛译：《美国和诸大国：21世纪的世界政治》，上海世纪出版集团2007年版。

［4］［美］保罗·肯尼迪，卿劼译：《联合国：过去与未来》，海南出

版社 2008 年版。

［5］［英］戴维·赫尔德、安东尼·麦克格鲁、戴维·戈尔德布莱特、乔纳森·佩拉顿，杨雪冬等译：《全球大变革：全球化时代的政治、经济与文化》，社会科学文献出版社 2001 年版。

［6］［英］戴维·赫尔德、安东尼·麦克格鲁，曹荣湘、龙虎等译：《治理全球化：权力、权威与全球治理》，社会科学文献出版社 2004 年版。

［7］［美］弗雷德里克·埃克哈德，J. Z. 爱门森译：《冷战后的联合国》，浙江大学出版社 2010 年版。

［8］［美］萨缪尔·亨廷顿，周琪等译：《文明的冲突与世界秩序的重建》，新华出版社 2003 年版。

［9］［英］华尔脱斯，汉敖、宁京译：《国际联盟史》（上卷），商务印书馆 1964 年版。

［10］［美］理查德·尼克松，董乐山等译：《尼克松回忆录》（中册），世界知识出版社 2001 年版。

［11］［美］莉萨·马丁，贝思·西蒙斯，黄仁伟等译：《国际制度》，上海世纪出版社 2005 年版。

［12］［美］联合国新闻部编，张家珠等译：《联合国手册（第十版）》，中国对外翻译出版公司 1988 年版。

［13］［美］罗伯特·基欧汉、约瑟夫·奈，林茂辉等译：《权力相互转移——转变中的世界政治》，中国人民公安大学出版社 1992 年版。

［14］［美］罗伯特·基欧汉、约瑟夫·奈，门洪华译：《权力与相互依赖》，北京大学出版社 2002 年版。

［15］［美］罗伯特·基欧汉，门洪华编译：《局部全球化世界中的自由主义、权利和治理》，北京大学出版社 2004 年版。

［16］［美］斯蒂芬·范埃弗拉，陈琪译：《政治学研究方法指南》，北京大学出版社 2006 年版。

［17］［日］星野昭吉，刘小林、梁云祥译：《全球化时代的世界政治》，社会科学文献出版社 2004 年版。

［18］［英］亚当·罗伯茨、本尼迪克特·金斯伯里主编，吴志成等译：《全球治理：分裂世界中的联合国》，中央编译出版社 2010 年版。

［19］［美］亚历山大·温特，秦亚青译：《国际政治的社会理论》，上海人民出版社 2000 年版。

[20][瑞典]英瓦尔·卡尔松、什里达特·兰法尔主编,赵仲强、李正凌译:《天涯成比邻——全球治理委员会的报告》,中国对外翻译出版公司1995年版。

[21][美]约瑟夫·奈、约翰·唐纳胡主编,王勇、门洪华等译:《全球化世界的治理》,世界知识出版社2003年版。

[22][美]约瑟夫·奈,吴晓辉等译:《软力量——世界政坛成功之道》,东方出版社2005年版。

[23][美]詹姆斯·罗西瑙,张胜军、刘小林等译:《没有政府的治理:世界政治中的秩序与变革》,江西人民出版社2001年版。

三、论文

[1]蔡拓:《全球治理的反思与展望》,《天津社会科学》2015年第1期。

[2]蔡拓:《全球治理的中国视角与实践》,《中国社会科学》2004年第1期。

[3]蔡拓:《全球主义和国家主义》,《中国社会科学》2000年第3期。

[4]曹炳良:《第47届联合国大会老龄问题特别全会》,《中国社会导刊》2008年第2期。

[5]陈小鼎、王亚琪:《从"干涉的权利"到"保护的责任"——话语权视角下的西方人道主义干涉》,《当代亚太》2014年第3期。

[6]褚广友:《联合国财政问题:历史、现状、前景》,《外交评论》1997年第4期。

[7]崔志楠、邢悦:《从"G7时代"到"G20时代"——国际金融治理机制的变迁》,《世界经济与政治》2011年第1期。

[8]代泽华:《尼赫鲁执政时期印度联合国不结盟外交研究——基于唱名表决数据的分析》,《南亚研究》2015年第1期。

[9]戴颖、邢悦:《中国未在联合国对美国软制衡》,《国际政治科学》2007年第3期。

[10]戴颖:《冷战后中美在联合国大会投票行为及影响因素研究(1991—2006年)》,《国际论坛》2008年第2期。

[11]段文颇、舒琴:《生态翻译学视角下口译译员的多维适应与选择

研究——以第68届联合国大会一般性辩论中国外长的现场同传为例》,《英语广场旬刊》2015年第5期。

［12］方长平:《中国的联合国外交实践与贡献》,《国际论坛》2012年第3期。

［13］高华:《加强联合国大会权力刍议》,《新视野》1995年第6期。

［14］顾宁:《肯尼迪政府阻挠中国重返联合国始末》,《世界历史》1996年第1期。

［15］韩秀申:《入世以来中国对外贸易对经济的影响及启示》,《中国对外贸易》2011年第12期。

［16］花勇:《人道主义危机治理规范的变迁——倡议联盟框架的视角》,《世界经济与政治》2016年第1期。

［17］黄惠康:《论联合国维持和平部队的法律基础》,《中国社会科学》1987年第4期。

［18］黄瑶:《联合国宪章的解释权问题》,《法学研究》2003年第2期。

［19］江忆恩,肖欢容译:《美国学者关于中国与国际组织关系研究概述》,《世界经济与政治》2001年第8期。

［20］金彪:《联合国面临的新挑战与全球治理》,《国际安全研究》2011年第4期。

［21］金慧华:《论联合国大会在环境保护中的作用》,《法制与社会》2009年第14期。

［22］金泽虎:《试析赫尔姆斯—伯顿法产生的原因及其影响》,《世界经济与政治》1997年第5期。

［23］君言:《且说联大"一般性辩论"》,《世界知识》2000年第20期。

［24］李东燕:《联合国与国际环境治理》,《复旦国际关系评论》2007年第1期。

［25］李东燕:《中国参与联合国维和建和的前景与路径》,《外交评论》2012年第3期。

［26］李芳田、杨娜:《全球治理论析》,《南开学报（哲学社会科学版）》2009年第6期。

［27］李英:《认定劫持人质罪的国际法原则》,《国家安全研究》2006

年第 2 期。

［28］蔺雪春：《变迁中的国际环境机制：以联合国环境议程为线索》，《国际论坛》2007 年第 3 期。

［29］凌青、宗道一等：《改革开放初期的中国与联合国》，《党史博览》2005 年第 4 期。

［30］刘恩照：《联合国维持和平部队》，《国际问题研究》1989 年第 2 期。

［31］刘恩照：《联合国的财政危机根源》，《国际问题研究》1996 年第 4 期。

［32］刘丰：《国际利益格局调整与国际秩序转型》，《外交评论》2015 年第 5 期。

［33］刘胜湘、李明月、戴卫华：《从中国的联合国投票看中国的朝鲜半岛政策——基于周期性视角》，《社会主义研究》2013 年第 6 期。

［34］刘文祥：《论联合国的预防性外交》，《当代世界与社会主义》2005 年第 1 期。

［35］刘子奎：《美国与 1966 年联合国中国代表权问题》，《当代中国史研究》2007 年第 6 期。

［36］罗艳华：《联合国人权理事会的设立及其背后的斗争》，《人权》2006 年第 3 期。

［37］吕迅：《尼克松政府 1971 年联合国中国代表权之失》，《国际论坛》2006 年第 6 期。

［38］马勇、王新东：《联合国反对恐怖主义机制发展历程评析》，《国际论坛》2006 年第 5 期。

［39］迈克尔·霍华德，张蒂、吴志成译：《国际安全中联合国作用的历史发展》，《南开学报》（哲学社会科学版）2007 年第 3 期。

［40］毛瑞鹏：《发展中国家在国际事务上立场一致性的考察——基于对七十七国集团成员在联合国大会投票的分析》，《国际论坛》2013 年第 3 期。

［41］牛大勇：《肯尼迪政府与 1961 年联合国的中国代表权之争》，《中共党史研究》2000 年第 4 期。

［42］彭莉媛：《从会费变化看中国与联合国关系的演变》，《国际论坛》2007 年第 4 期。

[43] 蒲俜:《中国联合国外交的特点及局限》,《教学与研究》2009 年第 6 期。

[44] 祁怀高:《新时期联合国参与全球治理:作用分析与应对思考》,《联合国研究》2014 年第 1 期。

[45] 钱文荣:《联合国应在全球治理中发挥核心作用——纪念联合国成立 70 周年》,《和平与发展》2015 年第 3 期。

[46] 邱桂荣:《联合国财政危机与成员国拖欠会费》,《国际研究参考》1998 年第 3 期。

[47] 曲星:《半个世纪的历程——中国与联合国关系回顾》,《世界历史》1995 年第 5 期。

[48] 饶戈平:《联合国大会改革议论中的几个问题》,《中外法学》1991 年第 6 期。

[49] 商震:《外空国际合作与可持续发展——第 69 届联合国大会外空议题的审议情况》,《中国航天》2014 年第 12 期。

[50] 石晨霞:《全球治理机制的发展与中国的参与》,《太平洋学报》2014 年第 1 期。

[51] 司平平:《联合国大会维护和平职能的扩展——对〈联合国宪章〉第 12 条逐步扩大的解释》,《法学评论》2007 年第 2 期。

[52] 宋连斌:《论联合国〈大会议事规则〉》,《法学评论》1993 第 6 期。

[53] 孙洁琬:《论联合国发展观念的更新与丰富》,《政法论坛》2001 年第 4 期。

[54] 孙新章:《中国参与 2030 年可持续发展议程的战略思考》,《中国人口·资源与环境》2016 年第 1 期。

[55] 孙伊然:《发展中国家对抗内嵌的自由主义?——以联合国发展议程为例》,《外交评论》2012 年第 5 期。

[56] 唐小松:《加、美在中国联合国代表权问题上的分歧(1964—1966)》,《世界历史》2003 年第 5 期。

[57] 唐永胜:《中国与联合国维和行动》,《世界经济与政治》2002 年第 9 期。

[58] 王华、尚宏博、安祺、李丽平:《关于改善中国参与全球环境治理的战略思路》,《环境与可持续发展》2012 年第 6 期。

[59] 王建朗:《新中国成立初年英国关于中国联合国代表权问题的政策演变》,《中国社会科学》2000年第3期。

[60] 王献溥、于顺利、宋顺华:《联合国大会确定2011—2020年为"联合国生物多样性10年"的意义和要求》,《资源环境与发展》2012年第2期。

[61] 谢芳:《亲历联合国大会官员》,《中国社会工作》2010年第7期。

[62] 徐奇渊、孙靓莹:《联合国发展议程演进与中国的参与》,《世界经济与政治》2015年第4期。

[63] 徐友珍:《美英在联合国中国代表权问题上的分歧与协调(1950—1951)》,《史学集刊》2007年第4期。

[64] 杨宇翔:《1971年日本的联合国中国政策出台始末》,《国际论坛》2016年第1期。

[65] 叶江、崔文星:《联合国千年发展目标实绩评析——兼谈后2015全球发展议程的争论》,《上海行政学院学报》2014年第2期。

[66] 叶自成:《中国反霸思想中的矛盾及其超越:从毛泽东到邓小平反霸思想的变化与发展》,《太平洋学报》1999年第4期。

[67] 俞可平:《和谐世界与全球治理》,《中共天津市委党校学报》2007年第2期。

[68] 俞可平:《全球治理引论》,《马克思主义与现实》2002年第1期。

[69] 张贵洪:《中国联合国外交的转型》,《中国发展观察》2016年第11期。

[70] 张绍铎:《美国与联合国中国代表权问题》,《当代中国史研究》2007年第6期。

[71] 张胜军:《全球治理的最新发展和理论动态》,《国外理论动态》2012年第10期。

[72] 张毅:《从联合国会费调整看国际格局和中国实力变化》,《世界知识》2016年第3期。

[73] 张毅:《联合国会费调整反映国际格局变化》,《时事报告》2013年第2期。

[74] 赵磊:《中国对联合国维持和平行动的态度》,《外交评论:外交

学院学报》2006年4期。

［75］郑先武:《大国协调与国际安全治理》,《世界经济与政治》2010年第5期。

［76］钟龙彪、王俊:《中国对联合国维持和平行动的认知和参与》,《当代中国史研究》2006年第6期。

［77］周南、吴志华:《回顾中国重返联合国》,《决策探索》2005年第12期。

［78］朱杰进:《国际制度缘何重要——三大流派比较研究》,《外交评论》2007年第2期。

［79］朱立群:《联合国投票变化与国家间关系（1990—2004）》,《世界经济与政治》2006年第4期。

［80］邹耀勇:《1961年美英关于联合国中国代表权的分歧》,《上海大学学报：社会科学版》2007年第2期。

英文部分

一、著作

［1］Baylis, John and Smith, Steve, eds. 1997. *The Globalization of World Politics: An Introduction to International Relations*, Oxford: Oxford University Press.

［2］Blumenau, Bernhard. 2014. *The United Nations and Terrorism: Germany, Multilateralism, and Antiterrorism Efforts in the 1970s*. Basingstoke, UK: Palgrave Macmillan.

［3］Boulden, Jane and Thomas G. Weiss, eds. 2004. *Terrorism and the UN: Before and After September 11*. Bloomington, IN: Indiana University Press.

［4］Breslin, Shaun and Croft, Stuart, eds. 2012. *Comparative Regional Security Governance*. London: Rotledge.

［5］Brooks, Jennifer E. 2004. *Defining the Peace: World War II Veterans, Race, and the Remaking of Southern Political Tradition*. Chapel Hill: University of North Carolina Press.

[6] Diehl, Paul F. 2001. *The Politics of Global Governance: International Organizations in an Interdependent World.* Boulder: Lynne Rienner Publishers, Inc.

[7] El-Ayouty, Yassin. 1971. *The United Nations and Decolonization: the Role of Afro-Asia.* The Hague, Netherland: Martinus Nijhoff.

[8] Garba, Joseph Nanven. 1990. *Post-Cold War Realities: World Politics as Seen by President of the United Nations General Assembly.* Lagos: Nigerian Institute of International Affairs.

[9] Gordenker, L. and Weiss, T. G. eds. 1996. *NGOs, the UN, and Global Governance*, London: Lynne Rienner.

[10] Held, David and McGrew, Anthony. 2002. *Governance Globalization: Power, Authority and Global Governance.* New York: Polity Press.

[11] Hovet, Thomas. 1960. *Bloc Politics in the United Nations.* Cambridge: Harvard University Press.

[12] Keohane, O. Robert. 1984. *After Hegemony: Cooperation and Discord in the World Political Economy.* Princeton: Princeton University Press.

[13] Keohane, O. Robert. 1984. *International Institutions and State Power: Essays in International Relations Theory.* Boulder: Westview Press.

[14] Kirchner, Emil and Sperling, James, eds. 2007. *Global Security Governance in the 21st Century.* London: Routledge.

[15] Kooiman, Jan. 2003. *Governing as Governance.* London: Sage Publications.

[16] O'Brien, Robert, et al. 2002. *Contesting Global Governance: Multilateral Economic Institutions and Global Social Movement.* Cambridge: Cambridge University Press.

[17] Peterson, M. J. 1986. *The General Assembly in World Politics.* Boston: Allen & Unwin.

[18] Peterson, M. J. 2006. *The UN General Assembly.* London: Routledge.

[19] Pierre, Jon, eds. 2000. *Debating Governance: Authority, Steering and Democracy.* Oxford: Oxford University Press.

[20] Rauschning, Dietrich, et al. 1997. *Key Resolutions of the United Na-*

tions General Assembly, 1946 – 1996. Cambridge, U. K. : Cambridge University Press.

[21] Russett, Bruce M. and Hayward R. Alker. 1965. *World Politics in the General Assembly*. New Haven: Yale University Press.

[22] Weiss, Thomas G. and Sam Daws, eds. 2007 *The Oxford Handbook On the United Nations*. Oxford: Oxford University Press.

二、论文

[1] Alker, Hayward R. 1964. "Dimensions of Conflict in the General Assembly." *American Political Science Review* 58 (3).

[2] Anabtawi, Samir N. 2009. "The Afro-Asian States and the Hungarian Question." *International Organization* 17 (4).

[3] Armstrong, Adrienne. 1981. "The Political Consequences of Economic Dependence." *Journal of Conflict Resolution* 25 (3).

[4] Bailey, Michael A., et al. 2015. "Estimating Dynamic State Preferences from United Nations Voting Data." *Journal of Conflict Resolution* 61 (2).

[5] Ball, M. Margaret. 1951. "Bloc Voting in the General Assembly." *International Organization* 5 (1).

[6] Bantekas, Ilias. 2003. "The International Law of Terrorist Financing." *The American Journal of International Law* 97 (2).

[7] Barbieri, Katherine, et al. 2009. "Trading Data: Evaluating Our Assumptions and Coding Rules." *Conflict Management and Peace Science* 26 (5).

[8] Bennett, Colin J. 1991. "What Is Policy Convergence and What Causes It?" *British Journal of Political Science* 21 (2).

[9] Bleicher, Samuel A. 1969. "The Legal Significance of Re-Citation of General Assembly Resolutions." *The American Journal of International Law* 63 (3).

[10] Bloomfield, Lincoln P. 1966. "China, the United States, and the United Nations." *International Organization* 20 (4).

[11] Carter, Gwendolen M. 2009. "The Commonwealth in the United Na-

tions." *International Organization* 4 (2).

[12] Chai, Trong R. 1981. "Chinese Policy toward the Third World in the UNGeneral Assembly." *International Interactions* 8 (4).

[13] Chesterman, Simon. 2011. "Leading From Behind: The Responsibility to Protect, the Obama Doctrine, and Humanitarian Intervention After Libya." *Ethics & International Affairs* 25 (3).

[14] Cohen, Andrew. 1960. "The New Africa and the United Nations." *International Affairs* 36 (4).

[15] Coster, Douglas W. 1949. "The Interim Committee of the General Assembly: An Appraisal." *International Organization* 3 (3).

[16] De Senarclens, Pierre. 1998. "Governance and the Crisis in the International Mechanisms of Regulation." *International Social Science Journal* 50 (155).

[17] Dreher, Axel, et al. 2014. "The Determinants of Election to the United Nations Security Council." *Public Choice* 158 (1).

[18] Dreher, Axel, Peter Nunnenkamp and Rainer Thiele. 2008 "Does US Aid Buy UN General Assembly Votes? A Disaggregated Analysis." *Public Choice* 136 (1 – 2).

[19] Dugard, John. 1974. "International Terrorism: Problems of Definition." *International Affairs* 50 (1).

[20] Finkelstein, Lawrence S. 1995. "What is Global Governance?" *Global Governance* 1 (3).

[21] Flores-Macías Gustavo A. and Sarah E. Kreps. 2013 "The Foreign Policy Consequences of Trade: China's Commercial Relations with Africa and Latin America, 1992 – 2006." *The Journal of Politics* 75 (1 – 2).

[22] Franck, Thomas M. 1989/1990 "United Nations Based Prospects for a New Global Order the United Nations System: Propects and Proposals for Reform." *New York University Journal of International Law and Politics* 22 (4).

[23] Gardner, Richard N. 1968. "The United Nations Conference On Trade and Development." *International Organization* 22 (1).

[24] Glick, Edward B. 1956. "Zionist and Israeli Efforts to Influence Latin America: A Case Study in Diplomatic Persuasion." *The Western Political*

Quarterly 9 (2).

[25] Goodwin, Geoffrey. 1960. "The Expanding United Nations: I-Voting Patterns." *International Affairs* 36 (2).

[26] Gordon, Joy. 2016. "Economic Sanctions as 'Negative Development': The Case of Cuba." *Journal of International Development* 28 (4).

[27] Gosovic, Branislav and John Gerard Ruggie. 1976. "On the Creation of a New International Economic Order: Issue Linkage and the Seventh Special Session of the UN General Assembly." *International Organization* 30 (2).

[28] Howard, Harry N. 1953. "The Arab-Asian States in the United Nations." *Middle East Journal* 7 (3).

[29] Hug, Simon and Richard Lukács. 2014. "Preferences or Blocs? Voting in the United Nations Human Rights Council." *The Review of International Organizations* 9 (1).

[30] Iida, Keisuke. 1988. "Third World Solidarity: The Group of 77 in the UN General Assembly." *International Organization* 42 (2).

[31] Ikenberry, G. John. 2014. "The Quest for Global Governance." *Current History* 133 (759).

[32] Jefferies, Trevor R. 1993. "The Cuban Democracy Act of 1992: A Rotten Carrot and a Broken Stick." *Emory International Law Review* 16 (1).

[33] Johnson, D. H. N. 1955–1956. "Effect of Resolutions of the General Assembly of the United Nations," *British Year Book of International Law* 32 (1).

[34] Joyner, Chritopher C. 1981. "U. N. General Assembly Resolutions and International Law: Rethinking the Contemporary Dynamics of Norm-Creation." *California Western International Law Journal*, 11 (3).

[35] Keohane, Robert O. 1967. "The Study of Political Influence in the General Assembly." *International Organization* 21 (2).

[36] Keohane, Robert O. 1988. "International Institutions: Two Approaches." *International Studies Quarterly* 32 (4).

[37] Kerwin, Gregory J. 1983. "The Role of United Nations General Assembly Resolutions in Determining Principles of International Law in United States Courts." *Duke Law Journal* 1983 (4).

[38] Keynes, Mary Knatchbull. 1956. "The Arab-Asian Bloc." *International Relations* 1 (6).

[39] Krahmann, Elke. 2005. "American Hegemony Or Global Governance? Competing Visions of International Security." *International Studies Review* 7 (4).

[40] Krasner, Stephen D. 1982. "Structural Causes and Regime Consequences: Regimes as Intervening Variables." *International Organization* 36 (2).

[41] Lauren, Paul Gordon. 2007. "To Preserve and Build On its Achievements and to Redress its Shortcomings: The Journey From the Commission On Human Rights to the Human Rights Council." *Human Rights Quarterly* 29 (2).

[42] Lijphart, Arend. 1963. "The Analysis of Bloc Voting in the General Assembly: A Critique and a Proposal." *American Political Science Review* 57 (4).

[43] Logan, Rayford W. 1961 "Is There an Afro-Asian Bloc?" *Current History* 234 (40).

[44] Lowenfeld, Andreas F. 1996. "Congress and Cuba: The Helms-Burton Act." *The American Journal of International Law* 90 (3).

[45] Macon, Kevin T., et al. 2012. "Community Structure in the United Nations General Assembly." *Physica A: Statistical Mechanics and its Applications* 391 (1-2).

[46] Mattes, Michaela, et al. 2015. "Leadership Turnover and Foreign Policy Change: Societal Interests, Domestic Institutions, and Voting in the United Nations." *International Studies Quarterly* 59 (2).

[47] Mesquita, BruceBueno De. 1975. "Measuring Systemic Polarity." *Journal of Conflict Resolution* 19 (2).

[48] Murphy, Craig N. 2015. "The Last Two Centuries of Global Governance." *Global Governance: A Review of Multilateralism and International Organizations* 21 (2).

[49] Nevo, Joseph. 1987. "The Arabs of Palestine 1947-48: Military and Political Activity." *Middle Eastern Studies* 23 (1).

[50] Ogley, Roderick C. 1961 "Voting and Politics in the General Assembly." *International Relations* 2 (3).

[51] Rai, Kul B. 1964. "India and Bloc Voting in the General Assembly." *The Indian Journal of Political Science* 25 (3/4).

[52] Rai, Kul B. 1980. "Foreign Aid and Voting in the UN General Assembly, 1967–976." *Journal of Peace Research* 17 (3).

[53] Raknerud, Arvid and Håvard Hegre. 1997. "The Hazard of War: Reassessing the Evidence for the Democratic Peace." *Journal of Peace Research* 34 (4).

[54] Richardson, Neil R. 1976. "Political Compliance and U. S. Trade Dominance." *The American Political Science Review* 70 (4).

[55] Richardson, Neil R. and Charles W. Kegley. 1980. "Trade Dependence and Foreign Policy Compliance." *International Studies Quarterly* 24 (2).

[56] Rieselbach, Leroy N. 1960. "Quantitative Techniques for Studying Voting Behavior in the UN General Assembly." *International Organization* 14 (2).

[57] Rosenau, James N. 1995. "Governance in the Twenty–First Century." *Global Governance* 1 (1).

[58] Ruggie, John Gerard. 2003. "The United Nations and Globalization: Patterns and Limits of Institutional Adaptation." *Global Governance* 9 (3).

[59] Signorino, Curtis S. and Jeffrey M. Ritter. 1999. "Tau–B or Not Tau–B: Measuring the Similarity of Foreign Policy Positions." *International Studies Quarterly* 43 (1).

[60] Sloan, F. Blaine 1948 "Binding Force of a Recommendation of the General Assembly of the United Nations." *British Year Book of International Law* 25 (1).

[61] Smith, Courtney B. 1999. "The Politics of Global Consensus Building: A Comparative Analysis." *Global Governance* 5 (2).

[62] Smith, Courtney B. 2002. "Three Perspectives on Global Consensus Building: A Framework for Analysis." *International Journal Organization Theory and Behavior* 5 (1–2).

[63] Sohn, Louis B. 1997. "Important Improvements in the Functioning

of the Principal Organs of the United Nations that Can beMade without Charter Revision." *The American Journal of International Law* 91 (4).

[64] Soward, F. H. 1957. "The Changing Balance of Power in the United Nations." *The Political Quarterly* 28 (4).

[65] Strüver, Georg. 2016. "What Friends are Made of: Bilateral Linkages and Domestic Drivers of Foreign Policy Alignment with China." *Foreign Policy Analysis* 12 (2).

[66] Svennevig, Tormod Petter. 1955. "The Scandinavian Bloc in the United Nations." *Social Research* 22 (1).

[67] Szmania, Susan and Phelix Fincher. 2017. "Countering Violent Extremism Online and Offline." *Criminology & Public Policy* 16 (1).

[68] Tomlin, Brian W. 1985. "Measurement Validation: Lessons from the Use and Misuse of UN General Assembly Roll-Call Votes." *International Organization* 39 (1).

[69] Triska, F. and Howard E. Koch. 1959. "Asian-African Coalition and International Organization: Third Force or Collective Impotence?" *The Review of Politics* 21 (2).

[70] Tucker, Nancy Bernkopf. 2005. "Taiwan Expendable? Nixon and Kissinger Go to China." *The Journal of American History* 92 (1).

[71] Vengroff, Richard. 1976. "Instability and Foreign Policy Behavior: Black Africa in the U. N." *American Journal of Political Science* 20 (3).

[72] Vengroff, Richard. 1979. "Black Africa in the U. N. The Continuing Impact of the Former Colonial Power." *Politics & Policy* 7 (2).

[73] Vincent, Jack E. 1970. "An Analysis of Caucusing Group Activity at the United Nations." *Journal of Peace Research* 7 (2).

[74] Voeten, Erik. 2000. "Clashes in the Assembly." *International Organization* 54 (2).

[75] Voeten, Erik. 2004. "Resisting the Lonely Superpower: Responses of States in the United Nations to U. S. Dominance." *The Journal of Politics* 66 (3).

[76] Weintraub, Sidney. 1976. "What Do we Want from the United Nations?" *International Organization* 30 (4).

[77] Welsh, Jennifer, et al. 2002. "The Responsibility to Protect: Assessing the Report of the International Commission On Intervention and State Sovereignty." *International Journal: Canada's Journal of Global Policy Analysis* 57 (4).

[78] Werner, Suzanne, and Douglas Lemke. 1997. "Opposites Do Not Attract: The Impact of Domestic Institutions, Power, and Prior Commitments on Alignment Choices." *International Studies Quarterly* 41 (3).

[79] Witten, Samuel M. 1998. "The International Convention for the Suppression of Terrorist Bombings." *The American Journal of International Law* 92 (4).

相关网站

[1] 联合国：http://www.un.org/zh/index.html。

[2] 联合国安理会：http://www.un.org/zh/sc/。

[3] 联合国达格·哈马舍尔德图书馆：https://library.un.org/zh。

[4] 联合国大会：http://www.un.org/zh/ga/。

[5] 联合国条约库：https://treaties.un.org/。

[6] 联合国宪章：http://www.un.org/zh/charter-united-nations/index.html。

[7] 联合国正式文件系统：https://documents.un.org/prod/ods.nsf/home.xsp。

[8] 美国国务院：https://www.state.gov/。

[9] 美国外交关系文库：https://uwdc.library.wisc.edu/collections/frus/。

[10] 人民网：http://www.people.com.cn。

[11] 新华网：http://www.xinhuanet.com。

[12] 中华人民共和国外交部：http://www.fmprc.gov.cn/web/。

图书在版编目（CIP）数据

联合国大会与全球治理/迟永著.—北京：时事出版社，2021.12
ISBN 978-7-5195-0454-0

Ⅰ.①联⋯ Ⅱ.①迟⋯ Ⅲ.①联合国大会—研究②国际政治—研究 Ⅳ.①D813.3②D5

中国版本图书馆 CIP 数据核字（2021）第 221287 号

出 版 发 行：时事出版社
地　　　　址：北京市海淀区彰化路 138 号西荣阁 B 座 G2 层
邮　　　　编：100097
发 行 热 线：（010）88869831　88869832
传　　　　真：（010）88869875
电 子 邮 箱：shishichubanshe@sina.com
网　　　　址：www.shishishe.com
印　　　　刷：北京良义印刷科技有限公司

开本：787×1092　1/16　印张：17.5　字数：295 千字
2021 年 12 月第 1 版　2021 年 12 月第 1 次印刷
定价：128.00 元

（如有印装质量问题，请与本社发行部联系调换）